KB261928

민중신학자 안병무 평전

성문 밖에서 예수를 말하다

민중신학자

안병무

評傳

성문 밖에서 예수를 말하다

김남일 지음

사□계절

진지한 구도자의 길을 통하여
무한한 내면성과 성실성을 추구한 사람.
깊은 학문의 숲 속에서 사변의 세계로 도피하지 않고
담대히 현실의 진리를 붙잡은 사람.
억눌린 민중들의 삶 속에서
고난 당하는 예수를 만난 사람.
성서의 중심광맥을 짚어
한국 민중신학의 토대를 놓은 사람.

_ 추모비 중에서

한국신학연구소에서(1976년).

은진중학교 시절 스승인 김재준(앞줄)과 함께(뒷줄 오른쪽이 안병무).

다이쇼大正 대학 시절(뒷줄 왼쪽 끝). 이때 그는 신학보다 사회학과 철학에 더 큰
관심을 보였다.

안병무는 일본 유학 시절 일제의 징집을 피하기 위해 만주로 돌아가 모아산에서
은신한다. 그곳 교회에서 전도사로 활동하던 안병무는 해방 후 간도를 떠난다
(1946년).

안병무는 서울대 사회학과 재학 시절 신앙운동과 사회공동체운동의 병행을 모색한다. 기독학생운동의 기치를 내걸고 결성한 서울대 기독학생 연합회 동료들과 함께(뒷줄 왼쪽이 안병무).

(陰 7 月 23 日) 木曜日 天氣 | 빨르하리고
軍복소리는 흘리고
일도 만흥고
힘들르 없고

1. 찬송   428, 385
1. 성경   요 15. 7 ——
   「너이가 서로 사랑하라」
1. 기도   안, 윤.

세상은 악하고
우리는 약하고

(陰 7 月 24 日) 金曜日 天氣 무더운날

1. 찬송   177. 178
   성경   요한 15. 18 —— 27
   우리는 세상에서 미움 받을자
   기도 · 안 · 아종

第一高等學院 愉讚

李黃鎬   ○○河淳 ○○
李花玄   ○   ○행 참석

서울대 기독학생 연합회 회원들은 기독교공동체운동을 꿈꾸며 일신회를 만들어 활동한다. 한국전쟁 후 안병무와 일신회 동지들은 민족의 고난과 전쟁의 상처, 무능력한 교회의 위기를 극복하기 위하여 새로운 공동체운동을 모색한다. 이 평신도 그룹은 생활공동체, 입체적 선교공동체, 평신도 교회, 독립 교회라는 새로운 형태의 신앙생활을 결의한다. 사진은 공동체 시절의 일지로 안병무가 기록한 부분이다(1953).

독일 유학에서 돌아온 안병무가 남창동 향린교회에서 설교하고 있다.

현재의 을지로 터에서 향린교회 기공식을 하고 있다(1967년).

한신대 졸업식에서 김정준 학장과 안병무 대학원장. 그들은 민주화운동을 통해 한신을 진보적 신학의 성채로 일궜다.

민중신학의 요람이 된 한국신학연구소 창립식에서(1973년). 서남동, 문동환, 안병무, 문익환의 모습이 보인다.

한국신학연구소에서 하이델베르크 대학의 게오르크 피히트Georg Picht 신학과 교수와 함께(1976년).

불트만R. Bultmann. 이른바 실존주의 신학의 대부로서,
안병무는 독일 유학 시절 그로부터 큰 영향을 받는다.

독일의 진보적 신학자인 몰트만J. Moltmann은 안병무의 민중신학론에 대해 깊은
애정을 보이면서도, 한편으로 치열한 이론적 대립각을 세우기도 했다.

일본에서 제작된 3·1민주구국선언(1976년 3월 1일) 관련 포스터. 구속된 민주인사들 전원이 기독교인이라는 사실에서 유신 독재정권에 대한 기독교인들의 투쟁이 얼마나 치열했는지 알 수 있다.

3·1민주구국선언 구속자 가족들의 시위 장면. 이들은 구속된 이들과 마찬가지로 엄혹한 유신 독재의 철권 앞에서도 결코 물러서지 않았다(중앙에 안병무의 아내 박영숙).

1976년 12월 29일 석방 당일 아들 재권, 아내 박영숙과 함께.

3·1민주구국선언 사건 대법원 판결이 있던 날, 불구속되거나 이미 석방된 상태의 피고들이 정동 성공회 대성당에서 기도회를 마치고 법정을 향해 걸어가고 있다(이우정, 이희호, 안병무, 함석헌 등).

수유리 자택에서 가진 해직교수 모임(백낙청, 이문영, 리영희, 안병무 등).

해직 교수들이 설립한 갈릴리교회 설교를 한빛교회에서 하고 있다.

1980년대 초 철거민촌 민중교회 방문 활동(왼쪽부터 안병무, 서남동, 문동환, 이문영).

우면동 자택에서.

결국 우리는 대개 전쟁을 하고 이땅을 전쟁터로
내주었다. 데게에 기천 6,25는 미군과 공산
군의 전쟁이고 우리 민족은 그들에서 남북에
대의 비참한 피로 행열 받의 북격당했다

이러한 民族의 슬픔 속에서 한민드리
가 탄생했다. 그것을 시작한 사람들의 의식
이야 어떻든 이루었듯이 멀래, 하늘의 별갈
에 채워가 새로운동해를 시작하는 듯 한것이다.
행련브러는 민족사, 6,25 의 분기 상처에 생각
해보는 않는다.

그러나 그로 부터 40년 가까이 지났다.
이제는 우리상황에 달라졌나?
그리 그때 총사들이 다 늙어 죽을날이 멀지
않다. 이제는 그, 3 댁를 넘어 갔다. 우리은그
항련도 늘었다 그때 가끔 오망을 부리는 소리
리 밖에 까지 들린다. 그러나 우리상황
있어 상황은 달라 지지 않았다.
6,25는 끝나지 않았다. 지금도 휴전을
일뿐, 남침의 조약도 맹화협렴 도 취직 하지

"… 향린교회는 민족사, 6·25와 분리시켜서 생각해서는 안 된다.

그러나 그로부터 40년 가까이 지났다. 이제는 우리 상황이 달라졌나? 그래 그때 청년들이 다 늙어죽을 날이 멀지 않다. 이제는 2, 3대로 넘어갔다. 그러므로 향린도 늙었다. 그래 가끔 오망을 부리는 소리가 밖에까지 들린다. 그러나 민족사적 상황은 달라지지 않았다.

6·25는 끝나지 않았다. 지금도 휴전중일 뿐, 불가침 조약도 평화협정도 체결하지 않은 상태다.…"

— 1989년 향린교회 창립 기념 설교 육필 원고에서.

일러두기

1. 안병무의 글은 대개 큰따옴표 안에 넣어 처리했다.
2. 인용문 모두의 출처와 최초의 전거를 밝히지는 않았다.
3. 구술해 준 사람도 일일이 밝히지 않았다.
4. 인용문은 원표기방식을 존중해 그대로 실었다.

차례

어머니, 간도, 그리고 교회

한 여자

그는 결국 한 여자에 대해 쓴다. 시작이자 끝인 여자. 그의 시작
이 그 여자로부터 비롯되고, 그의 끝이 그 여자에게서 매듭지
어진다. 책은 1996년 1월 세상에 나오고, 그는 그 해 10월 세상
을 떠난다.

그 여자, 선천댁.

그는 이렇게 소개하고 있지만, 사실 그조차 이런 호칭은 낯
설다. 그건 그저 그 여자가 선천宣川이라는 고장에서 시집온 여
자라는 뜻에서 편의상 붙인 이름, 즉 택호에 지나지 않는다. 그
호칭은 출신지 말고는 아무것도 말해 주지 않는 것처럼 보이지
만, 그래서 오히려 그 여자의 운명에 관해 가장 중요한 것을 말
해 준다. '선천댁'이라는 택호로 불리는 순간, 그 여자는 이미

구체적이고 개별적이며 고유명사나 대문자로 표기되는 바로 '그' 여자가 아니다. 이 땅을 지배했던 보편적이고 게다가 일방적인 역사와 제도에 편입됨으로써만 존재하는 하나의 '종족'일 따름이다. 우리가 그 여자를 달리 부른다면 이렇게 부를 수밖에 없다.

어머니!

물론 그 여자에게도 버젓이 제 이름이 있다. 정원숙이 그 여자의 이름이다. 그러나 그 여자는 평생 한 번 그 이름으로 행세해 본 적도 없었을뿐더러 그 이름으로 불려 본 적도 없다. 이름이 있으되 이름이 없던 여자. 이것이 그 여자의 운명이었다.

안병무, 그도 그 여자를 그저 '엄마'라고 불렀다.

사건으로서의 어머니

선천, 정주, 구성, 박천, 개천, 영변, 순천, 그리고 안주.

다닥다닥 붙어 있는 지명들인데, 지금 우리가 갖고 있는 반쪽짜리 지도로는 찾을 수 없다. 번지수까지 찾아가는 위성 항법장치(내비게이션)로도 마찬가지다. 그곳들은 이미 우리의 공간이 아니기 때문이다. 필요하지 않으면 구하지 않고, 보이지 않으면 그리워하지 않는 것. 이게 우리 삶의 방식 아닌가.

따라서 지금 우리가 기댈 수 있는 건 불확실한 시간, 즉 기억뿐이다.

선천댁의 역사는 그녀가 열여섯 나이로 평안남도 안주군 신안주면 운송리, 속칭 송성 마을에 시집오는 것으로 시작된다.

그녀는 마을에서 대대로 한의를 가업으로 이어 오던 순흥 안씨 집안의 셋째이자 막내며느리였다. 시아버지는 한의이자 한학 자로서, 집안에서는 무소불위의 권위를 누렸다. 그 속에는 그가 곧 법이요 윤리라는 권위도 포함된다. 그는 종종 왕진을 나가는데, 때때로 낯선 여자를 거느리고 돌아온다. 그는 당당했다. 집 앞에서 그저 기침 한 번이면 족했다. 시어머니는 얼른 방으로 뛰어 들어가 이미 펴 놓은 이부자리를 다독거리고 베개 하나를 새로 꺼내 놓은 다음, 문간에 나와 두 사람을 공손히 맞이했다.

그는 가업을 잇는 것은 오직 장남이어야 한다고 선언해 놓았다. 선천댁의 남편은 엄친의 그런 명령을 거부한다. 그 역시 겉으로는 엄격한 가부장 질서를 수용할 수밖에 없었다. 그래도 그는 욕망을 지니고 있으며 그것을 현실에서 구현할 조건으로서의 염색체를 지닌 '남자'라는 이름의 종족이었다. 처음부터 욕망 자체가 거세된 운명으로 태어난 '여자'와는 하늘과 땅처럼 다른 종족. 어쨌든 욕망을 이루는 것은 그에게도 쉽지 않은 일이었다. 밤마다 그는 어린 신부에게 망을 보게 하고 한의서를 뒤적거린다. 선천댁은 호롱불빛이 밖으로 새어 나가는 것을 막기 위해 온갖 꾀를 써야 했다. 그런 보람일까, 선천댁보다 한 살이 적은 남편은 의원 면허를 따게 되는데, 그것은 스스로 자기 인생을 개척해 나갈 용기와 능력을 입증하는 증명서이기도 했다.

안병무는 1922년 음력 윤5월 23일 태어난다. 밭에서 일하던 선천댁이 진통을 느껴 집으로 와 그를 낳고 홀로 탯줄을 끊었다는 건 출생비화 축에도 들지 않는, 당대의 어머니들이면 누구나 겪어야 했던 범사凡事였다.

이듬해, 선천댁은 마침 친정에 가 있었다. 물난리로 친정어머니가 돌아가셨기 때문이다. 그러던 중 그녀는 누군가로부터 남편 소식을 듣는다. 남편이 몰래 만주로 간다는 것. 선천댁은 간난아이를 업고 안주 역으로 갔다. 남편은 아내의 출현에 당황한다. 딴 여자와 함께 떠날 참이었기 때문. 그 상황에서 선천댁에게는 두 가지 선택이 놓여 있었다. 친정으로 돌아가느냐, 남편을 따라가느냐. 놀랍게도 선천댁은 길게 생각하지 않는다. 그녀는 난생처음으로 내 인생을 살겠다,고 분명한 의지를 떠올렸고, 그것을 딱 부러지게 표명한다. 돈 한 푼 없이 그저 남편을 배웅하마고 왔던 그녀의 손에 기차표가 어떻게 들려 있게 되었는지, 훗날 선천댁은 제대로 설명하지 못했다. 확실한 것은, 남편과 함께 기차에 올라탄 것은 어쨌든 딴 여자가 아니라 바로 선천댁이었다는 사실이다.

"이것은 선천댁의 생애를 결정짓는 중요한 순간이었다. 그의 처지에서 보면 태산처럼 높은 문제들을 단칼로 제거한 장거壯擧였다. 그는 자신으로 태어난 것이다."[1]

젊은 시절 예수를 붙잡고 고민에 고민을 거듭하던 안병무를 벼락처럼 내리친 하나의 사건이 일어난다. 1970년 11월 13일, 청계피복 노동자 전태일의 분신자살. 그것은 근 10년 독일 유학까지 다녀왔지만 결국 "역사적 예수를 모르겠다는 결론밖에는 못 가지고 왔다"고 선언할 수밖에 없었던 안병무에게 말 그대로 천지를 뒤흔드는 '사건'이었다. 그로부터 그는 이른바 '사건의 신학'을 정립하게 되는바, "태초에 말씀이 있었다"는 케리그마(kerygma: 복음의 선교 혹은 전도를 의미한다)적 신학의 토대를 "태초에 사건이 있었다"로 뿌리째 바꾸는 신학상의 혁명이었다.

1923년으로 추정되는 선천댁의 안주 역 사건 역시 큰 의미를 지닌다. 완강한 봉건적 가부장제 질서에 순응하던 선천댁이 우발적으로 저지른 최초의 반항이라는 의미가 아니다. 그것은 한 여자의 운명을 결정지은 사건일 뿐만 아니라, 그녀가 데리고 탄 아들 안병무의 운명까지 송두리째 바꾼 사건이었다. 흔히 역사에서 '만일'이라는 가정은 불필요하다지만, 바로 그 때문에 만일 그때 선천댁이 친정으로 발길을 돌렸다면 하는 가정이 오히려 우리에게 의미있게 되는 것이다.

이런 의미에서 훗날 민중신학자가 된 안병무에게는 어머니가 존재 자체로 바로 '사건'일 수밖에 없었다. 그리고 '사건'인 이상, 그것은 선천댁 개인으로 마감되는 일회적 사건도 아니다. 예수가 십자가 사건을 통해 역사적인 예수로 구체화되고, 장구한 역사 속에서 거듭 또 다른 사건들 속에서 부활하며, 그리하여 2000년이 지난 오늘에도 여전히 분명한 의미를 지니게 되듯이.

이제 우리는 그 선천댁을 '민중'이라고 부를 수 있게 된다. 그리고 이 의미에서 우리는 아직 선천댁에 대해서 더 들어야 할 이야기가 남아 있다.

모멸의 대지

식민통치하 조선인에게 만주는 두 가지 개념으로 인식되었다.[2] 하나는 강만 건너면 거의 무제한의 땅이 있어 먹고살 수 있다는 이른바 왕도낙토王都樂土의 개념, 다른 하나는 당연히 독립운동 기지로서의 그것. 그런데 선천댁의 남편에게 만주는 그 둘 어느 것도 아니었다. 물론 그 두 가지를 완전히 배제한 것은 아니겠지만, 그는 사적인 욕망을 실현하는 데 최우선 순위를 둔다. 일단 그렇게 인식한 순간, 다른 가치는 부차적이요 또한 변명에 불과했다. 한마디로 그에게 만주는 욕망을 실현하기 위해 더없이 좋은 도피처였다. 이것은 그 역시 혜택을 누리고 있던 가부장적 사회에서는 최상위 가부장 1인을 제외하고는 어느 누구도 자유로울 수 없다는 반증이기도 하다. 이런 의미에서 그 또한 봉건의 피해자였고 동시에 타자의 시선으로부터 자유를 꿈꾼 근대인이었을지 모른다. 춘원 이광수가 본처를 버리고 동경 여의전 출신의 허영숙과 더불어 자기 욕망의 자유로운 발현을 꿈꾸었을 때, 어떤 의미에서 조선의 '근대'가 시작된 것처럼.

하지만 선천댁의 남편은 만주 땅에 발을 들여놓는 순간 딴 여자와 더불어 새 인생을 꿈꾸던 때의 배짱과 호기를 상실한다. 드넓고 거친 만주 벌판에서는 그 역시 매 순간 정처定處와 호구糊口를 걱정해야 하는 무수한 망국인 '디아스포라(Diasopora, 離散)'의 일원일 뿐이었다. 당시에도 그 디아스포라 인구는 20만이 넘었다. 그럴진대 신생新生의 부푼 꿈은 사라지고 모멸이 그 자리를 차지한다. 그가 가장으로서 당장 할 수 있는 일은 고향 선배를 찾아가 그 집 문간방에 아내와 아들을 맡기고 일거리를 찾아 총총히 떠나는 것뿐이었다. 그때 선천댁은 또 한 생명을 잉태한 몸이었다. 따라서 모멸조차 선천댁에게는 두 곱 세 곱이 될 수밖에 없었다.

보따리 하나 없이 떠나온 선천댁은 남의 집 부엌데기로 만주 생활을 시작한다. 그녀의 일과는 밥하고 빨래하고 불 때고 하는 고된 노동의 연속이었다. 어느 날 한밤중, 지쳐 나가떨어진 그녀의 몸을 누군가 더듬는다. 놀란 그녀가 소리쳤을 때 그림자는 이미 문지방을 넘어 사라진 뒤였다. 주인집 남자임에 틀림없다. 그 사건은 그녀에게 엄청난 충격을 던져 준다. 그와 동시에 선천댁 스스로 인간의 존엄성에 대해 생각하는 계기가 된다. 분하다. 남편마저 귀찮은 짐짝처럼 부려 놓고 떠난 여자를 누가 인간답게 대할 것인지, 선천댁은 모든 모멸의 원인이 남편에게 있다고 생각한다.

그 후, 선천댁은 남편을 따라 제2의 고향이 되는 들미동으로 간다. 남편은 비로소 한의로 자리를 잡고 제법 생활다운 생활을 꾸려 나가기 시작한다. 그러나 한 사람의 여성으로서 선천댁이 겪어야 하는 모멸은 쉽게 끝나지 않는다.

처음에는 술이 문제였다. 남편은 왕진을 나갔다가 들어올 때마다 취한 모습을 보이더니 점점 그 정도가 심해진다. 치료비 대신 술을 얻어먹었던 것. 나중에는 아예 다른 사람들 등에 업혀 오거나, 선천댁이 달구지를 빌려 가지고 나가 길거리에 엎어져 있는 남편을 직접 실어올 정도까지 된다.

남편이 하루는 병든 화류계 여자를 치료해 준답시고 집으로 데려온다. 시아버지가 하던 버릇이 고스란히 전수된 셈이다. 선천댁은 그 꼴을 보고도 불만을 터뜨리지 않는다. 이미 아내의 처지에서 남편을 대하지 않았기 때문일까. 그녀는 그 둘에게 안방을 내준다. 훗날 장성한 아들은 그 일을 차분하게 들려주는 어머니에게 화를 낸다. 선천댁은 이렇게 대답한다.

"인생이 하두 불쌍해서……."

나중에 아들은 그것을 측은지심을 넘어선 인仁이라고 고쳐 생각한다.

남편의 모멸적 행동은 일상적으로 반복된다. 여기에서 일일이 그 사례들을 밝힐 필요는 없으리라. 우리가 기억해야 하는 것은 선천댁의 삶이 그런 모멸 속에 끝없이 이어져 왔다는 분명한 사실과 차츰 의식이 깨어 가는 아들 안병무에게 아버지라는 존재가 도대체 어떤 의미로 각인되기 시작했을까 하는 점이다.

그 아버지는 평생 당신의 욕망을 쉽게 포기하지 않는다. 그러나 가족으로부터 아주 탈출하지도 못한다. 이쪽저쪽을 넘나들다가 결국 정착지를 잃어 버린다. 그는 "아버지의 권리를 행사하지는 못했다. 아니 자신에 대한 대접이 후해지면 후해질수록 오히려 아버지로서의 자신을 잃었다."[3] 한 회상기에서 안병무는 아버지의 그 모든 '비윤리적' 행위를 탈출과 방황으로 이해하고자 한다. 그 내적 동기나 이유를 짐작하기는 어려워도, "당신 자신도 당신을 표현할 언어를 못 가졌던 것"으로 파악한다.[4] 그렇다. 가부장제는 우성의 성염색체를 지닌 종족에게도 표현의 자유와 도구를 제공하지 않았다. 그 제도가 허용하는 언어는 오직 금제와 질서의 그것이기 때문이다. 때로는 죽음조차 그 제도를 뛰어넘는 언어가 되지 못했으니, 성악가 윤심덕과 극작가 김우진이 현해탄에 몸을 던졌을 때, 신문은 "조선의 청년 남녀야 신여성과 신남성들아 다 와서 윤 김 두 사람의 죽음에 채찍질하자. 조선 사람의 명부에서 영원히 그들의 이름을 말살해버리자"고 선동할 정도였다.[5] 먼 훗날, 아버지는 연탄가스 중독으로 반 폐인이 된 몸으로 선천댁을 다시 찾는다. 선천댁은 그런 남편의 대소변을 치우면서도 그가 눈을 감을 때까지 결코 내치지 않았다.

안병무는 아버지가 차도 싫어서 평생 글씨체조차 닮지 않으려 기를 썼다. 반감은 이렇게도 표현된다.

"나의 어머니는 '언문족'이었고, 나의 아버지는 '한문족'이었다. 그런데 한문족인 아버지로부터 공자 왈, 맹자 왈을 수없이 들었으나 머리에 남는 것이 별로 없다. 그 대신 어머니가 들려준 이야기는 결코 잊혀지지 않고 언제나 '나'를 형성하는 데 큰 역할을 했다."[6]

이 말이 특히 성서와 민중언어의 관계를 이야기할 때 나왔음을 감안하더라도, 이런 정도까지 아버지를 홀대하는 것은 그의 신학적 편력에 비추어 볼 때 '합당한' 고백은 아니다. 왜냐하면 안병무는 유교사상이며 노장사상에도 상당한 조예가 있었는데, 그것은 상당 부분 아버지로부터 물려받은 한문 실력에 힘입었기 때문이다. 여기서는 다만 이 정도로 아버지를 미워했다는 사실을 강조하면 족하리라. 사실, 우리가 오늘 알고 있는 신학자 안병무는 어쩌면 그런 아버지의 차꼬로부터 벗어나기 위해 어린 시절부터 자구적인 몸부림을 친 결과일지 모른다. 카프카가 그랬듯이.

이제 우리는 그 어린 안병무를 만나러 간다.

간도, 독립운동의 일상과 전설

간도는 중국 청 태조가 태어난 곳이라 하여 일찍부터 봉금封禁의 땅이었다. 하지만 조선 말기 백성들은 거듭되는 기근과 관리들의 끝없는 탐학을 피해 죽음을 무릅쓴 채 압록강과 두만강을 건넌다. 일제가 조선을 침략하자, 그 수는 기하급수적으로 늘어난다. 통계는 토지조사사업이 실시된 이후 1913년 전 조선 농민의 40퍼센트가 자기 땅을 잃고 소작인으로 전락했음을 보여준다. 그 중 상당수가 혹은 걸어서 혹은 이민 열차를 집어타고 국경을 넘는다. 그들의 입에서 "깨어진 쪽박에는 꿈이 서럽고/ 괴나리봇짐에는 한이 무거워/ 남의 땅 고갯마루 해는 저무는데/ 바람 찬 이 밤은 어디서 묵나"라는 탄식이 절로 나온다. 이건 도대체 외국어로는 번역이 불가능한 당대 우리 민족 고유의 풍경이자 상처다. 풍경이 곧 상처이고, 상처가 곧 풍경이다.

욕된 운명의 그들은 허허벌판에 터를 잡고 조선 사람들끼리 마을을 이룬다. 1916년 연변의 총인구는 26만여 명(돈화, 안도 제외)이었는데, 그 중 조선인 인구가 20만여 명으로 근 80퍼센트를 차지한다. 그러던 것이 1931년 9·18 만주사변 직전에는 조선인 인구가 무려 63만 명으로 늘어난다. 조선 내 일제의 수탈이 그만큼 가중되었음을 의미한다. 그들은 황무지를 일궈 특히 벼농사를 도입하고 발전시키는 데 결정적으로 기여한다. 초기 개산툰 부근, 해란강변 서전평야 정도에서 시작된 논농사가 간도 전역으로 퍼져 나가, 1906년 12.6헥타르에 불과하던 논은 1926년에는 8185헥타르로 무려 650배 가량 늘어나게 된다.[7] 하지만 이민생활이 어찌 순탄하랴. 디아스포라의 실록[8]은 어디를 펴나 그들이 겪어야 했던 참담한 고난을 보여 준다.

> 쌀이 떨어지자 아버지는 마른 팥을 하루에 뒤줌씩 씹어자시군 했는데 소화가 되지 않고 대변이 굳어져 어머니가 손가락으로 파내야 할 지경이었다. (48쪽)

> 그 해 겨울은 마당쓸이를 해서 언 땅에 박힌 낟알을 긁어모아 먹고 살았다. 그런데 만주 땅의 추위가 얼마나 무서운지 뼈속까지 얼어드는 것 같았다. 그해 우리 식구들은 다 발뒤축이 하얗게 얼어서 껍질이 다 벗겨졌었다. (94쪽)

> 한데 동무네 집에 놀러 가려 해도 신이 없었다. 그래서 벼 짚단을 둘러메고 맨발바람으로 뛰어다녔다. 한참 뛰다가 발이 얼어들면 벼 짚단을 땅바닥에 놓고 한참 서 있다가 발이 좀 녹는 감이 들면 다시 벼 짚단을 둘러메고 뛰군 했다. (121쪽)

안병무 일가가 새로 자리 잡은 곳은 화룡현 달라즈大拉子에서 조금 더 들어가는 들미동(한자로는 大踰田洞)인데, 오지 중의 오지로 아래위 마을에 약 백여 호가 살았다. 주변에 논은 하나도 없고 산도 민둥산뿐이었다. 집집마다 하루 종일 땅에 매달려야 겨우 입에 풀칠을 하는 형편이었다. 농사라야 감자, 옥수수, 수수가 고작. 선천댁 역시 남편의 수입과는 상관없이 늘 밭에 나가 살다시피 한다.

어린 안병무의 기억 속에서 그 고향은 환영幻影인 듯 생경한 하나의 밤 풍경으로 먼저 나타난다. 어느 날 소년은 오줌이 마려워 잠에서 깬다. 곁에 있어야 할 어머니가 보이지 않는다. 밖에서 두런거리는 소리가 들려온다. 말소리를 정확히 알아 새길 수 없을 만큼 낮은 목소리들인데, 그 중 하나가 어머니의 목소리다. 다른 하나는 처음 듣는 남자의 굵은 목소리. 소년은 어린 나이임에도 무엇 때문인지는 몰라도 비밀을 지켜야 한다고 생각한다. 오줌보가 터지려는 것도 꾹 참고 이불 밖으로 나가지 않는다.

도대체 사내는 누구란 말인가.

그런 일은 자꾸 이어진다. 어느 날 아버지가 마침 출타 중이었는데, 소년은 달그락거리는 소리에 다시 잠을 깬다. 어머니가 부엌을 오가며 음식을 해서 나르는 소리였다. 소년은 더 이상 궁금증을 참을 수 없어 일어난다. 용기를 내어 어머니에게 묻는다. 선천댁은 당황하는 기색도 없이 말한다.

"세수를 하고 옷을 갖춰 입거라."

이윽고 선천댁은 소년을 윗방으로 데려간다. 그곳에는 총을 지닌 세 남자가 앉아 있었다. 여차하면 당장 방아쇠를 당길 것처럼 총을 제 몸들에 꼭 붙여 놓고서. 선천댁이 인사를 시키고 나자, 그 중 수염도 많고 나이도 가장 들어 보이는 사내가 손짓으로 소년을 부른다. 자기 무릎에 와 앉으라는 시늉이었다. 반백 년이 훨씬 지나서도 안병무는 그날 그들의 차림을 분명히 기억한다. 바지가 특히 무릎 쪽이 많이 해져서 깁고 또 기운 흔적이 역력했다. 풀색 제복이었음에도 그 부근만큼은 유난히 더 푸르게 보였다. 땅 위를 기다가 함부로 풀잎을 짓이겨 물이 든 모양이라고 소년은 생각했다.

"너 참 잘 생겼다. 우리는 독립군이다. 너도 어서 커서 독립군이 돼야지."

독립군!

소년은 감격한다.

아직 학교에 들어가기 전, 소년에게 독립군이란 녹두장군과 더불어 하나의 전설이었다. 전설이되 생생히 살아 있는 전설! 소년은 그들이 얼마나 신출귀몰한지 수없이 들어 잘 알고 있었다. 빨리 달릴 때는 나무에서 나무로 번개처럼 옮겨 다니고, 그들 모두가 일당백으로 백 명 이백 명의 일본군도 삽시간에 해치운다. 그 중에서도 으뜸은 김일성 장군이었다. 그는 축지법을 써서 일본군의 어떤 추격도 따돌린다. 나아가 적을 나뭇잎처럼 쓰러뜨리기 때문에, 전설을 넘어 이미 신화로 어린 소년들의 가슴에 새겨져 있었다.

공산당

1919년 3·1운동 이후 만주는 독립운동, 특히 무장투쟁의 거의 유일한 거점이 된다. 청산리와 봉오동의 대첩도 그런 배경에서 나온다. 그러나 오직 조국의 독립이라는 단일한 기치 아래 뭉쳤던 항일 대오는 만주사변(1931년)을 전후하여 적의 탄압이 극심해짐에 따라 분열 양상이 두드러진다. 어린 안병무를 휘감는 전설의 이미지도 그런 현실 속에서 차차 새로운 모습을 드러낸다. 그때부터는 '독립군'이라는 말이 '공산당'을 제외한 부대만을 가리키는 용어가 된다.

1928년 코민테른이 조선공산당에 대한 승인을 취소하고 노동자 농민에 기초하여 당을 재건하라는 요지의 이른바 12월테제를 발표한 데 이어 일국일당주의 원칙을 정하자, 1930년 간도지역의 조선공산당은 독자 조직들을 해체하고 중국공산당 만주위원회로 흡수 통합된다. 따라서 안병무가 소학교에 들어갈 무렵은 중공中共 만주위원회 산하 조직이 새로이 활동을 시작했을 때라고 볼 수 있다. 이들은 1930년 이른바 5·30폭동이라 불리는 간도농민봉기를 주도한다. 조선인 조직, 즉 종전의 조선공산당 화요파 계열과 ML파 등이 일제의 관청과 조선인 지주에 대한 방화와 폭탄 투척 등을 목표로 투쟁을 감행한다. 일제는 조선 회령에서 75연대를 투입하여 대대적인 탄압 작전을 전개한다. 어쨌든 이 5·30폭동은 만주 최초의 인민봉기로서 그 의미가 깊다. 주목할 점은 이 투쟁에서 내건 슬로건("일체의 노력대중은 궐기하라! 모두 하나가 되어 지주를 타도하자! 일본제국주의를 타도하라!")이 보여 주듯 반제투쟁과 계급투쟁이 결코 분리되지 않았다는 점이다.[9] 따라서 그들이 "지상의 어느 곳에 살든 프롤레타리아는 프롤레타리아일 뿐, 전세계 인민이 해방되면 제국주의는 자연히 소멸될 것"이라고 믿어 "조선의 독립이 전혀 중요하지 않은 것처럼" 생각하고 행동했는지[10]에 대해서는 의구심이 인다. 그러나 당시 분명히 계급투쟁에 우선권을 둔 움직임이 존재한 것도 사실이다.

> 20년대의 신규 이주자들은 대부분 선주자들의 소작인으로 일했고, 처음에는 3할 그리고 1930년경에는 5할의 소작료를 지주에게 지불해야만 했다. 그들에게는 현실생활의 안정이 가장 긴급한 문제였고, 따라서 언제 실현될지도 모르는 민족적 독립보다도 지주, 소작문제에 보다 깊은 관심을 보여 새로 출현한 공산주의자들이 조직하기 시작한 농민조합에 적극적으로 가담히었다.[11]

물론 이 역시 5·30폭동 이후에는 간도에서 투쟁의 주도권이 민족주의운동에서 공산주의운동으로 넘어가는 배경이라고 해석할 수 있다. 어쨌든 안병무의 회상에 기대면 공산당은 반제투쟁, 즉 독립운동의 대열에서도 결코 벗어나지 않았다.

그들은 일제의 삼엄한 감시 속에서도 삐라를 뿌리는 등 여전히 활발하게 '아지프로(선전·선동)'를 해 나갔다. 안병무는 아침에 일어나면 창호지 문에 쿡 찔러 박아 놓은 삐라를 발견하곤 했는데, 어른들은 그것을 애써 감추려고 한다. 하지만 아직 학교에 들어가지도 않은 소년의 호기심을 누를 수는 없다. 소년은 그것을 몰래 뽑아 보곤 했다. 물론 등사 글씨로 써 있던 내용을 이해할 수는 없었다. 따라서 훗날 안병무의 기억에는 잉크가 종이 주변에 새카맣게 묻어나던 것만이 어제 일인 듯 생생했다. 그들은 밤에 나타나서 마을 사람들에게 연설을 하는가

하면, 아이들을 모아 놓고 여러 가지 이야기를 들려 주기도 했다. 그들은 말하자면 밤의 족속이었다. 해만 지면 온 동네가 호롱불을 켜고 공산주의, 제국주의, 식민주의 등 소년의 귀에는 생소한 말들을 밤 깊게 나누었다. 모두 눈에 쌍심지를 켜고 금방이라도 칼을 들고 나가 피를 쏟고 들어올 것 같은 기세였다.

어린 안병무는 그들에 대해 또 다른 원체험을 갖게 된다. 그것은 한마을에 살던, 텁석부리라는 별명을 지닌 한 아저씨에 대한 끔찍한 기억이다. 그는 평소 성격이 걸걸하여 가슴속에 있는 말을 주저 없이 드러냈다. 그의 아들이 '공산당'에 입당하여 사라진다. 그 뒤 관헌의 추달推撻이 심해지고 덩달아 일부 주민들의 눈길이 곱지 않다고 느끼자, 그는 틈만 나면 공산당을 비판하는 말을 하곤 했다.

"아버지를 동무라니, 천륜도 모르는 개자식들!"

단순하다. 이게 텁석부리 사내의 공산당 비판의 요점이다. 그래도 자꾸 반복되면? 말은 말을 낳는다. 의혹도 눈사람처럼 불어난다. 공산당 쪽에서도 그를 경계하기 시작하고, 급기야 그는 공산당이 소집한 인민재판에 서게 된다.

그 일은 소년 안병무의 무의식까지 파고들어 큰 상흔을 남긴다. 훗날 그가 민주화운동에 뛰어들고 민중의 고난을 자기 것으로 체험해도, 나아가 통일에 대한 열린 마음을 갖고자 아무리 애를 써도, 그 체험은 쉽게 지울 수 없는 낙인처럼 그를 꽤 오래 지배한다. 왜 아니겠는가! 그때 선천댁이 했다는 단 한 마디가 들려온다.

"공산당은 안 돼!"

가까운 명동 마을은 일찍부터 기독교계 민족주의자들의 성채로 기억되고 있었다. 그곳에도 이미 1920년대 말부터 사회주의 물결이 거센 해일로 몰아친다. 명동학교에서 민족주의를 익힌 청년들조차 교회를 인민학교로 만들고자 운동을 한다. 심지어 공산당은 밤마다 복면을 하고 들어와 흉기로 반대파를 위협한다. 나중에는 적색 테러 때문에 중국 관헌들이 경비를 설 정도였는데, 피살자가 없는 밤이 이상할 지경이었다고 한다.[12]

소설가 안수길도 그 무렵 북간도 일대에 휘몰아친 적색 돌풍의 위세를 사뭇 비판적으로 그리고 있다. 민족주의자 정수는 독립군 활동을 하다가 붙잡혀 5년 징역을 살고 나오는데, 그에게 공산주의자들이 다가와 함께 싸울 것을 권유한다. 그러나 정수는 "그런 열, 다 식어 빠졌네" 하며 거절한다. 그러자 공산주의자 수돌이 말한다.

"동무 아주 틀렸소. 피르 앙이 보구 어떻게 헥멩이 되오? 동포끼리의 피라지마는, 헥멩 위해서는 동포의 피두 필요한 기오. 더군다나 일본 제국주의의 주구走狗나 농민의 피땀으 착취해 먹구 밸굽에 지름이 져 있는 자본가 지주의 피는 헥멩에는 약이 되는 기오."[13]

여기서 분명히 짚고 넘어가야 할 것은 안병무의 소년기를 지배한 당대 독립운동 상황에 대한 정확한 이해다. 일제의 탄압이 가중되는 상황에서 간도의 일부 사회주의자들이 치명적 과오를 저질렀다는 것이 사실이더라도, 그것이 곧 사회주의 계열의 독립투쟁 자체를 부정하거나 백안시하는 근거로 확대 해석되어서는 안 된다. 어떤 면에서 사회주의자들은 민족주의 계

열의 독립운동이 시들해지거나 위력을 잃어 간 이후에도 상대
적으로 끈질기게 투쟁의 명맥을 이어 갔고, 나라 잃은 이민자
들의 가슴에 한 가닥 희망으로 자리잡기도 한다. 따라서 오늘
의 시점에서는 공은 공대로 비는 비대로 냉정히 판단하는 일이
무엇보다 중요하리라.

　이런 점에서 사회주의를 대하는 안병무의 태도는 어린 시절
의 원체험에 짙게 지배당해 왔다는 점을 지적해야 한다. 그는
한때 이렇게 쓴다.

　"일제시대부터 지금까지 80년 동안 한국 교회는 마르크스
주의에 대해 깨끗이 문을 닫아걸어 버리고 있다. 한번도 마르
크스주의를 정면으로 문제 삼고 대결해 보지 못한 것이 한국
교회의 가장 큰 딜레마이다. 마음을 열고 마르크스주의와 대면
하여 그것의 장단점을 알았더라면 최소한 그리스도교가 마르
크스주의를 극복하면서 한국 역사에 공헌할 수도 있었을 것이
다. 1925년 조선공산당 창설에 대해 그 당시 신학을 대변하던
『신학지남』은 일언반구 비판조차 없었다. 역사적으로 볼 때 일
제시대부터의 반공교육과 6·25 동족상잔이 결과적으로 그러
한 이데올로기적 경직화를 초래했지만, 민중사적 차원에서 이
러한 이데올로기적 경직화는 재검토되어야 한다."14

　그의 뜻은 물론 경직된 이데올로기의 색안경을 벗고 민중사
적 차원에서 사회주의를 새롭게 보자는 것이겠다. 하지만 가령
조선공산당 창설 당시 『신학지남』에서 그것을 비판하지도 않
았다는 '비판'만큼은 꽤 오랜 동안 안병무의 가슴속에 완강히
남아 있던, 사회주의에 대한 원초적 거부감을 증명하는 것이라

고 아니할 수 없다. 우리 역사에서 그동안 역대 반공 정권에 의해 사건 자체가 은폐되었던 1925년의 조선공산당 창당은 이데올로기 면에서뿐만 아니라 독립운동의 일환으로도 재해석되기 때문이다. 실제 사회주의를 배제해 버리면 우리의 독립운동사는 참으로 빈약해지리라.

스트라이크를 주동하다

당시 만주 일대에서 사회주의는 거대한 바람이었다. 그렇지만 학교에 들어갈 무렵인 1930년대 초 상황은 급속히 달라진다. 만주사변 이듬해인 1932년 일본은 만주국 괴뢰정부를 세운 다음 호시탐탐 중국 본토로 진격해 들어갈 구실만 노리고 있었다. 그런 만큼 간도를 무대로 활동하던 조선인 독립운동 단체들은 어떻게든 우선 섬멸해야 할 두통거리였다. 일제의 탄압은 그때 이후 한층 엄혹해진다.

교육은 무서운 것이었다,고 안병무는 그때를 회상한다. 그동안 싹텄던 민족의식이 교실에 앉아 일본 교과서로 공부하는 동안 어느새 씻은 듯이 사라져 버렸기 때문이다. 학교생활에 어울리면서부터 그는 전설적인 독립군들에 대한 이야기를 들은 적도 없을뿐더러, 그 이전 야학에서 배웠던 것들도 모조리 의식의 저 밑바닥으로 침전되어 버리는 경험을 한다. 대신 일본 천황을 위시해서 노기 대장, 도고 대장(노기 마레스케乃木希典, 도고 헤이하치로東鄕平八郞: 러일전쟁 당시 일본을 승리로 이끈 장군들. 노기는 육군대장으로 뤼순을 점령했고, 도고는 뤼순 항을 기습 공격했다) 등 일본 교과서에 담긴 '위인'들에 대한 흠모가 자리를 잡는다.[15] 소년 안병무는 부모에게서도 독립군에 대한 이야기를 더 이상 듣지 못한다.

케냐의 소설가 응구기 와 시옹오Ngugi wa Thiong'O도 "검은 대륙을 지배하는 그들(제국주의자들)의 진정한 힘은 첫째 날의 대포보다는 그 뒤에 따라오는 것", 즉 신교육이었다며, "대포는 우리의 몸을 짓이겼고 학교는 우리의 얼을 빼앗았다"고 비판한다.[16]

어쨌든 사회주의는 어떤 식으로든 어린 안병무에게도 영향을 미친다. 소학교 4학년 때 그는 스트라이크를 주동하는데, 『선천댁』에서 그는 그때의 정황을 설명하기에 앞서 "사회주의 바람인지는 모른다"고 전제한다. 이 말은 "모른다"는 얼버무림에도 불구하고 역설적으로 크게는 당시 만주를 휩쓸고 지나간 사회주의의 존재와 의미, 그리고 작게는 사회주의운동의 형식과 방법론을 짐작하게 해 준다.

당시 교장은 조선 사람으로, 술을 많이 마시고 이따금 추태를 부리는 데다가 수업마저 등한히 했다. 그런 교장을 더 이상 두고 볼 수 없었다. 방학 중 학생회가 열렸고, 교장을 축출하자는 데 뜻을 모은다. 안병무는 세 사람의 대표 중 한 사람으로 뽑힌다. 아버지가 학교 후원회를 이끌고 있어서 뽑혔을 것이다. 개학이 되자마자 교장은 제 쪽에서 먼저 세 대표 중 가장 나이가 어린 안병무를 불러 기선을 제압한다. 코피가 나도록 따귀를 때리고 매질까지 했는데, 안병무는 겁이 났지만 악착같이 대든다.

"그래도 나쁜 건 나쁜 겁니다!"

결국 학생들은 교장의 비행을 21개조로 적시하여 공표하고 수업 거부를 강행한다. 교장은 온갖 협박으로 특히 세 대표를 위협했는데, 나중에는 경찰서장까지 나서서 사태를 일방적으로 매듭짓는다. 세 대표는 학교에서 쫓겨난다. 이 사건은 소년 안병무에게 적지 않은 시련이었다. 그렇지만 어린 나이에도 그는 결코 그 일을 후회해 본 적이 없다.

그 무렵, 아버지는 가족에게 또 모멸을 안겨 준다. 다시 젊은 여자를 집으로 끌어들인 것이다. 젊은 여자는 첩으로 눌러앉는데, 소년 안병무 역시 두 눈을 버젓이 뜬 채 그 상황을 받아들일 수밖에 없었다.

선천댁은 이미 하나의 보통명사다. 그것은 가부장제가 여성에게 가하는 폭력과 억압, 거꾸로 여성이 당하는 끔찍한 모멸과 고통의 다른 이름이다. 그로부터 벗어나는 일은 도대체 가능하지도 않았다. 설사 나라가 독립을 쟁취한다고 해도 여성은 결코 그 질곡에서 벗어날 것 같지 않은 게 당시의 상황이었다.

남편과 아내는 들미동에서도 처음부터 달랐다. 아내는 하루 종일 밭에 나가 일을 했기에 햇볕에 그을릴 대로 그을린 얼굴이었고, 남편은 희디흰 선비풍의 용모를 고스란히 유지한다. 아내가 식구들 입에 들어갈 식물을 재배하는 동안, 남편은 마당에 꽃밭을 만들어 식물을 완상한다. 한 사람에게는 피할 수 없는 노동이 한 사람에게는 즐거움을 안겨 주는 취미였다. 아내가 머리부터 발끝까지 실용주의자라면, 남편은 뼛속 깊이 낭만주의자였다. 아내가 더러운 분뇨를 뒤집어쓴 채 가축을 돌보는 동안, 남편은 풍류를 알고 시를 아는 묵객들과 더불어 몇 날 며칠 술을 즐겼다.

이로써 안병무의 아버지는 훗날 귀중한 우리 '문화유산'의 전승자로서 제 계급적 역할을 충실히 수행하고, 반면 그의 어머니는 훗날 탈식민주의 담론에서 이야기하는 '하위주체'[17]라는 꼬리표를 달게 되는 것이다.

충격, 십자가!

공산당과 더불어 소년 안병무의 원체험을 구성하는 또 하나의 사건이 발생한다. 그것은 이후 안병무의 평생을 결정할 만큼 강력한 충격이었다. 스트라이크를 주동하여 학교에서 쫓겨난 소년의 다음 행적을 따라가 보자.

퇴학생 안병무는 멀리 투두거우頭道溝로 가서 친척집에 얹혀 살며 나머지 학년을 마치게 된다. 투두거우는 들미동에서 80리 떨어진 소읍인데, 거기서 소년은 낯선 서양식 건물에 세워진 십자가를 본다. 물론 소년은 이미 한 차례 명동 마을 가까운 가톨릭촌 한 언덕에 세워져 있던 십자가를 목격한 적이 있다. 그때 동네 아이에게 그 십자가의 정체에 대해서 물었다. 동네 아이는 "누가 우리 대신 죽었다"고 대답했다.

누가 우리 대신 죽었다니!

소년은 그때 도무지 그 말을 이해할 수 없었지만, 가슴을 파고드는 이상한 충격만큼은 생생하게 간직하고 있었다. 그 소년에게 다시금 나타난 십자가! 소년은 또다시 커다란 충격에 휩싸여 이렇게 생각한다.

아, 이 동네에도 다른 사람들을 위해 대신 죽은 사람이 있구나!

충격은 소년의 발길을 교회로 이끈다. 사람들은 교회에 다니면 술도 첩질도 안 하게 된다고 말하여 소년의 마음을 사로잡는다. 역설적이지만, 아버지는 소년으로 하여금 교회에 가게 만든 일등공신이 된 셈이다.

"나는 이 단체를 반음주, 반축첩 운동단체로 여기고 가담하기로 결심했다."[18]

처음에는 교회에 나가도 목사가 하는 말이 도무지 무슨 소리인지 알 턱이 없었다. '여호와'니 '구주'니 하는 말은 '여우'니 '구두'니로 들렸다. 그렇더라도 소년은 교회에 빠지지 않고 나간다. 그 단계에서는 물론 소년의 그런 행위가 믿음을 반영한 것이 아니라 거꾸로, 즉 그런 행위가 오히려 소년의 믿음을 고취시켰을 것이다.[19] 어쨌든 아버지가 그런 소년을 보고만 있을 리 없었다.

"공자님 같은 훌륭한 분들도 많은데 도대체 넌 하필이면 서양 종교를 끌어들여 집안 망신을 시키는 거냐?"

"난 공자 맹자 다 싫어요. 아버지가 엄마를 그렇게 괴롭히고 술만 마셔도 좋은 게 유교라면 난 그런 거 싫어요."

당돌하지만, 소년은 그때 정말로 아버지의 술과 첩질을 막아 볼 지극히 실용적인 동기로 스스로 교회를 선택했던 것이다. 아버지는 나중에 안 하던 손찌검까지 하고, 성서를 아궁이에 집어넣고 불태우기도 한다. 술에 취하면 예수쟁이에게 아들을 도적맞았노라 한탄하기 일쑤였다. 이 점에서 안병무의 아버지는 간도 이주 이후 전근대에 갇혀 있는 자신들의 운명을 자각하고 자진해서 기독교를 받아들이고, 노랑녜, 귀복녜, 곱단이, 고만녜, 어린아, 데진녜 같은 이름을 믿을 '신信'자를 집어넣어 몽땅 바꾸는 문익환의 어머니(고만녜=김신묵) 쪽과는 참으로 차별화된다.[20]

언젠가 소년은 어머니 선천댁이 첩과 드물게 벌이는 전쟁을 목격한다. 화가 나서 그는 첩을 밀쳐 쓰러뜨리며 나가라고 소리친다. 그런 다음 어머니에게 말했다.

"엄마! 이건 사람이 사는 게 아니야. 우리 사람답게 살자. 아버지와 저 여자를 내보내. 그리고 우리끼리 힘을 모아 살아."

어머니에게 아들은 어떤 의미일까.

남편으로부터 온갖 모멸을 받아도 묵묵히 감내하던 선천댁이 아들의 그 말 한마디에 큰 충격을 받는다. 모자는 서로 끌어안은 채 통곡한다. 그리고 과연 선천댁은 아들의 말을 좇아 남편과 깨끗이 갈라서는 길을 선택한다. 한번 결심한 여자는 뒤돌아보지 않는다. 선천댁은 아주 냉혹하리만치 자신이 해야 할 일을 한다. 그 속에는 모든 소유를 반으로 나누는 것도 포함된다. 하다못해 숟가락 밥그릇마저 정확히 반분한다. 이건 당시로서는 매우 혁명적인 결단이었을 텐데, 따라서 '절반의 실패'나 '절반의 성공'이 아니라 선천댁의 '완전한 성공'이요 남편의 '완전한 패배'를 의미한다. 왜냐하면 그 뒤 선천댁은 두 번 다시 남편을 '모시고' 살지 않기 때문이다. 남편은 바라던 자유를 얻었으되, 그 대가를 톡톡히 치르게 되리라는 것을 그때는 꿈에도 몰랐으리라.

안병무는 소학교를 간신히 졸업한 뒤 1년간 점원 생활을 한다. 분가한 이후 아무리 선천댁이 열심히 일을 해도 살림은 늘 빠듯했고, 아들은 그런 어머니를 보다 못해 스스로 생업전선에 나선 것이다. 소년은 그릇가게 점원을 시작으로 양품점 점원, 그리고 재봉사 일까지 두루 경험한다. 이때, 소년에게 어머니와 관련하여 쉽게 잊을 수 없는 또 하나의 사건이 벌어진다.

한겨울이다. 소년은 직접 재봉틀을 돌려 만든 양복 조끼를 장에 내다 팔았는데, 날이 저물 무렵 큰눈이 쏟아지기 시작한다. 소년은 지전거에 물건들을 꾸려 싣고 돌아가야 한다. 눈발은 점점 굵어지고, 눈보라마저 심하게 몰아친다. 어느 순간, 소년은 길을 잃는다. 주변에는 아무도 보이지 않는다. 길을 더듬더듬 달리던 자전거가 휙 하고 공중으로 날아오른다. 소년은 자전거를 놓친 채 커다란 구덩이로 곤두박질치고 만다. 정신을 차려 허겁지겁 빠져나오려고 애를 썼지만, 소년의 몸은 눈구덩이 속으로 점점 깊숙이 빠져 들어갈 뿐이다. 비명을 질러도 누구 하나 들어 줄 이도 없다. 날은 캄캄했고, 눈 무지 속에서 소년의 몸은 얼어만 갔다. 절망적일 때, 오히려 마음이 편해졌다. 죽음이 바짝 달라붙은 것이다. 그때 갑자기 그의 귀를 쩌렁 울리는 목소리가 들렸다.

"이놈아, 빨리 일어나! 엄마는 너 없이는 못 살아!"

소년은 감기려던 눈을 번쩍 뜨며 몸을 벌떡 일으킨다. 놀라운 일이었다. 소년은 도무지 어찌해 볼 수 없던 눈 무지를 헤치고 한 뼘 한 뼘 밖으로 몸을 빼낼 수 있었다. 마침내 소년은 기적처럼 구덩이를 빠져나온다.

소년은 그 일을 두고두고 생각했다. 어머니라는 존재가 어떤 의미인지를 그보다 더 잘 말해 주는 경험은 드물다. 그런 기적은 어떤 논리적인 설명으로도 이해시키기가 쉽지 않은데, 놀랍게도 안병무는 훗날 다시 어머니를 통한 그 기적을 거듭 겪게 된다.

간도와 한국 기독교

안병무는 1937년 점원 생활을 접고 용정에 있는 은진중학교에 입학한다. 용정은 조선에서 두만강을 건너 국자가(연길)로 가는 길목에서 가장 큰 읍이었다. 일찍부터 조선인들이 이주해 살았는데, 그들은 교육에 대한 열의가 남달랐다. 인구 3000도 안 되는 용정에만 중학교가 여섯 개나 있었다. 일본인이 직접 세운 공립을 제외하고도, 민족주의 계열의 학교(동흥), 사회주의 계열의 학교(대성), 그리고 은진처럼 캐나다 교회가 세운 기독교 계통의 학교가 고루 있었다. 어느 계통이든 민족의식을 고취하는 교육을 실시하기는 매일반이었다. 은진의 경우 학교 자체가 일명 '영국덕(이)'라고 불리는 영국 조계지 안 동산에 있었다. 일종의 치외법권 지역으로, 일본 관헌들도 함부로 들어갈 수 없었다.

소년의 세계가 그 언덕에서 재구성된다. 배움이 추방했던 것을 배움이 회복시키는 것이다.

탈식민주의 이론가 호미 바바Homi Bhabha는 식민담론이 피식민 주체에게 갖는 힘의 역학은 일방적인 것이 아니라 양가적인 것이라고 주장한다. 피지배자가 식민권력에 의해 제국에 동화되는 가운데 지배자를 모방하게 됨으로써 거의 같지만 똑같지 않은 닮은꼴로서 식민통치에 필요한 인적자원이 된다는 것.[21] 안병무가 소학교에서 받은 교육이 그런 경로에 있었다. 용정에서는 유독 광명중학의 경우가 그랬다. 용정에서는 유일한 5년제 중학교인 그곳은 일본 외무성의 '재외지정'까지 받은 친일파 학교로서[22] 식민본국이 강요하는 교육을 그대로 실시했다. 결국 졸업생들은 장차 식민지 관료나 심지어 정일권처럼 식민지 군대의 장교로 자신들의 미래를 선택하게 된다.

> 정일권을 축으로 한 만군 출신 장교들은 박정희의 5·16 쿠데타에 직간접으로 엄청난 배경이 되어주었다. 인맥의 중심이 광명학교 동창이었음은 물론이다. 심지어 민간인으로 5·16에 참가해서 '혁명공약'과 선전문들의 인쇄를 맡았던 광명光明인쇄소(인쇄소 이름이 왜 하필 광명이란 말인가!)의 이학수 사장까지 용정의 광명학교 출신이었다.[23]

반면 광명중학을 제외하면 용정의 교육은 철저히 민족주의의 수단이었다. 한 예로 은진중학교에서도 일제의 명령에 따라 일어로 된 교과서를 쓸 수밖에 없었는데, 교사들은 이를 우리말로 죽죽 읽어 나갔으며 당연히 가르치는 것도 우리말로 했다.[24] 그런 사실 자체만으로도 우리는 용정의 교육이 어쩔 수 없이 식민본국의 틀에 의해 성립되었어도 실제 그 내용은 민족주의를 고취하는 데 가장 큰 역점을 두었음을 짐작할 수 있다. 이때 민족주의적 성향을 지닌 교사들의 역할을 간과할 수 없다. 용정 일대 민족교육의 선구자들, 즉 김약연, 문재린, 명희조, 정재면 등과 그들의 뒤를 이은 교사들은 어떤 방식으로든 소년들의 가슴에 배일사상을 심어 주고자 전력을 다했던 것이다. 소년 안병무의 가슴속에도 자연스레 잊혀졌던 민족적 자각이 다시 솟아나 점점 크게 자리를 잡아 나간다. 2학년 때, 안병무는 쪽지를 돌려 벗들을 불러 모아 태극기와 애국가를 직접 가르쳐 주기도 한다.

교회는 또 어떠했을까.

이제 갓 교회에 첫발을 디딘 소년 안병무에게 교회는 한마디로 "무서운 곳"이었다.[25] 무섭다는 말에 대해 오해가 있을까 봐 서둘러 그의 입을 다시 빌려 말하면, "소학교에서 일본식 교육으로 인해 죽었던 민족의식이 소생한 곳"이기 때문이다. 사실이 그러했다. 새벽기도를 할 때는 꼭 독립을 위해 기도했고, 성서 해석을 할 때도 가능하면 독립을 염원하고 민족의식을 일깨우는 쪽으로 했다. 예를 들면 사도행전에 "하느님이여, 이스라엘을 회복할 때가 바로 이때입니까?" 하는 대목이 나오는데, 교회에서는 "하느님이여, 조선이 회복될 때가 바로 이때입니까?"로 고쳐 해석하는 식이었다.

한번 교회에 빠진 소년은 학업보다도 교회 일에 훨씬 열심이었다. 당시 은진에는 종교부가 있었는데, 선배인 강원룡이 종교부장을 맡았다. 안병무는 주로 거기서 활동한다. 일요일마다 다섯 동네를 선정하여 전도와 문맹 퇴치 등 계몽운동을 벌었다. 소년은 2학년 때 교회의 여자야학에서 가르치고, 3학년 때는 10리쯤 떨어진 마을에 가서 전도사 겸 선생으로 야학을 지도한다. 그의 인기는 여느 전도사나 선생보다 높았다. 학교에는 그가 가르치는 야학의 아주머니 여학생들이 보내는 팬레터가 십여 통씩 날아들곤 했다. 당연히 학업 성적은 바닥권을 맴돈다.

어느 해 정월 초하룻날, 안병무는 엽서를 365장이나 산다. 그 뒤 매일같이 한 장씩 성서의 구절을 써서 아버지에 부친다. 나중에 아버지는 그의 지극정성에 감탄하여 이렇게 자신의 태도를 바꾼다.

"교회에 나가도 좋으나 예수를 믿을 생각을 말고 예수처럼 될 생각이나 해라. 해괴한 말들이 더러 있기는 하더라마는 공자님 하신 말씀이나 비슷한 것도 많더라."

성탄절에는 교회에서 연극을 하는데, 모세와 에스더 등 조국을 찾기 위해 애썼던 성서의 인물들을 무대에 올리는 게 보통이었다. 안병무는 연극에서 주연을 맡기도 한다. 그런데 그 연극은 어린 마음에도 바로 자기들의 처지를 묘사한 것으로 인식되었고, 모세 같은 해방자를 갈구하는 마음 또한 잘 묘사되었다.[26]

당시 간도에는 기독교 이외에도 천주교, 대종교, 천도교 등 각종 종교가 번성했다. 그런데 대부분의 종교가 안심입명安心立命의 역할과 더불어 배일사상을 고취하면서 민족주의적 색채를 짙게 띤다. 하다못해 일제가 조종했던 시천교, 청림교, 공교회까지도 민족운동에 참여했다. 북간도에서는 이주 한인들의

종교운동을 독립운동, 교육운동, 사회운동 등과 서로 구분하여 생각할 수 없었다.[27]

민경배에 따르면, 간도의 기독교는 식민지시대 조선을 장악하고 있던 이른바 서북계 보수주의 기독교와는 큰 차별성을 보인다. 즉 평양을 중심으로 한 서북지역에는 유난히 중산층 기독교인이 많았고, 그들을 또 미국 동부 출신의 중산층 지식인 선교사들이 맡아 선교했다. 그들은 보수적이고 단일 근본주의 신학과 엄격한 청교도적 윤리관을 배경으로 하고 있어, 신학생의 외국 유학을 막는 것은 물론이고 인문계 지식이나 세속 학문의 기초적 소개에도 부정적 입장을 견지했다. 그 결과 교역자敎役者의 후진성이라는 비극적 요소를 한국 교회에 뿌리내리게 했다.[28] 그런 그들의 입장이 1907년 평양 대부흥운동을 통해 한국기독교의 보수적 정통으로 자리를 잡는다. 이 대부흥운동은 가령 '죄의 고백'을 활성화시킴으로써 개신교도들의 죄인 정체성 형성에 주요한 제도적 장치로 작용하는데, 이는 가부장적이고 신화적인 성서 해석을 통해 강력한 순종이데올로기를 생산해 내고 특히 여성들을 소극적·부정적 의미의 순종적 주체로 형성하는 데 결정적 역할을 했다는 의미이기도 하다.[29] 반면 호남지역에서는 기독교가 별 위세를 떨치지 못하는데, 워낙 가난한 소작농들이 많아 보수적이고 유교적인 지주들의 핍박을 넘어서서 기독교에 입문하기가 어려웠기 때문이다. 우리가 주목해야 할 것은 관서·관북 지방이다. 그 지역에는 일찍부터 캐나다 교회의 자유주의적 물결이 영향을 미쳤다. 바로 이 지역의 초기 기독교인들이 두만강을 건너가 간도 기독교의 토대

를 이루게 되는 것이다.[30]

따라서 간도 기독교는 처음부터 민족주의와 결코 뗄 수 없는 관계에 있었다. 사실, 간도로 초기에 이주한 이들 중에는 분명한 민족의식을 지닌 지사적 인물들이 많다. 그런 목적의식 때문에 그들 스스로 자신들의 한계, 즉 봉건적 유교의식을 뛰어넘어 "기독교는 곧 신학문이고 신학문은 곧 자주독립과 연결된다"며 기독교를 앞장서서 받아들인다. 문치정, 김약연, 구춘선, 강백규, 마진, 정재면 등이 대표적이다. 그래서일까, 이제 우리는 간도에서 소년기를 보내고 훗날 우리 민족을 위해 여러 방면에서 애쓴 많은 기독교인들을 기억할 수 있게 된다. 특히 용정에서 가까운 명동은 민족운동의 대표적인 근거지일뿐더러 문익환, 문동환 형제를 비롯해 많은 기독교 인물들을 배출해낸 곳으로 유명하다. 은진에서 안병무는 문동환과 강원룡 등을 만나는데, 일찍이 미국 프린스턴 신학교로 유학까지 다녀온 장공 김재준이 그들 모두의 스승이었다. 문익환과 윤동주, 송몽규는 이미 학교를 떠난 선배들이었다. 안병무는 학교에서 가까운 곳에 있는 큰 교회(동산교회) 새벽기도회를 통해서도 신앙의 동지들을 여럿 만난다. 장하구, 최봉삼, 장덕순, 도기순 등이 그들이다.

안병무는 서양 기독교와 차별되는 한국 기독교의 특성으로 민족주의를 드는데, 그것은 바로 그가 간도에서 접한 기독교의 영향이 절대적이기 때문이다. 이 점에 대해서는 그 자신이 목사였고 아버지도 목사였고 동생도 목사인 문익환이 1989년 방북 당시 다른 사람도 아닌 바로 김일성에게 한 말이 인상적이

다. 문익환은 기독교를 왜 인민의 아편이라고 해서는 안 되는
지를 이렇게 설명한다.[31]

> 이동휘 선생은 나라의 독립을 위해서는 기독교인도 될 수 있고
> 사회주의자도 될 수 있었습니다. 그는 소련으로 갈 때 따라가려
> 는 젊은이에게, '너는 국내에 들어가 목사가 돼'라고 합니다. (중
> 략) 저의 선조들이 기독교인이 된 것도 그것이 나라의 주권을 찾
> 는 길이라고 생각했기 때문입니다.

아울러 안병무가 나라를 잃고 간도에서 유리걸식하는 불쌍
한 민중에 대한 기억을 예수 당시 이방인의 땅 '갈릴래아'의 가
난하고 힘없는 민중의 그것으로 환치시키는 것 또한 아주 자연
스러운 결과라 하겠다.

해방, 전쟁, 그리고 청년 구도자

전야

전야前夜는 아름다워야 한다.

전야는 막연할지언정 희망이고, 막막할지언정 기다림이다.
내일이, 새벽이 어떻게 올지 모를 때는 더더욱. 그런데 그런 게
아니다. 집단적 공체험, 그것도 오로지 절망과 탄식의 공체험
이 개인의 내밀한 지성소(至聖所 혹은 至誠所)까지 완벽하게 장
악했을 때, 설레는 전야 같은 것은 없다. 있다면 어제와 똑같은,
오늘과 똑같을 패배의 밤뿐이다. 그것을 일러 우리는 전야라고
할 용기는 없다.

1940년 12월, 이제 청년이 된 안병무는 은진중학교를 졸업
한다. 그리고 오직 어머니의 권유에 따라 떠밀리듯 일본으로
유학을 떠난다. 준비된 것도 없고, 준비할 것도 없다. 미래의

기획 같은 것은 애초 존재하지 않는다. 여전히 식민지였고, '해방'은 육체로 실감할 수 없는 이미 불가능한 욕망이었다. 그에게는 윤동주처럼 '또 다른 고향'을 그리워할 아무 근대적 욕망도 없었다. 4년제 중학 은진을 처음부터 끝까지 고수한 것이 이를 입증한다. 당시 중학교 학제는 5년제와 4년제가 있었는데, 대학을 가려면 필히 5년제를 나와야 했다. 실제로 같은 학교 선배 윤동주나 문익환은 은진을 다니다가 평양 숭실학교로 적을 옮기게 되는데, 안병무는 한 번도 그런 생각을 하지 않는다. 간도는 그에게 '또 다른' 고향이 아니라 '바로 그' 유일한 고향이다.

동경으로 건너간 그는 처음에는 다이쇼大正 대학 예과에, 나중에는 와세다早稻田 대학에 적을 둔다. 그 무렵 문익환, 문동환 형제와 김관석, 장준하가 일본신학교에 다닌 것을 볼 때, 안병무가 신학을 전공하지 않은 것은 차라리 특이하다. 말하자면 안병무는 그때 이미 신앙을 학문이 아니라 생활 혹은 삶으로서 받아들이고 있었을 것이다. 이 점이 안병무를 특징짓는 점 중의 하나일 텐데, 그는 훗날 신학자가 되었어도 안수를 받고 목사가 되는 것은 한사코 거부한다. 안병무가 특히 심취한 것은 사회학과 철학이다. 키에르케고르를 즐겨 읽었다. 하지만 그의 일본 유학 시절에 대해서는 알려진 것이 많지 않다. 그 스스로 별로 많은 이야기를 하지 않았기 때문인데, 사실 당시는 일본이 태평양전쟁을 일으킨 무렵이라 유학 생활도 전 같을 리 없었으리라. 그런 가운데 동경 시내에도 미군 B-29의 공습이 시작되고 조선인 학생들에게도 징집령(1943년 10월 20일, 육군특별

지원병 임시 채용 규칙)이 떨어지자, 더 이상 일본에서 버틸 수도 없었다.

안병무는 만주로 돌아온다. 만주도 더 이상 안전지대는 아니었다. 용정의 일본 영사관을 중심으로 조선인 학병을 잡기 위한 마수가 곳곳에 뻗치고 있었다. 안병무는 만주 땅 깊숙한 곳, 하얼빈과 자무쓰佳木斯 사이 쑹화松花 강변에 자리 잡은 한 조선인 개척부락으로 몸을 피한다. 개척부락이란 본래 만주인들의 마을이었는데, 일제가 만척(滿拓: 만선척식주식회사)을 내세워 밭농사만 짓던 그들을 내쫓고 대신 조선인들을 강제로 이시하여 수전(水田: 논)을 경자하게 하면서 생겨난 마을이다. 이는 물론 조선인들을 위한 게 아니라 전쟁에 필요한 군량軍糧을 동원하기 위한 목적이었다.

> 일제는 원시적인 농구 밖에 없는 조선족 농민들에게 엄청난 수의 개간 목표를 제정해주고 이를 완수할 것을 강요하였다. 1944년에 일제는 조선족 농민들에게 71,000정보란 도저히 상상도 할 수 없을 량의 개간 임무를 주었다. 대략적인 추산에 의하면 1944년 전 동북의 326,323정보의 수전 중에서 조선족 농민이 경작한 것이 261,000정보에 달하였다. 1941년부터 동북의 수전 경작면적이 매년 줄어드는 정황에서 유독 조선족 농민들의 수전 경작면적이 대폭적으로 확대되었다는 사실은 일제가 조선족 농민을 얼마나 잔혹하게 핍박하였는가 하는 것을 잘 말해주고 있다.[1]

안병무는 마침 그 마을에서 소학교를 세우려고 교원을 모집

한다는 소문을 듣고 찾아간 참이었다. 학교가 지어지지 않은 바람에 안병무는 하는 일도 없이, 그러나 월급은 월급대로 받으면서 지낼 수 있었다. 어쨌든 그는 도망자 신세였다. 가능하면 집 밖으로 나가지 않으면서 마치 은둔자처럼 산다. 실제 그 무렵 일제의 영향력은 만주 일대 미치지 않은 곳이 거의 없을 정도여서, 조선인들은 그곳에서도 창씨개명과 황궁요배마저 똑같이 강요당했다. 사실상 안전한 피난처는 어디에도 없게 된 셈이었다. 그에게는 성서와 몇 권의 영문 신학서적이 유일한 벗이었다. 신학을 전공한 것도 아니면서 왜 하필 그런 책들이었는지, 안병무는 훗날 생각해 보곤 했다. 그건 말하자면 궁극적인 진리에 대한 목마름 때문이다. 그는 성서를 이렇게도 뜯어보고 저렇게도 뜯어보면서 나름대로 하루하루를 견뎌 낼 수 있었다.

그곳에서 일 년을 지낸 그는 모아산으로 다시 은신처를 옮긴다. 북만北滿도 더 이상 안전하지 못한 이상, 이왕이면 고향에서 가까운 곳을 택하자는 심정에서였다. 모아산은 용정에서 해란강만 넘으면 되는 가까운 곳으로, 친구 장덕순의 양부모를 비롯하여 전부터 교회 일로 잘 아는 이들이 많이 있었다. 비록 숨어 사는 처지는 변함이 없었지만, 안병무는 그곳 사람들의 부탁으로 교회 일까지 맡는다. 어머니와 동생까지 오게 하여 함께 있을 수 있었다. 그들 중 어느 누구도 안병무를 고발하지 않는다. 그만큼 신뢰가 두터웠기 때문이며, 주민들 간에 교회를 매개로 단합이 잘 되었기 때문이다. 안병무는 그들과 더불어 분에 넘치는 도피 생활을 할 수 있었다. 마을 주민들이 집과 밥, 그리고 땔나무까지 다 대 주었으니까.

해방, 엑소더스

해방은 그야말로 도둑처럼 찾아왔다.

이것은 다만 급작스럽다는 뜻만은 아니다. 미처 준비도 안된 상태에서, 즉 차후의 어떤 전망도 부재한 상태에서, 그것도 남의 손에 의해 찾아왔다는 뜻이기도 하다. 물론 총을 들고 조국의 해방을 위해 험지를 누비던 무장 세력이 엄존했고, 싸우다가 끝내 저들의 포로가 되어 감옥에서 죽은 이들도 수두룩했다. 어쨌든 1940년대에 들어서면서 그 세력은 급격히 약화된다. 김일성의 항일 빨치산 부대도 소련령으로 근거지를 옮긴다. 태평양전쟁까지 일으켜 승승장구하던 일본이 위려 앞에서 독립에 대한 희망을 아예 포기한 이들도 부지기수였다. 발 벗고 나서서 학병을 권유한 지식인들은 일일이 꼽을 수조차 없다. 그들은 이미 식민지를 자기 안에 내재화한 것으로도 모자라, 황도사상의 총후銃後까지 자처하고 나섰다. 춘원은 징용이나 징병이 어쩔 수 없다면 차라리 자진해서 가는 게 대우도 나을 것이며, 징용에서는 생산기술을 배우고 징병에서는 군사훈련을 배워 장차 우리 민족의 실력을 키울 수 있다며 동포들을 사지로 내몰았다.[2] 이런 면에서 미당은 차라리 진솔(?)하다고 해야 할까 아니면 더 교활하다고 해야 할까. 그는 일본이 그렇게 쉽게 항복할 줄은 몰랐으며, 못 가도 200년은 가리라 믿어서 친일 부일이 아니라 종천순일從天順日을 했다고 말한다. 솔직히 말해, 안병무도 해방이 그런 식으로 찾아올 줄은 거의 생각하지 못했다. 그만큼 일제의 무장은 마지막 순간까지 절대 그 자체였다.

전야가 아름답지 않았다면, 해방은 싱겁고 또 어정쩡했다.

8월 15일, 용정에 갔다가 온 주민들은 어정쩡한 표정으로 독립이 되었다고 말한다. 무슨 뜻인가. 긴가민가하던 안병무는 용정으로 달려간다. 장하구를 만나 사실을 확인한 그는 모아산으로 돌아와 비로소 '해방'의 뜻을 나름대로 해석하기 시작한다. 도대체 해방의 주체는 누구인가. 넌가 난가. 아니다. 주변의 누구도 준비된 주체가 아니었다. 알고 보니, 해방군이 따로 있었다. 그때 간도에서는 소비에트 군대가 대일 선전포고(8월 9일)를 한 지 며칠 만에 해방군이 된다. 안병무는 지식인답게 그들을 맞이할 준비를 지휘해 나간다. 이불 홑청을 뜯어 거기에 "소비에트 군대 만세!"라고 어디선가 주워 익힌 러시아어로 써서 신작로 한복판에 내건다. 과연 그들은 해방군다운 위용으로 진주해 온다. 주민들은 너 나 할 것 없이 하얀 한복을 깨끗이 차려 입고 나와 진심으로 그들을 환영한다. 그 기쁨은 해동갑에만 지속된다.

그날 밤, 해방군은 해방을 가져다 준 대가를 요구한다.

달빛 아래 그들은 성에 굶주린 야수로 탈바꿈한다. 총을 들이대며 여자들을 내놓으라고 위협했다. 해방의 기쁨은 연기처럼 사라지고 그 자리를 대신 공포가 차지한다. 남자들은 밤마다 여자들을 보호하는 파수꾼으로 변했다. 당번을 정하여 신작로에 보초를 세우는가 하면, 집집마다 줄을 이어 깡통을 매달고 습격에 대비했다. 여기저기서 들리느니 맨 그런 강간 소문들뿐이었다. 모아산에서도 그런 일이 벌어지는데, 피해 여성은 기지를 발휘하여 마지막 순간에 겨우 몸을 피할 수 있었다.

이런 일은 훗날 중국에 남아 중국 국적을 취득하게 되는 한 조선족 저명인사에 의해서도 증명된다.[3] 그 역시 북만에서 집단농장에 살다가 해방을 맞는데, 해방은 동시에 토비土匪의 득세를 불러왔다. 또 얼마 후부터는 "쏘련 군대가 온다는 말만 들으면 동네 아낙들은 기절을 하면서 논밭에 나가 숨었다. 쏘련 병사들은 여자만 보면 겁탈하려고 달려든다는 것이었다"고 증언한다. 그런 만큼 무정武亭이 이끄는 조선의용군이 왔다는 소식은 그들에게 거의 복음福音이나 마찬가지였다. 그들이 누군지 잘은 몰랐지만, 존재 자체만으로도 비굴한 패배의 역사를 일거에 전복시켜 줄 대리주체였다. 그 조선이용군 제5지대와 제7지대가 연길, 길림, 반석 일대로 가기로 했다고 한다. 하지만 적어도 모아산에서는 그런 감격을 맛보지 못한 것 같다. 그리고 청년 안병무에게는 광명의 새날이 여전히 멀었다.

용정에서는 학생들을 중심으로 해방 기념 축제를 열기로 결정한다. 안병무는 연극 대본을 책임진다. 숨어 지내던 학병이 주동이 되어 일본군과 싸웠다는 내용인데, 그것이 문제가 된다. 용정의 일본 영사관을 접수한 채 스스로 '사령부'를 세운 일단의 세력—아직 정체가 분명하지는 않았지만, 애국가를 금지하고 태극기 대신 붉은 기를 상용하는 것으로 보아 공산당 계열이 분명했다—이 안병무를 불러 다그친다.

"해방이 언제 조선인의 힘으로 이루어졌느냐? 해방은 전적으로 붉은 군대에 의해 이루어진 것이다."

안병무는 젊은 혈기로 그 주장에 승복하지 않았다. 그들이 언제 우리를 위해 싸웠느냐. 그러다가 모욕도 당하고 결국 제목을 '분노'에서 '서광'으로 바꾼다. 내용도 완전 달라진다. 이미 해방 공간의 헤게모니는 '그들'의 손으로 넘어가 있는 게 분명했다.

그들은 누구일까. 증언을 다시 들어 보자.

> 조선의용군이 진주하면서 하동 땅에는 전례 없던 사회대변혁이 일어나기 시작했다. 하동에는 고려인회가 해산되고 새로운 민주련맹이 건립되었으며 이전에는 고려인회 문 앞에 청천백일기나 태극기를 걸던 것이 붉은기로 바뀌여졌다.[4]

1946년 여름 이후 소련군은 만주 동북 지역에서 철수하고, 조선의용군은 중국공산당과 합작한 동북민주연군에 편입된다. 이로 미루어 볼 때, 용정의 '그들' 역시 '민주연맹' 정도의 단체 소속이 아니었을까 추측해 본다.

어느 날, 모아산으로 선천댁을 찾아온 여자가 있었다. 그녀는 한때 용정 선천댁 집에서 하숙을 하던, 당시로서는 드물게 사진사라는 직업을 지녔던 여성이다. 그녀는 선천댁을 어머니처럼 여기며 지냈다. 그런 그녀가 꽤 오랜 동안 모습을 보이지 않다가 해방이 되자 지프까지 타고서 선천댁을 찾아온 것이다. 알고 보니 그녀는 어떤 식으로든 공산당과 관계되는 모양으로, 과거의 정을 잊지 않고 선천댁의 아들에게 닥친 위급 상황을 알려 주러 온 것이었다. 그녀가 기지를 발휘하여 얻어 낸 말미는 딱 닷새. 싫든 좋든 안병무는 그 사이에 간도를 떠나야만 했다.

마침내 해방은 청년 안병무에게 또 다른 족쇄로 그 모습을 드러내고 말았다. "지주나 친일파는 물론이고, 평범한 사람들도 앞문으로 늑대를 쫓으니 뒷문으로 호랑이가 들어오는 경험을 하는 셈"[5]이었다.

간도는 안병무에게 무엇이었을까.

비록 태를 묻은 고향은 아니지만, 간도는 청년 안병무의 모든 것이었다. 그곳에서 그는 조국을 보고, 민족을 보고, 마침내 십자가를 본다. 그리고 그것들은 하나같이 벼랑 끝에 선 자의 절박한 시선으로 목격된 것이었다. 훗날 그가 어떤 형태로 그것들을 다시 경험한다고 해도 그때 그곳에서만큼 온몸으로 느낄 수 있을까. 간도는 히브리가 끌려간 이집트 땅, 야훼의 민족이 나라를 잃고 유수幽囚된 바빌론 같은 이방인의 땅이었기 때문이다.

우리가 바빌론의 강변 곳곳에 앉아서
시온을 기억하면서 울었다.
그 강변 버드나무 가지에
우리의 수금을 걸어 두었더니
우리를 사로잡아 온 이들이
거기에서 우리에게 노래를 청하고
우리를 억압한 자들이
저희들 흥을 돋구어 주기를 요구하며
시온의 노래 한 가락을
저희들을 위해 불러 보라고 하는구나.

우리가 어찌 남의 나라 땅에서

주의 노래를 부를 수 있으랴.

예루살렘아, 내가 너를 잊는다면,

내 오른손도 수금 타는 재주를 잊을 것이다.

내가 너를 기억하지 않는다면

내가 너 예루살렘을

내가 가장 기뻐하는 그 어떤 일보다도

더 기뻐하지 않는다면, 내 혀가 입천장에 붙을 것이다.

(시편 137:1~6)

그는 이제 간도를 등지고 탈출을 감행해야 하는 처지. 이집트를 떠나는 히브리들의 심정을 알 것도 같았다. 그러나 그는 탈애급脫埃及의 엑소더스 끝에 무엇이 기다릴지 전혀 몰랐다.

서울, 혼돈의 거리에서

밤을 도와 두만강을 건넌다. 선천댁의 품에 안겨 넘었던 강이다. 그러나 그는 태어난 고향을 지척에 두고도 들를 수조차 없다. 그들이 거치는 땅은 이미 이데올로기의 강고한 지배 영역으로 탈바꿈하고 있는 중이었다. 그 이데올로기는 특히 종교에 적대적이라고 알려졌다. 하루빨리 3·8선을 넘지 않으면 안 되었고, 그의 곁에는 같은 처지의 디아스포라들이 있었다. 그들은 도중에 많은 심문을 당했고, 소련군에게 약탈도 당한다. 밥을 지어 먹다가 피란민이라는 이유로 쫓겨나기도 했다. 담요를 깔고 한데서 별을 보며 자기도 했다. 이 경험은, 아울러 이 경험 과정에서 간접적으로 확보한 온갖 종류의 구전 체험은 그의 공산주의에 대한 반감의 뿌리를 더욱 깊게 만든다. 그가 훗날 그것을 뚫고 나와 통일에 대해 열린 마음을 갖게 된 것이 오히려 감탄스러울 정도로 그 뿌리는 질기고도 질겼다.

그렇게 해서 마침내 다다른 3·8선!

소문으로만 듣던 것이 거기 실재했다. 그건 단순히 지리적 위도를 표시하는, 그래서 지도에서만 유의미한 추상의 구분선이지만, 역사는 그것을 이념의 분단선으로 엄연히 실재시킨다. ㄱ는 ㄱ 너머에 있을 가나안을 꿈꾸며 월경越境 대열에 합류한다. 하지만 젖과 꿀 대신 그와 그의 일행을 기다린 것은 냉담과 모욕, 그리고 미군들이 마구잡이로 뿌려 대는 살충제DDT뿐이었다. 뒤집어 생각하면, 그 월경의 체험은 훗날 안병무에게 귀중한 신학적 사유의 바탕이 되기도 한다.

"하느님이 우리에게 8·15를 주셨습니다. 그것은 '은혜의 선물'입니다. 그런 인식이 분명하다면 그 '은혜'를 지킬 줄 알았을 것입니다. 존경하거나 사랑하는 사람이 준 것도 무엇과 바꿀 수 없이 소중히 여기거늘 하느님의 은혜라고 확실히 실감했다면 제 힘으로 그것을 지키려고 했을 것입니다. 그러지 못했기에 오늘까지 교회는 이렇게 제 구실을 못합니다."[6]

스스로 쟁취하지 못한 해방, 그러기에 더더욱 그 소중함을 알지 못했던 무지는 또 다른 고통과 시련을 피할 수 없게 한다. 3·8선을 지키고 선 미군의 모욕적인 대접을 받으며 남한 땅에 들어선 청년 안병무의 가슴도 비애로 가득 찼다.

서울 역시 이방인의 땅이었다.

자본주의는 민주주의와 동의어였다. 그리고 그 자본주의에서는 말 그대로 자본이 주인이다. 거기, 헌신하는 이타적 인간은 없었다. 협력과 상생, 공존과 이해의 가치는 다시 찾은 조국의 대지 어디에도 뿌리를 내릴 수 없었다. 사람들은 급했다. 급히, 서둘러 조국을 재건해야 했다. 그것이 준비하지 못한 자들의 변명이었다. 일본어가 물러간 자리를 한국어 대신 영어가 차지한다. 해방이 되었어도 모국어는 여전히 식민언어에 불과한 것. 역관譯官이 없으면 신작로 하나 낼 수 없었다. 하위주체들은 미군을 통해 보급된 새로운 상전, 즉 물신物神을 모시기에 정신이 없었다.

1946년, 안병무는 서울대학교 사회학과에 적을 올린다. 가난한 살림을 생각하면 경제학이 먼저 떠올랐으나, 그의 관심은 사회 전체의 변혁이었다. 어디서 무엇이 잘못되었기에 이 모양이 꼴이 되었나. 숨을 쉬는 게 매 순간 모멸이라면? 간도, 아버지, 해방군, 공산당, 월경, 미군, 그리고 가난까지. 어느 하나 생이 아름다워야 하는 이유를 말해 주지 못했다.

그래도 그는 힘을 냈다. 바꿀 수만 있다면 바꿔야 한다.

그는 기독교 중심의 신앙운동만으로는 사회변혁을 이룰 수 없기에, 신앙운동과 함께 사회공동체운동을 병행해야 한다고 생각한다. 신학을 공부할 생각 같은 건 전혀 없었다. 그는 다만 뜻을 함께하는 기독학생들끼리 모여 기도회와 성서공부 모임을 가지면서 미래를 기획하는 방식을 선택한다.7 그들은 주 1회 성서읽기와 기도회를 가졌고, 때로는 철야기도회나 금식을 하는 등 열정적인 신앙 활동을 전개한다. 1947년에는 서울대학교가 단과대학별로 정비됨에 따라 문리대에서 처음으로 일주일간 신앙집회를 개최한다. 이 부흥회에 당시 기독교인에게 널리 알려져 있던 함석헌, 신사훈, 손정균 등과 진보적 신학계의 기수인 김재준, 그리고 그와 대결하고 있던 보수 신학계의 대부 박형룡 등을 강사로 초빙했다. 그 후 그들은 기독학생운동에 대해 자신감을 갖고 서울대 기독학생 연합회를 결성하는데, 안병무가 초대 회장에 선출된다. 거기서도 기도회와 성서 읽기에 집중한다. 철야기도회를 자주 갖는 것으로도 유명했는네, 한번은 통행금지 시간이 지나시 귀가하다가 붙잡혀 성북경찰서로 연행된다. 그때 이들을 문초하고 구타한 자는 이승만의 충복이 되는 '특무대장' 김창룡이었다. 그는 자신이 일제시대에 자원입대했음을 내놓고 자랑하더니 대학생에 대한 질투심을 노골적으로 드러냈다. 그때 연행된 한철하가 그에게 맞서다가 몹시 심하게 구타를 당했다.

서울대 기독학생회 학생들은 어떤 면에서는 청교도적 신앙을 갖고 있었다고도 할 만큼 뜨겁고 경건한 신앙인들이었다. 기독학생회 전국연합회 결성 사건이 이러한 성격을 잘 보여 준다. 1948년 서울대 기독학생들은 YMCA로부터 연희(연세)대 기독학생회와 더불어 전국연합회를 결성하는 주체가 되어 달라는 제안을 받는다. 그러나 그들의 눈에는 YMCA가 세속적인 문화에 젖어 사교와 레크리에이션 등에만 많은 관심을 기울이는 것으로 보였기 때문에 그 제안을 거절한다. 그들은 이런 신앙 양태를 이른바 'YMCA식 신앙'이라 하여 매우 비판적으로 대했던 것이다. 결국 기독학생회 전국 조직은 서울대가 빠진 채 결성된다.

형식적으로는 학생이었으되, 솔직히 모든 여건이 공부에 전념할 처지는 아니었다. 경제적 여건이 어려운 것도 문제였지만, 당시 서울대학은 데모로 날이 새고 지는 소용돌이에 휩싸인 형편이기도 했다. 반탁, 친탁 투쟁에 이어 이른바 국대안 반대투쟁까지 겹쳐진다. 1946년 미 군정청이 4개 학부(예과, 법문학부, 의학부, 이공학부)로 되어 있는 당시 서울대학을 미국 대학을 모델로 7개 학부와 1개 대학원 체제로 재조직하여 종합대학으로 만들겠다는 안을 발표한다. 이에 대해 특히 좌익세력은 이 고등교육기관 통폐합 방안을, 대학별 자치위원회를 중심으로 성장하던 진보적 세력을 말살하려는 기도로 보고 강력히 반발했다.

안병무는 잠시 학교를 떠나 있는 게 낫다는 생각을 한다. 때마침 김포에 새로 생기는 농업학교에서 교원을 모집한다. 주거는 물론, 서울에서는 구경하기도 힘든 입쌀까지 월급으로 준다는 조건이었다. 안병무는 말리는 어머니를 설득하여 그곳에 교사로 취임한다. 선천댁은 간도를 떠나는 순간부터 경제에는 철저히 무능력했기에 아들의 말을 좇을 수밖에 없었다. 아버지가 없는 집안—당시 그는 월남을 함께 했으나 첩과 함께 딴살림을 꾸려 가고 있었다—의 장남으로서 안병무는 이제 가계까지 책임져야 하는 처지였다. 김포 생활은 1년간 지속된다. 그 후 다시 상경한 안병무는 학교에 나가는 한편 경신고등학교 영어 선생으로 부임한다. 그래 봐야 살림에는 늘 궁기가 흘렀다. 하지만 안병무의 의복은 새것인 양 늘 깨끗했다. 단벌 처지라는 것을 아는 동료들은 그 점을 의아하게 생각한다. 이유는 오직 하나, 선천댁의 끔찍한 정성이다. 그녀는 아들이 집에 들어오면 옷부터 벗겨 빨아서는 말끔히 다려 입히는 일을 반복했다.

진실의 힘

그는 간도에 있을 때부터 진정한 기독교인들의 공동체를 꿈꾸었다. 그 꿈은 남한 땅을 밟았을 때 더욱 굳어졌다. 우선 그는 서울내 기독학생회 동료들(이종완, 정하구, 이영환, 홍창의, 한철하, 김동명, 오기형, 곽상수, 백종모, 김철현)과 더불어 일신회를 만들었다. 한 신앙〔一神〕, 한 몸〔一身〕, 한 믿음〔一信〕으로 신앙생활을 해 나가자는 뜻(에베소 4장)으로 의대생 홍창의가 제안해 붙인 이름이다. 회원들은 각 가정을 돌면서 성서 연구, 기도, 신앙 토론에 열중했다. 밤을 지새운 적도 한두 번이 아니었다. 그들의 모임은 웨슬리Wesley 형제가 옥스퍼드에서 시작한 신성클럽Holy Club을 방불할 정도로 진지하고 뜨거웠다. 그때의 분위기를 이영환은 이렇게 전한다.

"어떤 때는 밤을 새워서 집회를 계속했는데 그 분위기가 어떻게나 열띠었는지 주위에서는 푸닥거리하는 패들이라고 웃기도 했어요. 대체로 특별한 사정이 없는 한 전원이 모였는데 시간을 지키느라고 늦으면 많이 뛰기도 했지. 곽상수 형 댁에서 모였을 때에는 늦은 사람은 반성을 하라고 '이미 시간은 지나갔다. 밖에서 슬피 울며 이를 갈라'라고 문에다 써 붙인 일도 있지요."

이 청년들을 주목할 필요가 있다. 도대체 어떤 목표가 그들을 함께 묶었고, 어떤 열정이 그토록 강한 유대를 가능하게 했을까. 밖에서는 좌익과 우익이 외나무다리에 선 듯 사사건건 부닥치고 있던 때였다. 누가 옳건 그르건 그들은 "슬픔도 노여움도 없다면 조국을 사랑하지 않는 것"이라던 러시아의 시인 네크라소프Nekrasov의 언술을 온몸으로 증명해 보이고 있었다. 그러므로 안병무의 신앙 모임은 차라리 한가롭거나 비겁한 자의 변명처럼 보일 수도 있으리라.8 그러나 이런 단선적 비판은 옳지 않다. 안병무가 그랬듯이, 그 모임 역시 나름의 방식, 나름의 고투로 조국의 현실에 깊숙이 육박해 들어가고 있었던 것이다. 그들에게도 역시 민족의 운명이 그들 자신의 운명이었다. 그들은 조국의 참담한 현실 앞에서 무엇보다 한국 교회의 태도를 용납할 수 없었다.

그들이 보기에, 한국 교회는 해방 전부터 이미 철저히 실패한 교회였다. 일제의 강압 때문이라지만 순교 대신 일본 신사神社에 무릎을 꿇었고,9 나아가 황민화 정책에 동조하는 등10 하느님과 민족 앞에 용서받기 어려운 죄를 지었다. 8·15라는 민족사의 새 장이 열렸을 때에도 지난날의 실패와 배교背敎 행위에 대한 진지한 참회와 갱신의 요구마저 거부하고 묵살했다. 게다가 교회는 민족의 분단이 고착화되기 전에 먼저 남북으로 분단되는 과오를 저질렀다. 해방 직후 남과 북의 교회들이 합의한 '통일된 조국과 통일된 교회'라는 교회 재건 원칙을 장로교가 중심이 된 남부총회가 먼저 파기하고 스스로 총회(1947년

대구 제33회 총회)를 개최한 것이다. 이는 북한 교회의 존재를 인정하지 않겠다는 뜻으로서, 통일된 교회에 대한 희망을 먼저 깨뜨린 역사적 과오였다.

이런 상황에서 일신회는 청년의 열정으로 새로운 희망을 기획했던 것이니, 아무도 그 기획의 진정성을 부정할 권리는 없다.

안병무에게 새로운 기회가 찾아온다. 그가 한번 황해도 출신 어떤 부인회의 초청으로 설교를 한 적이 있는데, 그때 그의 설교에 반한 부인회는 마침 새 교회를 건립하려던 중이었다. 그들은 목사 안수는커녕 신학대학도 다녀 본 적이 없는 청년 안병무를 설교자로서는 물론 교회 설립의 책임자로 점찍는다. 우여곡절이 있었지만, 안병무는 일신회 동지들과 상의 끝에 제의를 받아들인다. 새 교회를 교회 개혁을 위한 단서를 찾아보는 기회로 삼는다는 조건으로. 간도 시절 소년 설교자로 강단에 섰던 열정이 새삼 그의 몸을 휘감았다.

새 교회의 이름은 일신교회. 안병무는 열정적으로 목회에 임하는데, 그때를 이렇게 회고한다.

"나는 일신교회에서 점차 소문난 설교자로 부각되었다. 사람들이 몰려왔고 청중들의 자세는 내 말 한마디, 한마디가 마치 신의 소리인 양 경청하는 것 같았다. 점점 내게 설교자로서의 자부심이 생겼다. 내가 열심히 준비해서 하는 말 하나하나가 저들에게 끊임없이 변화를 일으킨다고 확신하게 되었다. 육체의 병을 고친다는 목사들이 많은 반면 나는 인간을 변화시키고 잘못된 마음을 고친다고 믿게 되었다. 한마디로 나는 들떠 있었다."11

안병무의 설교는 간도 시절부터 남과 다른 무엇이 있었다고 동료들은 증언한다. 도기순은 그때 어른 아이 할 것 없이 안 전도사에게 빠졌으며, 자신은 연길에서 일부러 그의 설교를 들으러 용정에 갈 정도였고, 설교며 기도가 너무 감격스러워 눈물을 흘렸다고 증언한다.12 서울 일신교회에서도 마찬가지였을 터. 그는 바야흐로 자신이 신앙의 힘으로 타인을 변화시켜 올바른 길로 인도한다고 자부한다.

오해였다. 안병무는 인간의 변화가 어떤 메커니즘으로 가능한지, 제대로 파악할 능력이 아직 없었다.

스스로 설교에 자부심을 느끼며 한껏 들떠 있던 안병무에게 한 학생이 찾아와 자기 언니를 만나 달라고 부탁한다. 그 언니가 소아마비로 사람들을 싫어하며 두문불출하는데, 그라면 능히 변화를 줄 수 있을 거라고 했다. 안병무도 자신감이 있었다. 며칠 뒤 그 학생이 언니를 데려온다. 그 순간 안병무는 메스꺼움을 동반한 충격을 받는다. 얼굴은 극히 창백한 어른의 그것이지만 키는 대여섯 살짜리만 했고, 게다가 두 팔은 무릎 아래까지 내려올 정도로 길었다. 말을 시켜 보면 한마디도 알아듣지 못할 정도였고, 아예 안병무의 질문 자체에도 관심을 보이지 않는 듯싶었다.

그런 장애인이 불과 한두 달 만에 전혀 달라진 모습을 보인다. 외출도 극히 꺼리더니 대낮에 제 발로 달려오고, 그것도 모자라 설교가 끝나면 강단까지 쪼르르 달려와 안병무의 손을 잡는다. 그녀의 변화는 그것으로 끝나지 않았다. 나중에는 아예 안병무 곁에 꼭 붙어 있다시피 하며 집착을 보인다. 그런 와중에서 거리에 나가 사람들에게 전도를 하기도 했다. 어쨌든 그녀에게 찾아온 변화는 놀라운 것. 안병무는 자기와의 만남을 통해 그녀가 비로소 제 자신을 찾았다고 생각한다.

천만에! 유능한 설교자로 자부하던 안병무는 뒤에 그녀의 일기를 보고 충격을 받는다. 일기에 따르면, 처음 그녀의 변화가 그로 인해 시작되었을지 몰라도 진정한 변화는 전적으로 선천댁 때문이다. 그녀는 거의 하루 종일 교회 옆 안병무의 집에서 살다시피 하면서 선천댁과 늘 함께했고, 그러는 사이 선천댁에게 마음의 문을 열어 놓게 되었던 것이다. 자신만만히던 청년 설교자 안병무는 그때 다시 눈을 뜬다. 그 개안은 자신의 설교에 대해 한계를 절감하는 동시에, 설교만으로 교회가 제 임무를 다하는 것이 아니라는 인식으로 이어진다. 아무리 그가 신의 말을 대변한다고 자부해도, 선천댁이 몸으로 보여 준 진실의 힘을 당할 수 없었다. 존재가 언어를 뛰어넘은 것이다.

여기서 우리는 훗날 그가 서구 신학계를 지배하던 케리그마 신학을 포기하고 이 땅의 현실에 뿌리를 내린 새로운 민중신학을 세우게 되는 하나의 작은 단초를 발견한다. 그것은 '말'을 넘어선 무엇이어야 한다는 절박한 깨달음인데, 그것은 낫 놓고 기역자도 모르며 교회 문턱에도 가 보지 못한 어머니 선천댁의 날것 그대로의 생 자체에서 비롯되었다.

오늘의 안병무와 민중신학을 태동시킨 것은 하나의 신학이나 지식이 아니었다. 그것은 1970년대에 비로소 전태일 사건에 의

해 시작된 것도, 막연한 '민중들'이 안병무를 일깨운 데서 시작
된 것도 아니다. 언제나 안병무에게서 '늘 살아있는' 그의 어머
니 '선천댁'의 삶과 사랑이 그를 바꾸어 놓고, 그의 신학적 방법
을 바꾸어 놓는 사건을 일으켰다.[13]

그렇다. 이제 우리는 그 어머니를 다시 하나의 '사건'이라고
불러야 한다.

한국전쟁

독일 대학에서는 신학과의 인기가 점점 떨어져서 전과나 폐과
까지 고려해야 한다고 한다. 한때 일본의 진보적인 신학자들은
한국의 고단한 현실을 오히려 부러워하기도 했다. 그들에게는
없는 '장場'이 우리에게는 넘치도록 흔한 터였으므로. 안병무
는 서구나 일본의 신학계가 안고 있는 한계를 누구보다 잘 아
는 신학자였다. 그는 그것을 '컨텍스트의 한계'라고 지적했다.
말하자면 현실은 배제된 채 말과 말, 견해와 견해가 대립하는
것이 그들의 신학이며, 그것이 곧 그들의 컨텍스트가 되고 있
다는 뜻이다. 그리하여 안병무는 일본의 신학자 아라이 사사구
荒井獻를 만나서 이렇게 이야기할 수 있게 된다.
　"너와 나의 차이는 그거구나. 나는 한국 민중의 현실을 가지
고 신학 하는데 너는 그 '장'이 없구나."[14]
　사실 이 이야기를 할 때 안병무의 머릿속에 있던 '장'은
1970년 이후 한국 사회를 요동치게 만들었던 민중운동, 민주

화운동, 평화통일운동의 그것이다. 하지만 비단 그것이 아니더라도 안병무는 얼마든지 오만할 수 있었으리라. 왜냐하면 안병무가 이 땅에서 살아 낸 생에는 넘치도록 그 장이 흔했기 때문이다.

가부장제, 식민지배, 망명, 빈곤, 독립운동, 공산당, 해방, 분단, 이데올로기 투쟁, 그리고 마침내 전쟁까지!

한국 근현대사의 그 모든 고비들이 민족적인 차원에서뿐만 아니라 민중의 집단적 차원에서, 나아가 싫든 좋든 한 개인의 실존적 차원에 이르기까지 바로 그 장이 아니고 무어란 말인가. 그리고 그 장은 그 속에 살던 우리에게 집단적이든 개인적이든 생의 바닥까지 내려가서 끝없이 고통스럽고도 외로운 결단을 내리도록 강요하지 않았던가.

1950년 6월 25일 터진 전쟁도 슬프지만 그런 장의 하나였다.

안병무는 6월 23일부터 서울 자하문 밖 승가사 근처 한 수도원에서 일신회 동지들(장하구, 이영환, 이종완, 한철하, 홍창의)과 더불어 기도회를 하던 중 전쟁이 일어났다는 소식을 듣는다. 상황이 다급했다. 그들은 어떤 대책이나 약속도 없이 6월 26일 뿔뿔이 흩어진다. 안병무는 고민한다. 남을 것인가, 일단 피할 것인가. 그의 눈앞에 해방 직후 모아산을 누비던 붉은 군대의 총부리가 아른거렸고, 어린 시절 들미동에서 목격했던 끔찍한 인민재판 광경이 아른거렸다. 기도를 해도 답은 없다. 그렇지만 그는 청년이었고, 그것도 이제 막 설교를 통해 신도들을 바른 길로 인도하려는 자부심과 열정을 지닌 청년이었다. 그는 자기를 믿고 따르는 수많은 신도들을 어린양인 듯 여겼다. 자신은 그들의 목자. 아무도 요구하지 않은 이 자기동일시가 마침내 결심을 굳히게 한다. 그 순간에는 죽음조차 두렵지 않았다. 죽음은 순교자로서 새 길을 가는 것이라고 생각한다.

그것이 얼마나 순진한 환상이었는지 깨닫는 데에는 단 며칠이면 족했다. 서울은 이미 붉은 세상으로 변해 있었다. 여기저기 보이나니 온통 붉은 깃발이요, ‘이승만 괴뢰도당의 질곡’에서 벗어나는 새로운 ‘해방’을 찬양, 고무하는 구호들이다. 개중에는 신앙의 자유를 보장한다는 선전물도 있었다. 현실은 전혀 달랐다. 교회의 피아노는 서울 ‘해방’ 이틀 만에 어디론가 사라져 버리고, 예배는 야유와 난동 속에 중단된다. 결국 모든 교인이 지하로 잠적한다.

안병무는 이름도 알 수 없는 어떤 조직에 끌려갔다가 오도가도 못 하는 위기에 처한다. 그때 그를 구해 준 것은 또 어머니 선천댁이다. 그때부터 안병무는 마루 밑에서 숨을 죽이며 살아갈 수밖에 없었다. 그것도 오래갈 수 없었고, 마침내 서울을 떠나기로 결정한다. 식구, 동료들과 함께 먼 친척 아이가 시집가서 산다는 충청남도 서산을 향해 무작정 발길을 옮겼다. 그 피란길에서 안병무는 전쟁이 어떤 식으로 전개되는지 똑똑히 목격한다. 길가 논밭에서는 농민들이 전과 다름없이 일하면서 피란 가는 그들을 물끄러미 바라보기만 했다. 그들에게 전쟁은 남의 일인 듯 보였다. 훗날 안병무는 사실 그 전쟁이 가진자들의 전쟁이지 민중의 그것은 결코 아니라고 말한다.

“6·25전쟁은 해방 후 5년간에 한국 안에 형성되어 가던 계급을 폭로한 날이기도 하다. 관변에 사는 사람들은 물론이고 돈푼이나 가진 사람들은 모두 도망치고 힘없는 민중들과 일부 뜻있는 사람들이 서울에 남아 갖은 수난을 다 겪었다.”[15]

국가가 전쟁에 대한 기억을 독점할 때 한국전쟁은 ‘북괴의 잔악한 양민 학살’과 같은 이미지로만 기술된다.[16] 그러나 전쟁은 국가의 기억 속에만 남아 있지 않다. 농민이 물끄러미 바라본 안병무의 기억 속에, 그리고 안병무가 다소 얼떨떨한 눈으로 바라본 농민들의 기억 속에, 비록 여리지만, 전쟁은 국가가 강요하는 것과는 또 다른 형태의 진실로 살아남게 마련이다. 한국현대사는 그런 개별적 진실들의 총화로 재구성되어야만 한다.

어렵사리 찾아간 그 친척 아이는 남편이 공산당 혐의를 받고 이미 총살된 터였다. 그들이 찾아갔을 때 그녀는 인민위원회 부녀동맹 위원장이었다. 눈앞이 캄캄했다. 범을 피하려다 아예 범의 소굴로 들어간 셈이다. 그러나 그때 역시 선천댁이 있었다. 그 친척 여자는 평소 선천댁이 보여 준 살가운 정을 몸으로 기억하고 있었다. 그녀가 마음을 열어 안병무네를 받아들이고, 위기의 순간은 그렇게 또 지나간다.

절망, 교회를 버리다

전쟁은 모든 것을 파괴한다.

대지와 그 위에 살던 사람들, 집과 농토, 심지어 산천초목 하나하나까지 깡그리! 그리고 보이지 않는 많은 것들도 포탄과 총알, 화염에 묻혀 사라져 버린다. 인간에 대한 믿음도 당연히 포함되는바, 전쟁이 참으로 참혹하다는 것은 거기에 바탕을 두고 우리가 꾸려 나갈 미래에 대한 희망마저 초토화시켜 버리기 때문이다.

서울이 수복된 후 안병무는 2개월여의 피란 생활을 끝내고 돌아온다. 잿더미로 변해 버린 서울을 바라보는 안병무의 가슴은 찢어질 대로 찢어진다. 이데올로기를 앞세워 동족의 가슴에 총부리를 들이댄 전쟁은 어떤 측면으로도 정당화될 수 없다. 다행히 안병무의 가족은 누구 하나 다치지 않았다. 그렇더라도 남의 고통과 비극이 결코 남의 것으로 보이지 않았다.

하지만 폐허에서도 생은 지속되는 법. 살아남은 이들은 슬픔을 딛고 다시 일어서려고 몸부림을 친다. 안병무도 그래야 한다. 그러나 도무지 그럴 용기와 엄두가 나지 않았다. 전쟁이 그가 참으로 소중하게 여겼던 믿음을 결정적으로 무너뜨렸기 때문이다. 그것은 바로 교회에 대한 믿음, 결국 교회를 구성하는 인간에 대한 믿음이다. 일신교회 강단에 설 때, 안병무의 전제는 교회가 어떤 저력을 지니고 있으며 어떤 문제점이 있는지 실험하고 짚어 본다는 것이었다. 그런데 전쟁의 와중에서 교회는 그동안 전혀 보이지 않았던 문제점들까지 적나라하게 노출시켰다.

안병무는 교회란 아름다운 공동체, 그것도 인류가 만든 가장 위대한 공동체 중 하나라고 생각하고 있었다. 그러나 교회를 성전으로 부르며 추종하던 이들 가운데 누구 하나 교회를 돌아보지 않고 달아나기에 급급했다. 설교자 안병무에 대해서도 마찬가지. 그들은 평소 안병무의 말 한마디 한마디를 금싸

라기처럼 여기는 듯 보였지만, 누구 하나 그를 염려해 준 이가 없었다. 교회 공동체는 철저히 허상이었다. 오직 물색없는 한 청년의 가슴속에만 존재하던 허구의 이미지!

교회 성원들이 보여 준 구체적인 추태 중 그를 가장 가슴 아프게 한 사건이 있다. 교회 공금으로 피란용 트럭 한 대를 빌렸다. 트럭이 도착하자 제일 먼저 짐을 실은 것은 목사였다. 그는 새벽같이 책이며 가재도구, 심지어 김칫독까지 실어 놓았다. 그 다음은 교회에 돈푼이나 바치던 장로들, 말깨나 하던 집사들. 평신도는 아랑곳하지 않았다. 추잡하기 이를 데 없었다. 자연스레 항의가 잇달았지만, 그들은 눈 하나 끔찍하지 않았다. 하물며 어떤 장로들은 자기들이 그동안 낸 헌금 액수를 들먹거리며 당당하게 권리를 주장하기도 했다.

"아비규환이다. 지옥이 따로 있나! 저들은 이미 지옥행 트럭을 타고 혼자 살아남으려고 하는 것이다. 도대체 교회란 무엇인가? 저들이 만나면 부르던 하느님, 형제 사랑, 자기 죄 고백 따위는 다 어디 갔는가? 일생을 통해 듣고 듣던 그 설교들은 거리에 아무데나 싼 똥덩이처럼 이리 밟히고 저리 밟히다 증발되어 버리고 말았는가."[17]

그는 이 사건을 통해 기성교회에 대해 철저히 절망한다. 기성교회는 더 이상 희망이 없다. 그것은 교회의 역사가 증명하듯 어쩔 수 없는 결과인지도 몰랐다.

중세기, 교황이 교회의 주인이 된다. 그들은 외친다. 너희들은 나를 믿고, 나는 하느님을 믿는다. 그들 스스로 하느님과 사람 사이를 가로막는 세력임을 선포한 것이다. 그 완강한 위계 질서는 움베르토 에코의 소설을 영화화한 〈장미의 이름〉, 그리고 스페인과 포르투갈 정복 시대의 남미에서 선교 활동을 하던 사제들을 그린 또 다른 영화 〈미션〉이 충분히 실감으로 전달해 준 바 있다. 개신교는 그런 교권제도에 반발하여 자리를 박차고 나갔는데, 시간이 흐르자 다시 그 제도를 고스란히 모방하기 시작한다. 목사, 장로, 집사 따위로 확립된 교권이 바로 그것. 특히 목사의 설교권은 차차 교리에 대한 배타적 해석권처럼 여겨지더니, 성서의 축자영감설(逐字靈感說: 성서는 한 글자 한 글자 다 하느님의 영감으로 된 것이니 문자 그대로 믿어야 한다는 주장. 성서에는 오류가 있을 수 없다는 성서무오설聖書無誤說과 직결된다)처럼 목사의 설교에는 오류가 있을 수 없다는 식으로까지 변질된다. 그런 판국에 더 이상 목숨을 걸고 예수의 가르침을 지키려던 순교정신이며 초기 예수 공동체가 보여 준 사랑의 공동체 정신을 기대한다는 것은 어불성설이었다.

안병무는 그것을 전쟁 기간 중 여러 차례 절감했고, 그 뜻을 설교로도 내보였다.

"빛의 아들들아. 너희는 왜 꼼짝 못하고 앉아만 있느냐? 무엇에 속박되어서 왜 일어나서 움직일 줄을 모르느냐?"(1951년 5월 4일자 설교)

하지만 설교가 끝난 뒤에는 어김없이 자신이 헛소리를 했다는 생각이 들었다. 마침내 그런 교회라면 더 이상 희망이 없다고 선언한다. 선언의 첫 청자聽者는 그의 어머니다.

"교회를 떠나야겠어요."

선천댁은 처음 아들의 말을 이해하지 못한다. 그렇지만 아들의 결심이 이미 확고하다는 것을 알자, 두말없이 받아들인다. 남은 것은 경제적 문제를 어떻게 해결하느냐 하는 것. 사실 그동안은 설교를 하면서 크게 걱정하지 않고 살림을 꾸려 갈 수 있었다. 그러나 이제는 맨주먹으로 다시 시작하는 수밖에 없다. 그때, 월남한 후 경제에서 손을 떼고 있던 선천댁이 두 팔을 걷어붙이고 나선다. 떡을 만들어 팔기로 한 것이다. 찹쌀을 사서 오래오래 찌고, 콩을 사서 콩고물을 만든다. 그런 다음 새벽같이 아들들을 불러 함께 떡메를 치고 고물을 입혀 떡을 만든다. 누구 하나 억지로 하는 기색이 없다. 오히려 그 노동의 순간이 더없이 즐겁기만 하다. 안병무는 평생 처음으로 해보는 그 노동에서 작고 소박한 공동체의 행복을 만끽할 수 있었다. 그것은 기성 교회 공동체에서는 결코 느낄 수 없는 행복이었다.

거친 들판에서 외치다

인천상륙작전 이후, 여세를 몰아 압록강까지 진출한 국군과 유엔군의 기세는 당장이라도 북진통일을 완성할 것 같았다. 그러나 항미원조보가위국抗美援朝保家衛國의 기치 아래 중공군이 개입하자 전세는 일거에 또 바뀐다. 다시 서울을 포기해야 할 상황이 다가오자 정부는 느닷없이 국민방위군 설치법을 공포한다. 이에 따라 제2국민병역 해당자인 만 17세 이상 40세 미만의 장정 약 50만 명을 51개 교육연대에 분산 수용하여 국민방위군을 편성하고, 우익단체인 대한청년단으로 하여금 그 통솔을 맡게 했다. 이 때문에 전대미문의 비극이 발생한다. 6·25 당시 서울과 인민군 지배 영역에 잔류했던 경험이 있는 장정들은 거의 전부 소집에 응한다. 그것은 인민군과 국군의 반복되는 점령에 의해 생겨난, 국가에 대한 '공포의 충성서약'이 아닐 수 없었다.[18] 일제 말 징병이나 징용에서도 달아났던 사람들이 허술할 수밖에 없을 전시의 행정체계에도 불구하고 감히 도망갈 생각을 하지 못한 것이었다. 너무 오래 갇혀 있던 새가 정작 새장 문을 열어 줘도 날아갈 생각을 못 하듯이.

안병무 역시 1·4후퇴 직후 국민방위군 간부훈련생 징집에 응한다. 제대로 된 훈련이고 뭐고 없었다. 일주일 만에 훈련을 끝내고 장교로 임관되지만, 그에게 총을 들고 전선으로 가라는 명령이 떨어진 건 아니었다. 들려오느니 온통 끔찍한 소문들뿐이었다. 훗날 국회조사위원회의 보고에 의하면, 1951년 3월 31일까지 김윤근을 비롯한 국민방위군 지휘부가 유령인구를 조작하여 착복한 금품만도 현금 23억 원, 쌀 5만 2000섬이나 되었다. 그로 인해 멀쩡한 장정들이 추위와 배고픔에 참혹하게 죽어 갔다. 그 수가 무려 5만이라는 설마저 있을 정도다.

안병무의 친구로 경성여의전을 졸업한 햇병아리 의사 여성숙도 자원입대, 방위군 의무대 대위로 근무했다. 말이 근무지 의무대에 약 하나 없었으니 하는 일도 없었다. 그러던 중 교육대 시찰을 갔다가 차마 기억하기도 싫을 만큼 끔찍한 광경을 목격한다.

격리실 문을 열었더니 해골 같은 사람들이 아무렇게나 가로세로 쓰러져 있다. 의무관 배지를 쳐다보았는지 뼈에다 가죽만 걸친 팔들이 여기저기서 겨우 올라오면서 꺼져가는 소리로 "살려주세요" 외마디 소리를 하고는 팔들이 툭툭 떨어져 내린다. 가마니도 없었는지 흙바닥에 볏짚을 그대로 깔아놓았는데, 환자들의 몸부림에 볏짚이 흩어져서 흙바닥이 드러나 있기도 하고 볏짚이 위로 올라와 뒤죽박죽이 된 가운데 환자들이 가로세로 누워 있다. (중략) 어떤 사람이 신음하는 소리로 말한다.

"저 사람 발가락이 내 입으로 자꾸 들어와요. 그 발 좀 치워주세요."

자기 손을 내밀어 그 발을 밀어낼 힘도 없어서 그대로 있는 거다. 발가락을 넣고 있는 사람은 자기 발이 어디에 들어가 있는지 의식도 없다. 죽는 사람이 생기면 거기서 골라내간다고 한다. 멀건 죽을 한 그릇씩 돌리면 받을 힘이 있는 사람은 받아 마시고 고개를 들 힘도 없는 사람은 그나마도 놓치고 만다.
'지옥이 있다면 이런 곳이겠구나!' [19]

나중에 조사를 해보니 국민방위군 사령관 김윤근 준장 등은 횡령한 돈으로 밤마다 대구 요정에 들락거렸는데, 돈을 지프 트렁크에 가득 싣고 가서는 손에 잡히는 대로 끄집어내 마구 뿌렸다는 것.
다시 여성숙의 증언.

이번 교육대 방문에서도 속수무책으로 아무 한 일도 없이 무거운 마음으로 들어와서 방위군 본부의 문을 열고 들어서니 고기 굽는 냄새가 건물에 진동한다. 뒤룩뒤룩 기름진 배들이 돌아다니면서 무슨 회식이 있다고 자랑하고 있다. 세상에 이럴 수가. 손 안 대고 저 많은 장정들의 숨통을 졸라 죽이고 있으면서 쇠고기 파티라니.[20]

국회는 1951년 4월 30일 국민방위군의 해체를 결의하였고, 관련된 간부들을 군법회의에 회부했다. 결국 사령관 김윤근, 부사령관 윤익헌 이하 5명은 8월 12일 형장의 이슬로 사라졌다.

안병무는 국민방위군 해체와 더불어 소집이 자동 해제된다.

이후 전선은 3·8선을 사이에 두고 오르락내리락 교착 상태를 보인다.

안병무는 교회로부터 받은 철저한 환멸과 전쟁의 끔찍한 경험으로 한동안 기운을 차리지 못한다. 그렇더라도 새로운 길, 참다운 공동체를 이뤄 내야 한다는 소망까지 아주 포기한 건 아니었다. 마침내 그는 아직 서툴고 준비가 덜 되었지만 의지와 순수한 열정을 지닌 청년들인 일신회 벗들에게서 그 답을 찾아보리라 생각한다. 그 즉시 전국에 흩어져 있는 친구들을 향해 발길을 옮긴다. 그 무렵 홍창의는 1·4후퇴 때 제주도 한림에서 서울대 병원이 설립한 구호병원의 소아과 의사로 일하고 있었다. 장하구는 1·4후퇴 후 대구 미군 정보부대에서 중국어 문서를 영어로 번역하는 일을 했다. 이영환은 부산 구포에서 대진의代診醫로, 곽상수는 군악대원으로 일하는 등 뿔뿔이 흩어져 있었다.

홍창의는 콩나물 시루 같은 통통배에 몸을 싣고 무려 열여덟 시간 만에 제주읍에, 그리고 거기서 다시 한림까지 70리 길을 달려온 안병무의 열정을 잊지 못한다. 안병무는 그런 식으로 어렵사리 친구들을 찾아가 밤새 그들과 토론을 벌이며 이야기를 나누고 또 설득한다. 그리하여 마침 이영환이 적십자병원장으로 부임하게 된 전주에서 만나 공동체 생활을 시도해 보자고 의견을 모은다. 1951년 11월, 전주에 모인 것은 고작 네 가정(이영환, 곽상수, 홍창의, 안병무)이었다. 그래도 그들의 의기는 대단했다.

"이제는 천사의 말을 할지라도 대중은 안 따른다. 너무 속은 민중이라 콩으로 메주를 쑨다 해도 곧이 듣지 않는다."

"오늘의 교인들은 교회를 냉소하고 있다. 우리는 이들과 힘께 살면서 참교회의 모습이 어떤 것인가를 보여 주어야 한다."21

그들은 이 같은 목표를 달성하기 위해 그동안 쌓아 온 신앙 훈련을 기반으로 새로운 신앙운동을 벌이기 시작한다. 평신도를 각성시키기 위해 각기 다른 교회에서 봉사 활동을 전개하는 한편, 매주 한 차례 신흥교회에서 모임을 갖는다. 이것은 활동을 조율하고 각자의 활동 성과를 확인·점검하는 자리로, 당연히 동지들만의 모임이었다. 그런데 이 집회가 지역의 많은 사람들로부터 크게 호응을 받아 모이는 숫자가 나날이 늘어 갔다. 전주에 온 지 불과 2개월 만인 1952년 1월에 이미 80여 명이 참석할 정도였다. 몇몇 동지들은 부흥집회에 강사로 초청받기도 했다. 대구 육군병원, 제주 한림과 같이 상당히 먼 지역이나, 남원과 같이 빨치산 투쟁이 치열하여 누구도 가기를 꺼리는 위험지역도 들어 있었다. 그들은 온갖 어려움을 무릅쓰고 사도 바울처럼 '전도여행'을 다녔다.

이들은 자신들의 신념을 더 널리 알리기 위해 잡지를 낸다. 제목은 광야에서 외치던 세례 요한을 생각하여 '야성野聲'이라고 짓는다. 세례자 요한은 광야에서 낙타털 옷을 입고 허리에 가죽띠를 두르고 메뚜기와 석청石淸을 먹고 살았다. 그 광야는 또한 예언자 엘리야와 이사야의 광야이기도 했다. 그러나 무엇보다 광야는 예수가 40일 동안 사탄의 시험을 받은 곳이었다. 따라서 그들은 고난과 시련과 시험의 땅에서 울려 퍼지는 목소리야말로 진정한 희망을 예비하는 것이라 생각했던 것이다.

당시 전주에는 책을 낼 만한 인쇄소 하나 없었다. 안병무가 때마다 부산까지 달려가 책을 찍어 내야 했다. 재정도 부족했다. 그럼에도 그들은 절박한 신념을 끝까지 관철시켜, 1951년 11월 12일 『야성』 창간호를 낸다. 안병무가 창간사격인 머리말을 '광야의 소리'라는 제목으로 썼다. 거기서는 학자가 아니라 학도들이, 목사가 아니라 평신도들이 오직 진실한 마음만으로 내는 잡지라고 성격을 밝히는데, 그때만 해도 그들은 그 잡지가 말 그대로 광야에서 외치는 목소리가 되어 널리 사람들의 가슴을 적실 줄은 전혀 몰랐다. 물론 처음에는 반응이 없어 애를 태우기도 했지만, 나중에는 전국 각지에서 많은 교회와 교인이 뜨거운 관심을 보였다. 기대 이상이었다. 거칠지만 진실을 담아 기존 질서를 바로잡아 보려는 그들의 열정과, 전쟁으로 좌절하는 민족에게 희망을 주려는 목소리가 깊은 인상을 준 것이다.

안병무 개인의 사상 발전 단계에서 『야성』의 시기를 "세계의 악마적 구조로부터 분열된 내적 자아를 선택"하는 시기로 규정하는 견해도 있다. 이때 "세계의 악마적 구조"를 대표하는 것은 물론 전쟁으로 여실히 그 정체를 드러낸 공산주의였다. 하지만 기독교도 크게 다르지 않았다. 교회는 전쟁을 통해 그 야만성이 적나라하게 드러난 자본주의적 남한이나 공산주의적 북한의 비근대성을 지양할 기독교적 근대성의 마지막 보루였다. 그런데 실상 교회는 그러한 역할을 담당하기는커녕 자본주의의 퇴행성을 답습했고, 심지어 한국 근대국가 형성기의 부패한 국가의 주역의 하나였고, 저들의 그 야만적 폭력의 정치를 선도했다.[22] 따라서 『야성』은 이렇듯 구조화된 악에 대해 거리를 두는 안병무의 '분열된 내적 지아'의 선택이라고 볼 수 있다는 것이다.

『야성』은 안병무를 편집인으로 하고 일신회 동지들이 두루 필진으로 참여했지만, 안병무의 역할은 절대적이었다. 제2호부터는 제호도 그가 쓴 글씨로 사용했다. 글이 모자란다 싶으면, '편집인' '주간' '편집실' 등의 이름으로, 혹은 '심원'(心園, 나중에 홍창의의 제의로 안병무의 호처럼 사용된다)이라는 필명으로 글을 채워 나갔다. 그런 노력으로 『야성』은 한때 3000부까지 발행부수를 늘려 가기도 한다. 당시 3000부라면 대단한 발행부수였다.

평신도 공동체, 꿈과 좌절

안병무 개인으로만 보면 『야성』은 장차 드러날 집필욕의 시발점이었다. 그는 평생 읽고 쓰고 말한다. 그것은 그의 사명과도 같았고, 그럴 때 그는 물리적 시간이나 공간에 전혀 제약을 받지 않았다. 훗날, 그는 밤새 글을 쓰느라 오전에는 아예 수업 시간을 배치하지도 않을 정도였다. 중요한 것은 그의 그 벽癖이 무엇 때문인가 하는 점일 텐데, 처음부터 끝까지 그는 세상과 정면으로 부딪치는 데서 오는 필연적인 상처를 두려워하지 않았다. 그는 자신이 비록 빈 들판에서 홀로 외칠지언정 그게 언젠가는 많은 이들의 심금을 울릴 것이라 믿어 의심치 않았다.

어쨌든 『야성』을 통해 어느 정도 자신감을 찾은 안병무와 동지들은 새로운 그리스도인의 '그룹'(당시는 공동체라는 말을 잘 쓰지 않았다)을 일구자는 데 뜻을 모은다.

"우리도 만일 그대로 있다가는 남을 구하기는 고사하고 자신들이 그 사태에 휘몰려 갈 것 같았습니다. 우선 우리가 탈 방주, 그리고 우리와 인연이 된 이들을 건질 방주를 만들자! 그리고 남은 무리들에게도 이것을 권해서 절망한 저 무리들에게 살 수 있는 산 모델로서 보여야겠다. 우리 교회는 남을 위하기 전에 스스로 살고 싶어 시작되었습니다. 그러나 산다는 일은 이웃을 사랑하여 구한다는 일과 유리될 수는 없었습니다."

마침 전에 '향린원'이라는 고아원이 쓰다가 피란 가서 비어 있는 건물(서울 중구 남산동 2가 50번지)에 감리교회 장로 장명원의 주선으로 입주하게 된다. 전쟁으로 폐허가 되긴 했으나 1300평이나 되는 너른 터 가운데에 큰 한옥집이 하나 있고, 둘레에 여섯 집이 독립적으로 세워져 있었다. 일단 1953년 2월, 아직 북쪽에서는 포성이 울리던 때였는데, 안병무가 어머니 선천댁과 함께 제일 먼저 입주했다. 모두 힘을 합해 집들을 수리

했는데, 방 벽은 신문지로 도배를 했다. 그 후 동지들이 속속 입주하기 시작한다. 안병무는 그때를 이렇게 회상한다.

"밤에는 도깨비가 몰려들고 낮에는 다람쥐가 떼를 짓는 곳이다. 밤에 누우면 하늘의 별이 마주보면서 조롱한다. 한 집 한 집 되어가는 대로 비둘기같이 한 굴씩 차지한다. 다 모이는 대로 첫 아침기도회로 모였을 때는 피곤이 눈물로 풀려 흘렀다."

안병무는 한옥 교회 건물 한쪽 담장에 붙여서 임시로 판잣집을 짓고 선천댁과 함께 생활했다. 성원들은 이미 대학을 졸업하고 각기 다른 직업을 갖고 있었다. 안병무를 빼고는 다 결혼도 한 상태였다. 그들은 "누구든지 나를 따르는 자는 자기 부모, 아내, 자식, 형제, 자매를 버려야 한다"(루가 14:26)는 예수의 말을 축자적으로 받아들인 것은 아니지만, 적어도 그것을 하느님의 뜻에 따라 새로운 그룹을 형성하라는 말로 받아들일 수 있었다. 그들은 그룹의 경제 운용 규칙에도 합의한다. 재정적으로 여유가 있는 사람은 많이 내고, 적게 버는 사람은 적은 대로 낸다는 것. 이에 따라 가령 당시 책을 써서 상대적으로 여유가 있던 장하구는 꽤 많은 돈을 냈다. 이와는 별도로 제일 영수학원을 차려, 거기서 들어오는 수입을 공동의 목적에 충당했다.

전주에서 이미 결정한 대로 그들은 입체적 교회를 지향한다. 일주일에 한 번 목사의 설교만 듣고 마는 교회가 아니라, 다양한 직업을 갖고 있는 그들이 그 직업들을 통해 세상에 접근하는 교회를 만들어야 '입체적'으로 세상 사람들의 생활 속으로 접근할 수 있다고 생각한다. 이에 따라 일은 각자 나가서 하되 반半수도원처럼 모여 생활하고, 교인들에게도 그렇게 살도록 모범을 보이자는 의미도 포함된다.

1953년 5월 17일, 마침내 평신도 그룹의 창립예배를 드린다. 예배에는 곽상수, 이영환, 이종완, 장하구, 홍창의 5인은 부부가 함께 참석하고, 안병무만 어머니 선천댁과 함께 참석한다. 그때 홍창의는 감격의 소감을 "오랫동안 기다리던 이 한 순간이여/ 감격의 눈물 내 앞을 가리우니/ 말없이 핀 저 꽃의 향기로움이여/ 우리의 기도소리 저 나라로 옮기소서"라 적었다. 첫 설교를 안병무가 했는데, 거기 시 한 편이 들어 있었다.

친구여! 가자 하늘나라로 향해 가자

그 길이 좁으면 내 가진 것 버리고 가자

그래도 좁으면 알몸으로 가자

그래도 안 되면 내 사지를 찢고라도 가자

가자, 친구여! 고독한 이 길로 그대로 가자

이 길은 남이 걷지 않는 길

사탄이 뱀처럼 혀를 채고

바리새의 화살이 빗발처럼 오고

무덤이 입 벌리고

가시밭이 돌짝밭이 연달아 있고

발자국마다 피와 눈물이 고이는 길

빌라도의 사형대와 가야바의 독설이

피처럼 낭자한 길

그러나 피하지 말고 그래도 가자

가자 친구여! 고독한 이 길로 그대로 가자

이 길은 남이 걷지 않는 길

때로는 그림자와 나밖에 없는 길

남편이 아내가 알아주지 않는 길

피 받은 형제와 사랑하는 이마저 따라주지 않는 길

가도 가도 사막이어도 물 한 모금 마실 수 없는 길

가다 쉬어갈 로뎀나무 하나 없는 길

여우도 굴이 있고 새도 깃이 있으나

우리는 머리 둘 곳 하나 없는 겟세마니의 길

지나가는 행객의 조롱에 귀 기울이지 말며

바리새인이 친 뱉음에 탄하지 말고

뛰어내리는 유혹에 마음 동하지 말고

샛별 같은 마음으로 고배를 마시자

가다가 가다가 다리가 아프면

상수리나무 아래서 쉬어서 가자

목이 마르면 야곱의 샘에서 마시고 가자

가다가 날이 저물면 여호와의 장막에서

머물러 가자

가다가 가다가 심장이 터지면

몸은 십자가에 깔리면서라도

눈은 그 나라를 향하고 가자

그 후 예배에 동참하는 이들이 크게 늘어난다. 안병무는 저녁예배 때 찬송가 531장 〈때 저물어 날 이미 어두니〉를 즐겨 불렀다.

때 저물어 날 이미 어두니 구주여 나와 함께 하소서
내 친구 나를 위로 못할 때 날 돕는 주여 함께 하소서

훗날 한 젊은 신학자는 안병무가 주도한 이 평신도 공동체 운동을 "부패한 교회에 대한 고독한 야성이며, 상처받은 세계를 향해 외치는 구원의 야성"이라고 해석한다.[23] 즉 교회는 전쟁을 통해 사람들에게 깊게 패인 트라우마를 '죄의식'에 대한 종교적 감수성을 통해 흡수하는데, 그 결과 구원재救援財라는 종교적 자원을 광적으로 소비하게 하는 이른바 대대적인 종교 시장이 형성된다. 안병무는 이렇게 장사판으로 변질된 교회, 그 속에서 사람들의 죄의식을 자신들의 권력을 위해 소비하려고 하는 교권자들의 부패를 바라보면서 스스로 세상과 불화하는 내면성을 발견한다. 그때 그 내면성의 발견은 동시에 야만으로부터 근대성을 구현해야 할 교회가 방기한 민족 근대화의 사명에 대한 근대주의적 신앙고백이었던 것이다.

하지만 그들의 공동체 시도는 3년을 넘기지 못하고 중단된다. 직업에 따른 수입의 차이라든지 직업 때문에 오는 시간 부족 현상, 그리고 일부 동지들의 유학 문제 등이 두루 겹쳤던 것이다. 무엇보다 큰 문제는 밤마다 열띤 토론을 하여 무엇인가 계획을 세워도 이튿날 아침이면 허사가 되어 버리곤 하던 점. 나중에 안병무는 그 까닭을 나름대로 짐작했다. 베갯머리 송사, 즉 누군가 여자 때문이라고. 일껏 결정을 보았더니, 이불 속에서 여자들이 속닥속닥해서 그 결정을 무산시켜 버린다고 생각했다. 안병무는 여자를 '마귀'처럼 생각하지 않을 수 없었

다.[24] 그는 사실 여자에 대해 어느 정도 편견을 지녔고, 때로는 그것이 매우 지독하게 표출될 때도 있었다.

"연애에 빠져 범죄해도 괜찮아. 창기도 좋아. 연애도 한 생활 중에 중요한 일이기는 하지만 연애 이상의 무엇이 있어야지. 진리만이 살아야 해. 그까짓 연애가 진리 앞에 무엇이라고. 여자는 왜 거의가 다 거기서 넘어서지를 못할까. 어느 여자나 마찬가지야. 내가 어느 여자에게서나 실망 안 해 본 적이 없어. 예외 없지. 사상이구 쥐뿔이구 없어. 비었어. 맹랑하게 비었지. 결국 여자는 연애의 대상 밖에는 안 되어. 무어 기대할 수가 없는 걸."[25]

지극히 사적인 감정을 표출한 것임을 전제하더라도, 안병무의 이런 생각은 당대 남성들, 특히 독립운동이나 민중운동을 한다는 사람들에게서도 흔히 나타나던 전형적인 가부장적 태도였다.

하지만 『선천댁』을 쓸 무렵, 안병무의 여성관은 백팔십도 달라진 모습을 보인다.

"표면으로 남편에게 절대 순종하는 듯하던 여자들의 저력이 발휘된 것이다. 그것이 바로 민중의 힘인데, 그때 나는 그것을 악마의 세력으로밖에 여기지 않았다. 공동체를 이루려면 거기 참여하는 남자들의 합의뿐만 아니라 여자들의 동의가 절대 필요했는데 가부장적 사고에 사로잡혀 있는 때인지라 저들과 함께 모여서 토의하고 동의를 받을 생각을 못한 것이다."[26]

어쨌든 아버지를 통해 이미 지독하게 경험했던 가부장제의 위세가 마침내 자기에게까지 어떻게 영향을 미치는지, 그때 안병무로서는 알 턱이 없었다.

공동체성의 균열은 아이들이 태어나고 가정이 가정답게 되면서 점점 커진다. 그리하여 벽을 바른 신문지가 사라지고 벽지가 이를 대체하는 것으로, 판자로 만든 밥상이 사라지고 시장에서 파는 밥상이 모습을 드러내는 것으로 나타난다. 결국 공동소유의 실천은 도서실 개관이 유일한 것이 되고 만다.

안병무는 아무리 우정이 중요해도 진리 앞에서는 엄격해야 한다고 생각한다. 그에게는 애매한 것이 용납되지 않았다. 오직 이것이냐 저것이냐Entweder-Oder의 양자택일만이 있을 뿐이다. 에고를 죽이고 그리스도를 살리든지 그리스도를 죽이고 에고가 살든지 둘 중의 하나!

"그룹의 독소는 이기주의와 영웅주의입니다. 복음을 위하여 각자의 꿈과 야심을 버리며 가정적인 향락이나 개인적인 세계까지 단념하는 것을 의미합니다. 그 결심에 이르기 위해서는 수도사적인 결단이 필요합니다."

어쨌든 주일 예배와 독서회만큼은 성황이었다.

안병무가 독서회를 주도했다. 주로 읽고 토론한 책들은 단테의 『신곡』, 밀턴의 『실락원』, 파스칼의 『팡세』, 성 어거스틴의 『참회록』, 칼라일의 『프랑스혁명』, 그리고 키에르케고르, 도스토예프스키, 헤르만 헤세의 작품들이었다. 독서회에서 신앙서적뿐 아니라 문학, 역사서 등을 다루었다는 건 당시 다른 교회에서는 볼 수 없던 일로, 그들의 신앙의 폭이 그만큼 넓었음을 보여 준다. 또한 당시 독서회가 거의 좌익 계열에서만 운영되었던 사실에 비추어 볼 때 그 의미가 더욱 두드러진다.

안병무의 설교도 큰 인기를 끈다. 그의 성서 강의는 감동적이면서도 직설적이다. 예를 들어 "한밤중에 부부가 성교 중인데 하느님이 문을 빠끔히 열고 들여다보면 손을 저으며 하느님 잠시만 밖에서 기다려 주세요"라는 식으로 우스개 소리도 거침없이 했다. 하지만 나중에는 예배 장소가 거대해져 그동안 비판했던 기성 교회를 닮아 가지 않나 싶은 형국까지 이른다. 출발했을 때 12명이었던 교인 수가 같은 해 12월에는 약 50명이 되었고, 1954년 말에는 85명, 1955년 말에는 135명에 이르게 된다. 교인이 늘어날수록 안병무의 가슴에는 무엇인가 빈 구석이 커져만 갔다. 동지들 중 유하을 떠나기 위해 준비하는 사람들이 많은 것도 문제였다. 결국 모든 문제는 온전히 주동자 격인 안병무의 몫으로 남는다. 훗날 안병무는 그때를 일러 "호랑이를 그리려다 고양이 한 마리를 그렸다"고 말하기도 했다. 그 고양이가 오늘의 향린교회라면, 위의 발언은 다소 자조적이리라.

어쨌든 안병무는 평신도 그룹 운동에 관한 한 처절한 실패를 인정하지 않을 수 없었다.

겟세마니의 길

포성이 멈추었다.

그렇지만 전쟁이 할퀴고 간 상처는 너무나 컸다. 남한은 약 100만 명이 죽거나 다쳤고, 북한은 총인구 950만 중 약 300만이 죽거나 다쳤다. 남한의 산업시설은 대부분 파괴되었고, 전쟁 중 1제곱킬로미터당 18개의 폭탄이 떨어진 북한은 미국의 호언대로 석기시대로 돌아갔다. 그래도 이름 없는 민중은 다시 또 일상의 노동 속으로 묵묵히 발길을 옮겼다. 생은 그것이 아무리 징글맞다 해도 이어져야 하는 법. 그들은 비록 말을 하지 않아도 전쟁에서 잃기만 한 것은 아니라는 점을 알고 있었다.

전쟁은 어떤 명목으로든 결코 용납될 수 없다는 사실!

그러므로 모든 전쟁은 악이라는 사실!

안병무에게도 전쟁은 두 번 다시 기억하고 싶지 않은 죄악이요 상처였다. 물론 그 역시 전쟁을 통해 모든 것을 잃기만 한 것은 아니었다. 비록 교회의 추악한 몰골을 들여다보았더라도, 그건 다시 모색하고 반성하는 계기도 된다. 『야성』과 평신도 공동체가 그 결과로 나왔다. 하지만 그것들마저 더 이상 힘이 되지 못하는 때가 왔다.

"깨진 꿈은 도로 찾을 수는 없다. 이제는 제가 배신했거나 당했거나 한 몸인 꿈 깨어 두 몸인 것을 분명히 알았으면 외롭더라도, 그립더라도, 불안해도 홀로 제 갈 길을 가는 수밖에 없다. 그렇게 고독해짐이 좋아서가 아니다. 고독할 수밖에 없으니 가야 한다는 것이다."[27]

안병무는 그때 이미 이호빈이 세운 중앙신학교[28] 서울분교장을 맡고 있었다. 6·25 전에 YMCA의 방을 빌려 평신도 신학 훈련을 표방하며 중앙신학교를 설립한 이호빈이 부산으로 피란 가서 『야성』지를 접한 후 찾아와서 맺은 인연이었다. 이에 향린에 서울분교를 설립하고 간판을 내걸었다. 강의는 청계천 변 중앙신학교에서 했다. 이영환은 로마서 강해를, 홍창의는 어학을 강의하기도 했다. 중앙신학교 서울분교에는 상당히 많은 학생들이 모여들었다.

안병무는 처음에 사회학과 신학을 가르친다. 정식으로 신학교를 나오지 않았어도 강의를 하는 데에는 아무런 문제가 없었다. 그런 한편 요청이 오는 대로 강단에 서서 설교도 한다. 그의 설교 때는 늘 많은 사람들이 모여들었다.

그러나 그의 가슴 깊은 곳에는 짙은 회의가 쌓여 가고 있었다. 한두 번 설교를 들은 이들이 과연 얼마나 변화된 모습을 보일지는 물론이고, 제 자신이 하는 말을 제가 신뢰하지 못하겠다는 자책도 인다. 그럴수록 그는 더더욱 근본적인 곳으로 자신을 몰아붙인다.

전쟁이 아직 진행 중이던 1951년, 안병무는 『야성』 지면을 빌려 전쟁이 던져 주는 시련과 고난에 대해 자기 생각을 밝힌 적이 있다.[29] 처음 그는 그 지독한 고난에 절망했다. 아무리 질서정연한 세계관과 이론으로 그에 맞서 보려고 해도 문밖에만 나가면 여지없이 무너져, 고난 앞에 신음해야 했다. 그러나 차차 그것은 마치 흐트러진 실꾸러미를 만진 철없는 아이와 같은 태도로서, 손에 쥔 걸 무조건 잡아당길 생각만 해서 전체를 보지 못한 것과 같다는 걸 깨닫는다. "모든 것을 하나님의 눈으로 본다면" 하고 생각하자, 실마리가 풀렸다.

"오히려 고난을 포함한 모든 사실이 하나님의 놀라운 은총의 섭리로 변하여 나에게 회개와 기도와 소망과 찬양으로 가득해질 따름이었습니다."

그리하여 "고난 속에서 바른 의미를 배우고 그 나라와 의를 위해서 굵은 걸음을 걸어가는 일”이야말로 그리스도인의 참삶이라고 생각했다.

하지만 그는 다시 진다.

고난에 지고, 굵은 걸음을 걷지 못하게 된 현실에 진다. 그래, 망했다. 망한 것이다. 다들 떠났다. 가슴속에 품었던 원대한 꿈, 모듬살이의 꿈. 오직 예수만으로 살고자 했던 꿈. 그러나 꿈은 말 그대로 한갓 꿈이었다. 해 아래서는 그토록 또렷하고 선명하던 것이 달빛을 받자 본색이 드러났다. 추하다. 더럽다. 애초 안 되는 것이었다. 어림없는 것이다. 욕망을 이길 수는 없다. 눈앞의 사랑이 사랑의 전부인 것처럼 생각하는 사람에게면 사랑은 달리 필요가 없다. 사랑은 내가 부를 때 당장 달려 나오는 것이어야 한다. 내가 부르면 잠자다가도 꼬리 치며 달려 나오는 강아지처럼!

안병무는 다정다감해서 누구나 가까이할 수 있었다. 음악을 좋아하고 특히 유머가 풍부했다. 그래서 남녀노소 누구나 그를 좋아했다. 향린원에서 함께 사는 홍창의의 어린 아들 영진이는 아침에 일어나면 제일 먼저 안병무의 방 앞에 쪼르르 달려가서는 “거기 안 선생 있어?” 하고 부르곤 할 정도였다. 외출했다가 집에 돌아올 때 한번은 길에서 오갈 데 없는 거지 소년을 데리고 들어와 자기 집에서 재워 주기도 했다.

하지만 안병무는 같은 대학을 다닌 이만갑의 짧은 기억에 대단히 진지하고 엄숙한 청년이었다.[30] 엄숙하다는 말 앞에 ‘너무’라는 수사를 붙일 정도로. 물정을 몰랐다고 해도 좋고, 꿈이 컸다고 해도 좋다. 어쩌면 ‘너무 엄숙’한 게 아니라 ‘너무

천진'했던 게 아닐까. 주변의 동지들이 함께 키우던 처음의 꿈을 현실의 높은 벽 아래서 차례차례 접을 때, 그는 도무지 이해할 수 없었다. 그에게는 아주 분명하기만 한데 왜 저들은 보지 못할까. 이 길이 쉽지 않다는 걸, "사탄이 뱀처럼 혀를 채고/ 바리새의 화살이 빗발처럼 오고/ 무덤이 입 벌리고/ 가시밭이 돌짝밭이 연달아 있고/ 발자국마다 피와 눈물이 고이는 길/ 빌라도의 사형대와 가야바의 독설이/ 피처럼 낭자한 길"이라는 걸 예상하지 못했단 말인가. 그러나 이제 와서 누구의 잘못을 탓할 수는 없었다. 어쩌면 처음부터 이렇게 되게 되어 있었는지도 몰랐다. 그 길은 처음부터 끝끼지 고독한 길, "그림자와 나밖에 없는 길"인 것을!

안병무는 다들 떠나간 빈들에 홀로 남아 뒤를 돌아본다. 한 그림자가 길게 드리워지고 있다. 슬플 게 없다. 청년 안병무는 그림자에게 말한다.

"사랑한다는 일은 망하는 일이야. 예수는 깨끗이 망하지 않았소? 역사상에서 예수처럼 깨끗이 망한 사람이 어디 또 있겠나. 입맞춤을 받으면서 피를 쏟고 말았지. 나는 망한 예수가 좋아. 그에게 부활이니 천당이니가 없어도 내겐 상관없어. 사랑 때문에 망한 그 예수면 족하지. 그가 나를 사랑하는지 안 하는지도 몰라요. 그가 나를 특별히 사랑한다고 느끼지 못해 봤어. 그가 나를 사랑한 것이 아니라 내가 그를 편애하고 있는 것이야. 그가 언제 나를 사랑했나? 내가 있는지나 아는지 모르지. 어떻게 알어? 사랑이란 먼저 내게서 시작되는 거야. 내가 먼저 있으니 그도 있는 것이야. 그가 문제가 아니야. 내가 문제지.

(중략) 내가 왜 예수를 사랑하게 되었는지 언제부턴지 나 그것
도 몰라. 그래졌으니 사랑하는 것뿐이야. 반응이 없으면 없는
대로 외로우면 외로운 대로 하나도 동요 받는 일은 없어. 그가
어쩌는가가 문제가 안 되는 걸 뭐. 내가 선택해서 사랑하는 것
이라는 신념이 굳어져 가요. 만일 내가 외롭지 않으면 이 성실
은 굳어가지 못할 거요. 나는 외로워야 그를 더 사랑하게 되니
까 나는 외롭게 살아야 되겠어. 나는 혼자다 하는 순간이 그와
제일 가까운 시간이야."[31]

안병무는 한때 자신이 있었다. 어떤 때는 그 자신이 지나쳐
'그'를 만났다고도 생각했다. 그러나 이제 그는 자신을 잃고 깨
닫는다. 어차피 외로운 길이라는 걸. '그'를 더 사랑하기 위해
더 외로워져야 한다는 걸.

이제 그림자가 답할 차례이지만, 그림자는 말이 없다.

오직 그 하나만이 "머리 둘 곳 하나 없는 겟세마니의 길"에
남은 것 같았다.

역사의 예수를 찾아서

역사의 예수를 찾아서

전후의 폐허에서 실존주의는 하나의 거대한 지적 유행 상품이었다. 하이데거와 야스퍼스, 키에르케고르, 사르트르, 카뮈의 이름은 지성의 상징처럼 회자되었다. 가령 이런 것이었다. 전쟁 때 보니 신은 없었다. 아무도 나를 대신해 죽으려 하지 않았다. 나는 오직 나일 뿐. 내가 주체였다. 주체이되, 외로운 주체. 어째서? 나는 내 의지와 상관없이 세상에 홀로 내던져졌으니까. 이제 그 피투성被投性, Geworfenheit을 떠안은 나는 비가 와도 덮어줄 지붕이 사라진 시대를 홀로 가야 한다. 실존이 본질에 선행하는 인간에게는 인간 이외의 입법자立法者가 없기 때문이다. 그것은 매 순간 결단하고 투기(投企 혹은 企投, Entwurf)해야 함을 의미한다. 이것이냐 저것이냐, 사느냐 죽느냐. 한마디로 숙명적 불안이 생을 지배하게 된 것이다. 고독한 서사敍事가 거기서 비롯한다.

안병무 역시 차원은 다르지만 실존주의에 깊이 경도된다. 그는 실존철학을 기본적으로 전체주의에 대한 개체의 싸움, 즉 인간을 인간답지 못하게 하는 것들에 대한 하나의 저항운동으로 본다. 이는 인간 스스로 자기를 선택하여 자기 문제를 책임지게 해 달라는 절규라는 뜻이기도 하다.[1] 철학사에서는 헤겔이 전체주의를 대표한다. 그는 헤겔의 철학이 객관적인 논리로 빈틈없는 성벽을 쌓아 올렸으나 그 안에 개체(실존)의 자리는 없고, 그것을 생각한 헤겔 자신마저 바깥으로 물러나 있음을 본다.[2] 그러나 저항운동 자체가 청년 안병무의 최대 관심사는 아니었던 것 같다. 그가 단독자로서 치열하게 전체주의에 맞서 싸운 키에르케고르S. Kierkegaard에게 관심을 기울일 때, 그 관심은 외부와의 싸움보다는 '단독자로서의 실존'에 훨씬 더 기울어 있었을 것이다. 키에르케고르가 말하는 실존은 무신론적 실존주의자들의 그것과 달리 철저히 "하나님 앞에 있는 것Existenz ist vor Gott"이다. 즉 신 앞에서 자각하여 진정한 자기를 회복하는 것이 실존이다. 이때 신은 외로운 단독자만이 발견할 수 있는 신이며 좌절한 자, 마음이 가난하고 절망한 자만의 신이다. 그래서 그는 홀로 신 앞에 서는 존재, 신 앞에 홀로 선 단독자를 참된 실존으로 본다.

안병무는 일본 유학 시절부터 특히 그를 통해 실존주의를 나름대로 받아들이고 있었다. 그때는 『죽음에 이르는 병』보다는 『불안의 개념』을 즐겨 탐독했다.[3] 거기에서 키에르케고르는 숙명론적 원죄설로부터 인간의 불안을 설명한다. 아담이 선악과를 따먹는 것은 먹지 말라는 것을 "먹을 수 있다"고 생각한 무한한 가능성으로서의 자유의식인데, 그것이 결국 불안을 초래한다. 이는 구체적인 대상 앞에서 느끼는 공포와는 다르다. 그 불안은 인간을 자살로 이끌 수도 있다. 그러나 키에르케고르는 인간이 짐승이나 천사가 아니기 때문에 불안할 수 있다며, 오히려 불안이 깊을수록 인간은 위대해진다고 말한다. 불안이 오히려 인간을 무한한 가능성으로 이끌 수 있다. 왜냐하면 인간이 유한한 것에 빠져 침체하지 않도록 만들기 때문이다.[4]

스스로 외로운 사람이었던 키에르케고르는 이렇듯 외로운 사람들에게 친구로서 인간의 불안과 절망, 그리고 죽음에 대해 솔직한 심정을 털어놓는다. 그에 따르면, 현대인은 죽음에 이르는 병(절망)에 걸려 있다. 그런데 더 비참한 것은 사람들이 그 병에 걸렸는지도 모르고 있으며, 그 병이 어떠한 죽음에 이르게 하는지도 모른다는 사실이다.

그렇다면 나는 무엇으로 절망하고 있는가.

안병무는 스스로 이렇게 물었다. 그는 이미 교회로부터 마음이 떠나 있었지만, 이제 사회로부터도 발을 떼고 싶다는, 그리하여 자기만의 완벽한 고독 속으로 '탈출'하고 싶다는 생각마저 한다. 어디가 절정인지, 어디가 바닥인지 궁금했을까.

그는 자신의 모든 것이 언제 어떻게 시작되었는지 되새겨보게 된다. 그 태초에 '예수'가 있다. 예수야말로 그의 알파요 오메가, 그의 모든 것이다. 그런 그가 문득 그 예수가 누군지 스스로 물음을 던진다. 놀라운 일이었다. 자신이 그토록 오랜 세월 좋아하고 따르던 예수가 전혀 낯선 존재로 나타났으니!

그림자도 놀라서 두 눈을 크게 뜨고 그에게 묻는다.

"당신은 그를 만났잖아요?"

그가 화를 내는 것처럼 큰 목소리로 대답한다.

"만나긴 무얼 만나요? 만났다는 건 아직 꿈같은 얘기야요. 우린 아직 못 만났어요. 그 만났다는 그 사람이 누군데, 그일 참 만났어요? 그 사람이 누군지를 아는 날은 참 자기를 발견하는 날이기는 할 거야."[5]

따지고 보니 '그'는 오직 '말씀'일 뿐이었다. 말씀으로만 존재했다. 성서 속에서 공자 맹자처럼 좋은 말씀만 하는 이었다. 간도에서 보낸 어린 시절이 떠올랐다. 처음 십자가를 보았을 때! 그때부터 그는 예수를 믿는다. 아니, 믿는다고 생각하고 한 번도 회의해 본 적이 없다. 가만히 돌이켜 보면 그건 어쩌면 예수에 대한 교리, 즉 예수가 하느님의 아들로서 우리의 죄를 대신해서 죽었다는 사실을 믿은 것인지도 모른다. 그렇게 할 때 구원이 내게 오기 때문에!

안병무는 한때 시간에 대해서도 깊이 생각했다. 그러자 모든 게 무의미했다. 즉 현재인 내가 미래의 타자를 지향해 가다가 거기에 도달하는 순간, 그것은 벌써 없어지고 만다. 그래서 시간이란 한 가능성에서 다른 가능성으로, 한 형상에서 다른 형상으로 언제나 자기의 환영을 좇으며 생멸이 번갈아 생기는 한없는 '무無'로 달리는 여인旅人 같다고 생각한다. 그런데 우리 인간은 그 시간 안에 제약받는 육체를 지니고 있다. 그게 고통의 근원이다. 하지만 그렇게 생각한 순간, 놀랍게도 영원이 찾아온다. 영원이 시간 안에 들어오고, 영원이 시간의 제약을 받는 육체를 쓰고 우리를 찾아왔던 것이다. 그게 바로 팔레스틴(팔레스타인)의 예수였다.[6]

그런데 안병무는 그 예수가 누군지 전혀 모르겠다는 생각이 든 것이다.

그는 과연 그리스도인가? 하느님의 아들인가? 신분은 무엇인가? 직업은 진짜 목수였는가? 공부를 했는가? 결혼을 했는가? 그가 한 설교들은 과연 진정으로 그의 말씀이었는가? 사람들은 그 말씀을 어떻게 받아들였는가? 그가 만나고 다닌 사람들은 누구인가? 그가 진짜 기적을 일으켜 병을 고쳐 주었는가? 그는 왜 죽음이 기다리는 예루살렘으로 스스로 걸어갔는가? 그는 혹시 젠 체하는 영웅심의 소유자는 아닌가? 아니면 바보였는가? 혹시, 그는 로마에 저항한 저항군의 우두머리는 아니었을까? 그리고…… 그가 부활했는가? 진정으로 죽은 사람이 무덤에서 다시 살아 나왔는가?

저절로 눈물이 흘러내린다.

그토록 오랜 기간 믿고 따르던 예수에 대해 아는 것이 너무나 적었다. 그것들조차 진정으로 아는 것인지, 올바른 것인지 확신할 수 없었다. 정체도 모르면서 편의대로 귀에 걸고 코에 걸고 한 것은 아닌지, 부끄러운 마음도 일었다. 그럴수록 가슴 저 깊은 곳에서 아주 간절한 마음이 인다. 한 번만이라도 보고 싶다. 역사적 예수, 그 사람이 도대체 누구인지, 그 '얼굴'을 보고 싶었다. 거울(교리)을 통해서가 아니라, 온갖 아전인수와 회칠을 일삼는 교회를 통해서가 아니라 그야말로 맨 얼굴로!

예수의 사도로서 일생을 바친 바울은 "나는 그를 붙잡은 것이 아니고 그가 나를 잡은 손을 잡으려고 앞을 향해 달린다"고 말한다. 또한 "지금은 거울을 통해서 보는 것 같지만 마침내 얼굴과 얼굴을 마주할 때가 올 것을 확신한다"고 했다. 안병무 역시 바울처럼 확신하기를 소망했다.

마침내 그는 결단을 내린다. 역사의 예수, 아니, 살과 뼈를 지닌 '사람의 아들'을 찾아 먼 여행을 떠나기로!

존재를 건 내전內戰

1956년 늦여름 안병무는 한국을 떠난다.

비행기가 아라비아 사막을 가로질러 다마스쿠스에 이르렀을 때 그는 그만 울음을 터뜨리고 말았다. 키프로스, 지중해, 아테네를 지날 때도 자꾸 눈물이 났던 것은 그곳이 바로 예수를 그토록 사랑해서 바울이 발이 닳도록 다닌 여로였기 때문이다.

독일에서 그가 제일 먼저 찾은 곳은 유서 깊은 하이델베르크 대학이다. 그는 그곳이 이른바 실존주의 신학의 거두 불트만R. Bultmann의 흔적이 가장 짙게 배어 있는 대학이라는 사실을 알고 있다. 그때 불트만은 이미 은퇴했고, 대신 그에게 배운 수제자이며 그 얼마 전에 나온 『나자렛 예수』라는 책으로 세계 신학계에 이름을 떨치고 있던 보른캄G. Bornkamm이 신학부장을 맡고 있었다.

안병무는 처음에 기숙사에서 생활했다. 단순한 일과였다. 아침 7시 15분에 합동예배를 드리고 식사를 한 후 9시부터는 평균 4시간 정도 독일어 수업을 들었다. 다른 학생들은 라틴어, 히브리어, 희랍어는 물론이고 영어, 불어, 스페인어, 이태리어까지 능숙한 데 반해, 안병무는 영어만 겨우 하는 처지였다. 책값이 너무 비싸 어학 교재조차 제대로 살 수 없었다. 어쨌거나 초반에는 말을 배울 목적으로 아무나 붙잡고 닥치는 대로 이야기를 걸곤 했다. 그러다 보니 이내 자신이 붙었다.

안병무는 그곳 신학부에 적을 두었을 뿐, 신학 강의는 아예 듣지 않았다. 학위를 딸 생각은 애초에 없었다. 그는 다만 보른 캄이 개인적으로 제자들과 함께 여는 세미나에는 빠지지 않았다. 격주에 한 치례 저녁 8시부터 밤 12시끼지 계속된 그 세미나를 다른 무엇보다 중요하게 생각했기 때문이다.[7]

더 솔직히 말하자.

유학이라고 떠나왔지만, 주변에는 자기가 그토록 알고 싶어하던 예수를 공부하러 떠난다고 말하고 왔지만, 어쩌면 사실이 아닐지 모른다. 한국에서 그는 불안했다. 곁에 어머니가 있어도 불안했고, 동무들이 있어도 불안했다. 책을 읽어도 불안했고, 기도를 하고 또 해도 불안했다. 안다고 하는 순간 달아나고, 믿는다고 하는 순간 사라졌다. 그저 밑도 끝도 없는 불안밖에는 없는 것 같았다.

하이델베르크의 겨울밤은 길다. 중세풍의 건물들 사이로 가스등이 희미하게 번져 나온다. 네카어 강을 건너온 바람이 사나운 기세로 창문을 때린다. 청년 안병무는 귀를 막는다. 그러나 존재가 던져 주는 근원적인 불안은 이명처럼 그의 귓속에서 끝없이 쟁쟁 울릴 뿐이다. 자신이 없다. 이걸 견뎌 낼 수 있을

지! 그는 겨우 펜을 들어 그림자에게 편지를 쓴다.

"그동안 공부는 거의 못했소. 문 닫고 종일 방에 있노라면 여기가 이국이라는 것을 까맣게 잊어버리기가 일쑤요. 내가 날 못 믿으면 내가 잃는 게 되는데 그럼 볼장 다 봤지. 무슨 짓을 해서라도 이 불안을 극복해야지. 이대로는 삶이 참 짐이구려. 조물주께 삶을 돌려 드리고 싶은 생각이 몇 번씩 일어나는 지…… 참 산다는 것이 힘들구려."(1957년 12월 23일자 편지)

그는 자신이 독일에 있다는 사실을 깜빡깜빡 잊어 버릴 때가 많았다. 독일에 있어도 그의 생각은 한국에 있을 때와 크게 다르지 않았다. 가만히 앉아 있어도 온몸을 휘감아 드는 불안, 그리고 그 불안이 필연코 가 닿을 절망을 때로는 두려운 마음으로 때로는 오히려 기다리는 마음으로 받아들인다. 그러다가도 지나가는 사람들의 거친 독일어가 들려와 그를 몽상에서 깨우곤 했다.

유학 초기, 그는 쉽게 마음을 다잡지 못했다. 오직 무엇인가와 정면으로 대결해야 한다는 생각밖에는 없었다. 그렇지 않고는 한 걸음도 옮기지 못할 것 같았다. 하지만 도대체 어떤 식으로 대결해야 하는지, 어디에서 실마리를 찾아야 하는 건지 캄캄하기만 할 뿐이었다. 성서도 거기에 대해서는 아무런 언질을 해 주지 않았다. 그는 혹시 자기가 길을 잘못 찾아온 게 아닌가 싶을 때도 많았다. 유학이라니! 이렇게 해서 문제를 풀 수 있으리라고 생각했던 자신이 한심스럽기도 했다. 문득 꼬불꼬불 돌아가는 골목길이 눈앞에 나타났다. 그러자 그것이 예수든 누구든 그에게로 가는 길이 꼭 정해져 있는 것은 아니라는 생각이

들었다.

"난 지금 신학을 그만하고 독일에 앉아 한문을 읽고 있어요. 논어, 중용, 대학, 맹자, 벽암록, 도덕경 등…… 이것이 끝나면 불전을 읽어야겠소. 결국엔 둘러가는 수밖에 없다고 자각했소. 이렇게 정하니 초조하든 마음이 덜하오. 지금 여기 더 있을 수 없어 돌아간다면 절에 들어가겠소. 그렇게 끌면서 나의 나올 때를 기다리는 수밖에!"(1957년 2월 3일자 편지)

우리는 전후의 폐허에서 고민하던 한 청년을 기억해야 한다. 그에게 닥친 그 고민이 무엇인지 정확히 알 수 없어도, 다만 한 사시, 그것은 그 청년의 진 존재를 진 고통스리운 싸움이었음을! 그것은 신에 관한 것인지도 모르고, 예수에 관한 것인지도 모르고, 어쩌면 존재가 아니라 '부재'에 관한 것인지도 모른다. 존재만이 부재를 기억하고, 사유하고, 나아가 그 부재를 소망하기까지 한다. 두렵지만, 그런 일조차 일어난다.

그게 청년이다.

부박한 유행처럼 지나갈 수도 있고, 끝내 감당해 내지 못하고 길 아닌 길을 택할 수도 있지만, 젊은 날의 초상에 그런 기억조차 없다면 삶은 차라리 무의미할 터. 그가 독일에서 했던 날것 그대로의 어지러운 사유가 훨씬 중요한 무언가를 말해 주리라.[8]

"난 성서에서 예수를 만났소. 그걸로 족해요. 그러나 내가 기도할 대상은 아니야요. 한 역사적 존재이지. 지금도 그는 내 심장을 뒤흔들고 나를 감격에 울게 해요."

"난 아직 잠잠할 수밖엔 없어요. 난 아무래도 예수의 종으로 살 수밖에. 난 전에는 역사의 예수의 발자취에 피를 끓이고 또 울었어요. 그러나 지금은 그 역사적인 예수와는 상관없어요. 나와 이 현실에 마주 서 있는 '숨결'밖에 가진 게 없어요. 내 마음에 고동치는 것과 그의 숨결과는 떼고 생각할 수가 없어요."

"공자나 석가나 예수 세 분이 다 선생이 될 수는 있으나 사랑하는 대상은 오직 예수뿐이오. 난 비록 예수를 학문적으로 객관화해서 비교하나 그건 날 위한 건 아니지. 난 그를 누구와 비교할 수도 할 필요도 없어요. 그를 사랑하는 일 외에는 딴 게 있을 수 없으니 말이오. 그를 부인함은 내 사랑을 부인함이고 내 사랑을 부인함은 나를 부인함이오. 사랑이 무어냐고 물어서는 모를 것이고, 아는 것은 그 안에 참여한 자만 아는 것. 즉 사랑하는 자만이 아는 것."

안병무는 고통스러운 마음의 내전內戰을 겪으면서도 어쨌든 살아남는다. 아니, 살아남기로 다짐한다. 덴마크의 수도 코펜하겐에 가서 키에르케고르의 무덤을 찾아간다. 초라한 묘비에 이렇게 씌어 있었다.

　　잠시 잠깐 후면
　　나는 싸움을 이기리라
　　그러면 모든 싸움은 깨끗이 사라지리라
　　그때 나는 장미의 전당에서
　　예수와 영원히 속삭이리라

마흔셋의 젊은 나이로 세상을 뜰 때까지 키에르케고르의 생애는 온통 모멸과 냉소, 그리고 레기네 올센을 사랑했던 비련의 그것이었다. 그래도 그는 스스로 '죽음에 이르는 병'이라고 이름 붙인 절망을 끝까지 견뎌 낸다. 예수는 늘 그런 그의 곁에 있었다. 레기네는 죽어서도 키에르케고르 곁에 가까이 있었는데(무덤 간의 거리는 약 50미터), 불행하게도 그녀는 레기네 슐레겔이라는 이름으로 남편 곁에 곤히 잠들어 있었다. 키에르케고르는 결국 "사랑, 사랑 하면서도 구체적인 사랑은 못해봤고 신앙, 신앙 하면서도 신앙의 생활화는 못해본 것"인데, 그것은 그가 "자기에게 너무 몰두한 나머지 '너'에게로 자기를 내맡겨 보지 못했기 때문" 아닌가.

안병무는 주르륵 흘러내리는 눈물을 그대로 놔두있다.[9]

불트만 신학의 세례

처음에는 키에르케고르와 하이데거로 대표되는 북구의 실존주의 철학이 주요 관심 대상이었다. 특히 키에르케고르에 대한 관심은 식을 줄을 몰라, 아무리 시간과 돈에 쫓겨도 눈에 띄는 대로 그의 책을 사 둘 정도였다. "우리의 목적 속에, 역사의 목적 속에, 피조물의 의미 속에 언제나 현존"[10]하는 그리스도를 말했지만 집단적 광기에 휘말린 게르만 민족의 죄를 총통 암살로 대속代贖하려 했던 루터교 목사 본회퍼D. Bonhoeffer의 고백교회 정신과 "모든 것을 일단 중지하라! 지금까지 네가 가던 길은 뭔가 잘못됐다"고 한 이른바 위기신학자 바르트K. Barth도 그에게 적지 않은 영향을 끼친다.

하지만 안병무는 차츰 역사적 예수를 집중적으로 밝혀 내는 작업에 시간과 노력을 집중하기 시작한다. 그 경우, 반드시 거치지 않으면 안 되는 통로이자 관문이 바로 불트만이다. 그가 『예수』라는 책을 썼으면서도 결코 역사적 예수를 추구하지 않았다는 사실은 안병무도 잘 알고 있었다. 불트만은 1926년 『예수』에서 "역사의 예수의 인격에 대해서 우리가 아는 바는 없다"는 불가지론적 입장을 밝힌다. 그에 따르면, 복음서는 역사적 예수에 대한 자서전이 아니라 초대 교회의 '신앙고백서'이기 때문에, 복음서에서 케리그마를 넘어서 역사적 예수를 추구하는 것 자체가 곧 불신앙을 의미한다.[11] 결국 불트만은 역사적 예수를 화두로 독일에 건너온 안병무의 기피인물 목록에 첫 번째로 등재할 만한 위인이었다.

그렇지만 안병무는 불트만이 무엇보다 19세기 이래 서구 신학전통을 첨예화한 가장 대표적인 사람이라는 사실도 알고 있었고, 특히 공관복음서(共觀福音書: 신약 성서의 첫 부분을 이루는 마태, 마르코, 루가의 세 복음서를 통틀어 이르는 말. 세 편 모두 그리스도의 생애와 교훈을 내용으로 하며 같은 서술법으로 기록되어 서로 비교 연구되기에 이르는 말이다)를 해석한 방법론은 역사적 예수를 추구하는 과정에서 필연적으로 발생할 수 있는 주관주의적 해석을 경계해야 하는 안병무에게 무척 중요했다. 그는 불트만의 방법론이 객관적(과학적)이라는 점을 인정했고, 무엇보다 역사적 예수를 정확히 이해하려면 공관복음서를 치밀하게 파고들지 않으면 안 되었던 것이다. 그런 점에서 안병무가 훗날 누누이 밝히지만 불트만의 영향력은 결정적이다.

예를 들어 그는 불트만의 「구약성서가 우리에게 어떤 의미가 있는가」라는 논문을 읽고서는 한동안 구약 공부를 등한히 할 정도였다. 불트만은 그 논문에서 구약은 신약을 이해하는 데 부수적인 자료에 불과하다고 했다. 그에 따르면, 구약은 일정한 역사 속 한 민족에게 준 계시이기 때문에 그것을 직접 '우리' 것으로 수용할 수는 없다. 그 안에는 그리스도 케리그마가 배태되어 있지 않다. 신약은 구약의 제의적 요소와 이스라엘의 민족주의를 거부하며 그리스도 신앙을 핵심으로 삼는다. 바울의 것이나 그 외의 문서가 구약이 되살아나는 듯한 인상을 주나, 그것은 어디까지나 교육적인 발판으로 이용된 것이지 구약 자체를 그대로 수용한 것은 아니다. 우리는 히브리 민족이 될 수 없으며, 따라서 구약적 문화요소도 희랍문화와 마찬가지로 우리 역사의 한 부분으로서 살아 왔다는 사실 이상의 의미는 없다. 구약이 신약을 이해하는 데 선구적인 모델이 될 수 있다는 주장을 인정하지만, 그것도 유일한 모델은 아니다. 이렇게 해서 불트만은 구약을 캐논으로 받아들일 수 없다고 단언하는데, 안병무도 이를 읽고 큰 충격을 받았음을 실토한다.[12] 훗날 성서 자체에 대한 그의 근본적 재독再讀은 이런 인식에 바탕을 둔다고 볼 수 있다.

불트만은 어쨌든 실존주의 신학을 대표하는 인물이다.

그의 기본 전제는 과학물질문명 시대를 사는 "현대인들에게 지성의 희생sacrificium intellectus을 강요하지 않고, 어떻게 복음을 전달할 수 있는가?"[13] 하는 선교적 동기에 있다. 그것은 신화적 언어로 씌어진 복음의 실존적 의미를 드러내는 일과 분리되지 않는다. 즉 그를 좇는다면, 우리는 성서 텍스트가 그 시대에 어떤 의미를 지니고 있었는가 하는 식으로, 즉 역사적·실증적으로 물어서는 안 되며, 오늘 나에게 무슨 의미를 지니는가를 현재적·실존적으로 물어야 한다는 것이다.[14]

안병무는 역사적 예수에 대한 추구는 근원적으로 불가능하다는 불트만은 받아들이지 않았지만, 실존주의적 신학이 제기하는 이러한 문제의식들에 대해서는 기꺼이 손을 내밀었다. 안병무는 우선 '케리그마적 예수'를 선언한 불트만이 어떻게 역사자료로서 복음서들을 분석하는지 정확히 알기 위해 그의 유명한 저서 『공관복음전승사』를 정독하는 데 힘을 쏟는다. 쉬운 일은 아니었으나, 일단 주제를 잡은 이상 총력을 기울인다. 그 결과 불트만이 "역사의 예수를 단편적으로나마 밝힌 것이 아니라 케리그마화된 그리스도상으로 예수를 산산조각 낸 이상을 넘어서지 못하고 있었다"고 감히 결론 내릴 수 있었다.

역사적 예수를 빼놓고서 어찌 그리스도 케리그마를 말할 수 있단 말인가. 역사적 예수를 분리하면 관념밖에 더 남는가.

이런 질문을 던진 게 물론 안병무가 처음이 아니다. 불트만의 제자 케제만E. Käsemann과 보른캄이 『예수』 이후 약 30년간의 공백을 깨고 이미 그런 질문을 던진 바 있다. 예를 들어 케제만은 1953년 한 강연에서 "비록 예수의 일대기를 기술할 수 없다는 것이 사실이라 할지라도, 그리스도교 신앙을 그 역사적 뿌리로부터 분리하려는 것은 주의해야 한다. 만일 이 둘을 분리한다면 예수는 단순히 하나의 암호일 뿐이며 십자가의 의미가 탈각되고 마는"[15] 영지주의자(靈知主義者, Gnosticist: 선과 악, 육체와 영혼을 분리하는 극단적인 이원론의 입장에서 인간의 구원은 영

靈적인 계시의 힘으로 육체를 벗어나 영화靈化되는 데에 있다고 주장한다. 2세기 그리스 로마 사회에 널리 퍼졌으나 그리스도교의 정통파로부터 배척되어 3세기에는 쇠퇴했다)들의 가현설(假現說, Docetism: 예수는 육체를 가진 하느님의 아들이 아니며, 육체를 통한 나타남은 역사적 실체가 아니라는 영지주의적 주장. 기독교는 물질과 육체를 본래 악한 것으로 보는 데서 출발한 이 주장을 이단으로 취급한다)에 빠지고 만다고 주장하여, 스승이 말한 바 케리그마의 배후를 물을 수 없다는 오랜 금기를 깨 버린다. 보른캄도 복음서가 역사적인 자료를 내장하고 있다고 주장한다. 그러나 그들 역시 케리그마의 그리스도를 전제로 하고 예수가 관계한 사건이 아니라 메시지에 강조점을 두었기 때문에 근본적으로 불트만을 넘어설 수는 없었다.

어쨌든 불트만을 통해 안병무는 최소한 다음과 같은 해석학적 전제들[16]을 자기 것으로 받아들일 수는 있었다.

첫째, 신학은 곧 인간학이다.

둘째, 역사의 해석자도 역사 안에 포함되어 있기 때문에 엄밀한 의미에서 객관적인 자세를 취할 수는 없다.

셋째, 믿음은 이성의 희생을 요구하지 않는다.

넷째, 믿음의 내용은 이해를 수반해야 한다.

다섯째, 물음이 대답을 결정한다.

안병무가 역사적 예수에 대해 비록 불트만과는 다른 결론에 도달한다고 해도, 불트만에게서 배운 이상과 같은 전제들은 꼭 지켜야 할 원칙들이었다.

엄밀히 말할 때, 안병무가 수용한 불트만의 이 전제들 중에서 특히 '신학은 인간학'이라는 전제는 '감성적 인간'을 발견한 포이어바흐L. Feuerbach가 『기독교의 본질』에서 일찍이 내린 결론 이기도 하다. 따라서 이 전제를 밀고 나갈 때, "신은 단지 인간의 본질 자체가 대상화된 것에 불과하다"[17]라거나 "종교, 적어도 기독교는 인간과 인간 자신과의 관계, 혹은 좀더 정확하게 말하면 인간과 자기의 본성, 즉 자기의 주관적인 본성과의 관계이다"[18]라고 말하는 포이어바흐를 어떻게 만날지 혹은 어떻게 극복해 나갈 것인지 문제가 될 수도 있다.

물론 불트만의 '신학은 인간학'이라는 말은, 신이 인간과 '관계의 존재'이기 때문에 신을 말하려면 인간을 말하지 않으면 안 된다는 것이다. 이 점에서 안병무의 신학=인간학은 웅장한 성을 쌓아 놓고도 오히려 제 자신의 실존을 간과한 헤겔 대신 처음부터 키에르케고르를 택함으로써, 독신篤信과 독신瀆神 혹은 신앙과 불신앙 사이에 걸린 줄 위를 아슬아슬하게 걸어갈 각오를 할 필요는 없었다. 안병무에게 신앙이란 세계관으로서의 유신론을 견지하는 자세를 말하지 않는다. 신앙이란 끝끝내 알지 못하는 미래에 자신을 맡기는 일인데, 그렇다고 체념이 아니다. 오히려 오고 있는 어떤 것에 대한 결단이기 때문이다.[19]

결과적으로 안병무는 인간의 실존 문제를 깊이 파고들 수밖에 없었고, 후에는 다시 그 실존조차 넘어서서 사회·역사적 인간에 더 깊은 관심을 갖게 되는 것이다. 인간을 간과하거나 배제한 추상적 신학은 훗날 그의 사유의 지평에서 당연히 사라지고 만다.

어쨌든 안병무는 '신학'을 하는 입장이다. 따라서 이런 자신의 태도조차 배타적 공간에 존치시키는 것이 아니라 늘 이성의 저울로 판단하고 사유할 수 있어야 한다고 생각하는 것이다. 안병무는 훗날에도 성서를 해석하거나 어떤 신학 논문을 쓰더라도, 또는 누구를 가르치고 누구에게 설교를 하더라도 이런 원칙에 서 있고자 끊임없이 노력한다. 예를 들어 민중신학론을 펴면서 "민중을 모르면 예수를 모르고 예수를 모르면 민중을 모른다"고 할 때, 그것은 "신에 관한 명제는 모두 동시에 인간에 관한 것이고 인간에 관한 것은 모두 신에 관한 것이다"라거나, "하느님을 모르면 사람을 모르고 사람을 모르면 하느님을 모른다"라고 한 불트만의 인간학으로서의 신학 개념을 충실히 수용하는 것이다.[20]

하지만 불트만이 그 방법론에 기대어 알아냈다는 예수가 고작 다음과 같은 것이라니!

"조심스럽게 예수의 행태에 대해서 다음과 같이 말할 수 있을 것이다. 그에게 특징적인 것은 귀신 추방, 안식일 금기의 파괴, 정결법의 침범, 유대인의 율법성에 대한 논쟁, 세리나 창기들과 같은 소외된 사람들과의 연대, 아이들과 부인들에 대한 관심 등이다. 또한 예수는 세례자 요한처럼 한 고행주의자가 아니라 먹기를 탐하고 약간의 술도 마셨다는 것이 인정된다. 이에 대해서 그는 후속자Nachfolge를 불러 몇몇 추종자 —남자들과 여자들—를 모았다는 사실을 첨가할 수 있을 것이다."[21]

안병무는 서구 신학계를 대표한다는 이가 알아낸 예수가 고작 이렇다는 데 적잖이 실망할 수밖에 없었다.

국가 밖에서 국가를 사유하다

안병무가 불트만과 결정적으로 다른 점이 또 있다. 그것은 불트만이 철저히 비정치적인 데 비해, 안병무는 어쩔 수 없이 한국인이라는 점이다.

"요샌 자꾸 안절부절이어서 사기하다 들킨 놈 같애. 무엇으로도 날 가라앉힐 수가 없어. 내 위로는 땅에서 받을 수 있는 건 아니란 건 사실인 것 같애. 내가 여기 와서 도로 찾은 것은 한국인을 찾은 거요."[22]

불트만의 관심은 현대 물질문명에 지친 현대인, 특히 합리적 이성을 지닌 지성인들에게, 말하자면 복음을 통해 일종의 현실 도피처를 제공하고 위안을 얻게 하는 데 있다. 반면 안병무의 경우, 비록 몸은 이역만리 낯선 땅에 와 있더라도, 그가 지닌 지성의 더듬이는 결코 조국의 현실을 무시하거나 외면할 수 없었다. 싫든 좋든 그는 조국에 개입되고 관계되고 연루될 수밖에 없는 운명을 지닌 한국인이었다. 그 조국에는 불트만의 관심 대상인 현대인 같은 건 아직 형성되어 있지도 않았다. 무지막지한 방식이지만, 어쨌든 이제 겨우 근대를 실험하는 도정에 있었다.

"독일에 있을 때 우리 민족의 문제가 내 머리에서 떠난 적이 없었어요. 언제나 민족문제, 한국의 상황에 대해 고심했고 『사상계』에다 가끔씩 글을 써 보내곤 했죠. 그러면서 '왜 내가 서구 사람의 질문을 하고 서구 사람의 대답을 해야 하는가?' 하는 생각을 지워버릴 수가 없었어요."[23]

이러한 자문은 안병무 신학 형성에 결정적인 역할을 한다.

그가 하고자 한 것은 서구 신학이 아니라, 바로 한국의 현실 속에서 생생하게 입증되는 한국적 또는 한국의 신학이었던 것. 가령 그는 앞서 편지에서도 썼듯이 새삼 사서삼경 같은 동양고전이나 불경을 꺼내어 다시 훑어 보기도 하는데, 그것 역시 조국이 그 안에 포함된 동양의 문제를 외면할 수 없다는 데서 비롯된 공부였다. 그는 어쩌다 서점에서 한국을 소개한 책자를 발견하면 남다른 관심으로 읽었는데, 한국을 야만적이라고 비난하는 책들이 대부분이었다. 그럴 때면 얼굴이 화끈거릴 정도로 창피해서 얼른 사들여 몰래 없애 버리곤 했다.

어기서 우리는 후천형질로서 '조국애'를 깊이 체회한 안병무를 본다. 그것은 수난의 역사가 그(와 그의 민족)에게 부여한 것으로, 그가 비록 당시로서는 드문 외국 유학까지 온 비판적 지식인이기는 하지만, 특히 "식민지 경험 이후 형성된 국가는 존재하는 것만으로도 성스럽다"고 생각하는 심리적 기제를 쉽게 벗어던지지 못함을 알 수 있다. 모든 수난의 서사는 강력한 결집의 정서를 낳는다. 따라서 이역만리 떨어져 있는 몸이지만 안병무 역시 자신을 국가와 동일시함으로써 위안을 받는다. 국민의 입장에서 국가는 받은 것 없이 존재 자체로 고마워해야 하는 대상이기 때문이다.[24] 그러나 이후 그는 곧 그 국가가 자부심인 동시에 상처라는 사실을 절실히 깨닫게 된다.

안병무는 당연히 고국의 소식에 귀를 쫑긋 세운다. 신문에 조국의 소식이 실리면, 좋지 않은 소식이 대부분이어서, 하루 종일 아무 일도 하지 못한다. 실은, 그럴 때조차 그는 자신이 그 안에서 호흡하고 있음을 느끼고 어떤 면에서는 안도할 정도였다.

1960년 3·15부정선거 뒤 마산에서 시위가 일어났고, 끝내 어린 학생 김주열이 참혹한 시체로 발견된다. 그 소식은 곧 4월혁명의 직접적인 도화선이 된다. 안병무도 그 숨 가빴던 나날을 똑같이 경험한다.

"마산 사건 이후 매일 라디오 마주앉는 일, 신문 보는 일이 본직같이 됐고 극도로 흥분해서 차분한 생활을 못했어요. 민중은 기다리다 못해 터졌습니다. 난 참 희비를 함께 경험했어요. 사람 없어서 더 기다리지 못하고 어린 것들이 일어서서 제 피 쏟는 것이 슬펐어요. 그러나 저들이 산 것을 보여주어서 정말 기뻤어요. 구라파에서 TV 라디오 신문으로 한동안 계속해서 토픽으로 보도됐어요. 6·25 사건 후 이렇게 세계의 주목을 끈 것은 처음입니다."[25]

1963년 봄, 함석헌이 영국 퀘이커교도들의 초청을 받아 연구원 자격으로 영국에 들렀는데, 그 해 여름 안병무를 만나러 하이델베르크를 방문한다. 그때 함석헌은 4월혁명의 정신을 무참히 짓밟으며 들어선 박정희 군사독재정권을 잡지 『사상계』 등에서 신랄하게 비판해 오던 중이었다. 안병무는, 무교회주의자로서 기성 교단과 엄격한 거리를 두고 있으며 동시에 이승만 정권 때부터 독재정치에 대해서는 비타협적인 투쟁을 멈추지 않는 그에 대해서 이미 깊은 애정과 존경심을 갖고 있었다. 두 사람은 중앙신학교에서 함께 교편을 잡은 바도 있었다.

이래저래 두 사람은 사상적으로나 종교적으로나 또는 자기들이 믿는 바에 대해서는 철저히 비타협적이라는 점에서 죽이 아주 잘 맞았다.[26] 때마침 안병무는 지인이 준 독일의 국민차

폴크스바겐을 갖고 있었다. 함석헌은 그 차를 '씨올의 수레'라고 불렀다. 두 사람은 그 차를 타고 한 달여에 걸쳐 독일, 덴마크, 노르웨이, 핀란드 등 북유럽을 두루 돌아다닌다. 함석헌은 이따금 창밖으로 몸을 내밀고 "더 빨리! 더 빨리!" 하고 외쳤다는데, 안병무는 그때 함석헌의 전매특허였던 하얀 수염이 날리던 모습이 무척 인상적이었노라 회상한다. 후에 함석헌도 이때가 자기 생에서 가장 즐겁고 행복했던 시절이었노라 회고한다.

그 여행은 단지 여행을 위한 여행만은 아니었다. 두 사람의 유전자는 어디에 있어도 조국의 현실을 무시할 수 없었다. 자연스레 그들은 5·16쿠데타로 정권을 장악한 박정희의 향보에 대해 걱정과 함께 의견을 나눈다. 박정희는 그해 3월 공화당을 만들어 군사정권을 이어 나갈 준비를 착착 진행해 가고 있었던 것이다. 안병무는 어디선가 한국 소식이 실린 신문을 함석헌에게 건네준다. 함석헌은 그걸 읽으며 주르륵 눈물을 흘린다. 그러는 통에 식사도 다 끝내지 못했다. 안병무는 함석헌에게 서둘러 귀국할 것을 종용한다. 때가 온 거라고 말했다. 그리하여 재야인사들과 힘을 합해 민주화를 위한 조직적 투쟁기구를 만들고, 박정희와 김종필로 대변되는 군사정권의 집권 연장 음모를 저지하는 투쟁에 앞장설 것을 요구한다. 함석헌은 고민 끝에 그 제의를 받아들인다. 그는 인도와 아프리카를 여행하려던 계획을 취소한 채 귀국길에 오른다.[27]

얼마 후, 안병무는 다음과 같은 편지 한 통을 받는다.

나는 이제 결심했습니다. 극한투쟁을 하기로. 비폭력의 국민운동을 일으켜, 민정을 수립하도록 하자는 것입니다. 물론 나야 정치가는 아니지만, 여론을 일으키도록 하렵니다. 지방순회도 생각하고……. 요새 안형 생각을 자꾸 합니다. 1963년 7월 24일.[28]

함석헌은 서울로 돌아오자마자 장준하와 서울 대광고등학교에서 시국강연회를 여는 등 활발한 반정부 활동을 하는데, 그런 강연회에는 무려 8만에서 9만에 이르는 사람들이 몰려든다. 그게 함석헌으로서는 대중정치판에 처음으로 데뷔하는 계기였다. 그 때문에 나중에 함석헌은 안병무를 만나면, "안형 때문에 인생 망쳤소"하면서 농을 하기도 했다.

배운 것과 못 배운 것

앞서 안병무가 불트만과 비록 지향점이 다르다 하더라도 과학적 방법론을 비롯해 적지 않은 것을 배웠다고 말했다. 그것은 특히 서구 대학이 지닌 가장 큰 장점이기도 했다. 안병무는 합리적 이성을 무엇보다 중요시하는 그들이 오랜 세월 다듬어 온 학문하는 자세나 방법론을 성실하게 받아들였다.

해마다 10월이면 불트만학회가 열린다.[29] 제자들이 중심이 되어 여는 신약학회였는데, 안병무는 여기에 줄곧 참석한다. 독일뿐만 아니라 세계 각국에서 내로라 하는 학자들이 모여 월요일부터 금요일까지 하루 종일 발제를 하고 토론을 하는 강행군인데, 참석자들의 열의는 대단했다. 불트만은 물론 『존재와 시간』을 펴낸 세계적인 철학자 하이데거M. Heidegger까지 자리를 지키는 때가 많았다. 안병무는 이 학회에 참석하면서 많은 것을 배운다. 무엇보다도 지치지 않고 연구하고 토론하는 자세, 그리고 토론의 형식, 결론을 내려 가는 방법 등은 논의되는 내용 이상으로 중요한 가르침이었다. 한 번은 조직신학에 대한 발제가 있었는데, 그것을 둘러싸고 하루 종일 치열한 설전이 오갔다. 의견이 엇갈려 좀처럼 결론을 보기 힘들게 되자, 사회자가 하이데거에게 결론을 좀 지어 달라고 부탁한다. 그러자 하이데거는 이렇게 말하고 자리에 앉는다.

"조직한다는 것이 무얼 뜻하오? 하루 종일 토론해도 '시스테마티쉬systematisch'라는 말을 규명하지 않았으니, 결론이 날 수 있소?"

참석자들은 모두가 박장대소를 하고 유쾌하게 모임을 끝낸다. 촌철살인으로 허를 찌른 하이데거의 지적에 모두가 깨끗이 승복했던 것이다. 안병무는 처음 두어 차례는 독일어가 짧아서 참석해도 무슨 말인지 반도 알아듣지 못했으나, 이후에는 적극적으로 토론에 참가한다. 불트만과 하이데거는 한국인으로 유일하게 참석한 그에게 아낌없는 관심을 보여 준다. 안병무는 학회를 끝내고 돌아올 때마다 자신의 공부가 부족함을 절실히 깨닫고, 내년에는 반드시 열심히 공부해서 오겠다는 각오를 다졌다.

안병무가 유학 시절 익힌 또 하나의 성서 해석 방법론은 이른바 역사비평학historical criticism적 방법론이다. 이는 성서를 계시와 동시에 역사의 책으로 간주, 성서가 형성된 역사적 배경에 관심을 기울이는 연구 방법론으로, 안병무도 이에 기대어 공관복음서를 샅샅이 훑는다. 하지만 안병무는 역사비평학(또는 역사비판학)의 출발이 객관성, 중립성을 지향하는 데 있지만 그것은 애초부터 불가능한 전제였음을 이야기한다. 중립적인 게 세상에 어디 있는가 하는 게 그의 지론이다. 아울러 훗날 그는 동양에서는 기본적으로 그 방법론이 그다지 의미 없음을 지적한다.

"한때 유학이나 불교를 하는 사람들과 접해 보면 그들의 사고가 그렇게 산만할 수가 없고 비과학적으로 보였던 때가 있어요. 그런데 후에 자기반성을 했어요. 내가 한국신학연구소를 시작한 것과 비슷한 시기에 같은 건물 안에 불교연구원을 시작했던 이기영 교수와 무척 가깝게 지냈고, 우린 때로 성서나 불전佛典에 대해 얘기를 나누었지요. 한 번은 내가 이 교수에게 요한복음의 어느 구절을 주면서 '이것 해석해 보시오' 했더니, 해석하는데 너무나 비역사비판학적이에요. 그래서 내가 이 교수에게 설명을 해줬는데, 그 양반은 역사비판학의 필요를 전혀 느끼지 않는다는 거예요."[30]

이것은 그가 독일 유학을 통해 서구 신학의 세례를 그토록 받고서도 끝까지 동양적 전통, 혹은 한국적 특수성 등을 놓치지 않으려 애썼다는 의미로 해석될 수 있다. 그리고 아마 그런 바탕에서 안병무는 특히 말년에 다시 집중적으로 동양사상에서 민중신학의 새로운 실마리를 잡으려고 애썼을 터이다.

안병무는 하이델베르크 대학에서 좋은 동료들을 많이 만난다. 예를 들어 보른캄의 제자이면서 훗날 『그리스도적 존칭』의 연구로 일약 세계적 명성을 얻는 한F. Hahn과 훗날 요한묵시록 연구에서 독보적인 위치를 차지하게 되는 일본인 신학자 아키라 사다케 등이 대표적이다. 특히 한은 당시 조교로서 안병무가 신약성서를 학습하고 특히 논문의 문장을 다듬는 데 많은 도움을 주었다. 그는 12킬로미터쯤 떨어져 있는 안병무의 집을 자전거로 찾아와 일을 도와주곤 했다. 안병무는 그를 만나고 나면 늘 그의 진지한 연구 태도에 감동하여 새삼 마음을 다잡곤 했다.

순더마이어T. Sundermeier는 종교사와 선교학의 주임인 콜러W. Kohler 교수의 조교였는데, 콜러 교수는 그로 하여금 동양에서 온 안병무에게 특별한 관심을 기울일 것을 부탁한다. 그때 순더마이어는 안병무의 고민이 무엇인지 파악해서 도와주려고 나름대로 애를 쓴다. 그러나 다른 측면, 예를 들어 종교사적인 지식의 측면에서는 어느 누구도 안병무를 따라올 사람이 없었다. 아울러 안병무의 외국인 동료들은 그들대로 안병무로부터 그가 정통한 분야, 가령 동양사상에 대해 더없이 좋은 공부를 할 수 있었다. 순더마이어의 기억에 따르면, 장학금이라든지 연구 과제라든지 하는 점에서 나름대로 안병무를 도와줄 수 있었는데, 한 가지 문제, 즉 한국인 장학생들 사이의 관계에 대해서만큼은 아무런 힘이 되어 줄 수 없었다고 한다. 사건인즉, 박사 과정에 있던 한국인 유학생 중 극단적 보수 신앙을 지닌 학생이 안병무의 자유주의적인 입장에 감정이 상해 그를 이단으로 정죄한 것. 다행히 안병무가 침착하고 겸손하게 자신을 자제하여 큰 문제가 일어나지는 않았다.[31]

안병무는 공부를 하기는 하지만 동시에 돌아간 뒤의 일도 많이 생각하고 고민한다. 그에겐 도무지 분명한 그림이 그려지지 않았다.

"돌아갈 생각을 하면 결국 한 야인이 되어서 살 것 같애요. 만일 거기서 직장 같은 것을 생각하면 무슨 학위 같은 것이 필요할 터인데 그런 건 안중에도 없어요. 책 읽는 것보다 생각하는 시간이 더 많아요. 지금은 거의 은둔생활같이 살아요. 산보도 안 하고 사람 만나는 것도 없이 꼭 방에만 앉아 있어요."
(1962년 4월 4일자 편지)

여러 증언을 종합해 보면, 그는 역사의 예수를 붙잡고는 있지만 그것은 결코 신학이라는 프리즘을 통해서가 아니다. 다시 말해 신학적으로 그를 완벽히 정리해 내고자 하는 건 그의 일차적 목적이 아니었다. 그는 늘 말하듯 "예수를 신앙하지 않고 사랑하는 사람"으로서 독일에서도 여전히 자기 존재를 건 싸움 한복판에서 '예수를 살고 있었다'고 해야 할 것이다.

이런 가운데 독일에서의 시간도 어느덧 근 10년 세월이 흘러간다.

안병무는 1965년 보른캄 교수의 지도 아래 『예수의 사랑과 공자의 인의 연구』*Das Verständnis der Liebe bei Kung-tse und bei Jesus*라는 제목의 논문을 제출, 박사학위를 받는다. 이 논문에서 그는 복음서에서 발견할 수 있는 역사의 인물로서 예수가 벌인 하느님 나라 선교운동의 핵심을 '사랑agape'에서 찾았고, 그것을 공자의 '인仁' 사상과 연결시켜 동양사상과 서양사상의 변증법적 통합을 시도한다.[32] 안병무가 서울을 떠나올 때 그의 아버지는 아들을 전송하면서 눈물까지 흘렸다. 안병무는 그래도 그 아버지가 비행기가 시야에서 사라지자마자 첩이 있는 곳으로 달려

갈 것이라고 생각했다. 그만큼 아버지에 대한 미움은 컸다. 하지만 이제 수년 간의 고생 끝에 쓴 학위 논문에서 그는 어린 시절 아버지로부터 알게 모르게 배운 동양고전에 대한 해석력을 유감 없이 발휘한 셈이다.[33]

그러나 그가 끝내 학위를 딸 마음을 먹었던 것은 10년간 멀리 떨어져 있는 어머니 선천댁의 간절한 요청 때문이었다. 이제 그에게는 귀국행 비행기 트랩에 오를 일만 남는다. 그렇다면 독일에서 안병무는 무엇을 배우고 무엇을 배우지 못했을까. 그는 독일 생활이 절반도 되기 전에 이미 그가 포착한 바를 다음과 같이 격정적 언어로 고국에 전하다

"서양은 모순 덩어리다. 철학과 종교를 함께 가짐이 모순이다. 그렇게 이성적인 이들이 법왕의 무오설을 내세우고 그 때문에 발을 핥는 게 모순이다. 신을 찬미하면서 실생활은 날로 유물적으로 흐르는 게 모순이다. 사랑의 종교를 가지고 전쟁을 준비하는 게 모순이다. 결국 제1모순은 저들이 성서를 유일한 경전으로 가진 것이 모순이다. 도대체 저들이 가진 성서가 그대로 모순인 책인 것이다. (중략) 그 하나님 자체가 모순이다. 선악과를 만들어 세우고 먹지는 말라 하고 유혹의 악마를 보낸 모순의 주체이다."[34]

안병무가 이 글에서 말하고자 하는 바는 서구를 비판하자는데 있지 않다. 그는 서구문명의, 특히 기독교에 뿌리를 둔 서구 문명의 현실을 목도하면서 그 모순을 짚어 내지만, 그것이 부정적인 의미만은 아니라는 점도 잘 알았다. 왜냐하면 그 글에서 그는 또한 "유럽이란 그 생명이 그 질서에 있는 것이 아니

더라. 오히려 모순이 동력이더라"라고 하여, 모순을 끊임없이 극복하고자 하는 변증법적 노력이 오늘의 유럽을 일구었음도 찾아내기 때문이다.

어쨌든 그는 서구에서도 늘 한국을 염두에 두고 있었다.

그의 지도교수 보른캄도 "복음(진리)은 하나이나 역사적 상황은 각 민족마다 다르기 때문에 그 진리를 자기의 역사적 조건과 대결시켜서 얻는 것이라야 자기를 살릴 수 있는 학문일 수 있다"는 점을 강조했다.[35]

이런 점에서 중요한 것은 그가 구체적으로 무엇을 배우고 공부했는가 하는 내용만이 아니다. 그는 고독과 궁핍과 또 때로 절망마저 엄습하는 기나긴 유학 생활에서도, 비록 그의 몸이 멀리 떨어져 있으되, 조국, 식민지배와 분단, 그리고 전쟁의 참혹한 역사를 끊임없이 겪어 온 조국에 소위 그들의 발달된 문명에서 무엇인가를 배워 가겠다는 자세를 결코 잃지 않았다. 그가 무엇을 배웠다면 바로 이 각오 하나뿐인지 모른다.

훗날, 그는 한 글에서 독일의 학문에 대해 무엇보다도 그 언어와 더불어 논리성에 거의 포로가 될 정도로 매료되었음을 밝히지만, 서둘러 "지금 와서 회고해보니 마치 피안의 어딘가에 가서 머무는 듯했던 느낌"[36]이라고 덧붙인다. 그것은 독일의 아카데미즘이 삶의 현장을 스스로 차단시키고 나아가 신학이 독일의 교회 현실을 볼 길조차 차단한 것이라고 판단했기 때문이다.

특히 역사의 예수에 대해서는 무엇을 말할 수 있을까.

그는 "역사적 예수를 모르겠다는 결론밖에는 못 가지고 왔다”고 말한다. 이 말은 조심스럽게 해석되어야 한다. 서구적 방법으로는 도무지 역사의 예수를 이해할 수 없었다는 결론일 뿐이며, 그것이 곧 역사의 예수를 추구하는 자세를 포기하겠다는 뜻은 아니기 때문이다. 귀국 후 그의 활발한 신학적 행보를 떠올리면 너무나 당연한 말이겠지만!

그래서 그는 “확실한 결론을 갖기 전까지는 귀국하지 않는다”고 했던 초지初志는 어리석었으며, 하여간 귀국할 때는 “결론이 나면 죽는다”라는 결론을 얻고 왔노라고도 말하는 것이다.[37]

사실 우리 생에 결론이 어디 있으랴. 결론은 오직 생의 과정뿐인 것을!

이 땅에서 부활한 예수

조국의 올가미

1965년, 귀국 후 얼마 안 있어 안병무는 예전에 몸담았던 중앙신학교의 교장 겸 교수로 채용된다. 그때 안병무는 한 가지 결심을 한다.

"바람처럼 유명해져서 대중의 노예가 안 되길 바라고 있어요. 내 하는 일(설교, 강의)은 기독교를 종교적인 테두리에서 벗겨, 인간학, 또는 삶을 알리는 일로 바꾸려는 거야요. '내가 네 죄를 사하였다' 함은 '너는 자유하다'라고 바꾸는 것이 그 예요."(1965년 10월 10일자 편지)

도그마를 타파하는 것.

그것이 안병무 필생의 과업이 되는 지점에 왔다. 북구의 기나긴 밤들을 처절한 사유로 지새운 보람이 그것이다. 한 번도 주체로서 자기존엄성이나 위엄을 깨닫지도 누리지도 못했던 슬픈 조국이 먼 이방의 땅에 가 있던 그에게 준 선물이 그것이다. 우리는 흔히 동전의 양면을 보라고 말한다, 아주 쉽게. 그러나 그게 어디 말처럼 쉬운가. 시선을 바꾸는 것은 돈 주고 새 안경을 사서 쓰는 것하고는 전혀 다르다. 그건 눈을 단 존재 자체를 바꾸지 않으면 불가능한 일이다.

물론 그에게도 아직 그것은 다짐의 차원에 지나지 않는다.

돌아올 때, 안병무는 그림 한 장을 가지고 온다. 폴란드 화가인지 루마니아 화가인지가 그린 그림인데, 그는 그것을 1961년인가에 언어 독일에서 내내 공부방에 걸어 두었다. 허름한 작업복을 입은 노동자 한 사람이 커다란 십자가를 지고 꾸부정하게 걷는데, 배경은 시커먼 도시의 실루엣이다. 그런데 십자가 위에는 신부가 앉아서 졸고 있고, 배가 툭 튀어나온 사장도 앉아 있고, 학자가 책을 읽고 있으며, 청춘 남녀가 껴안은 채 사랑을 나누고 있으니, 얼마나 무거웠으랴. 누구라도 그 노동자가 골고타 언덕을 향해 걸어가는 젊은 예수라는 것을 알 수 있다. 안병무는 큰 충격을 받는다. 생산의 주체인 노동자가 세상의 모든 죄를 지고 가고, 다른 이들은 오직 그의 등골을 파먹으며 편안하게 산다는 뜻 아닌가. 그 다른 이들 속에는 신부와 학자도 들어 있으니, 그건 안병무가 살아가는 발판인 종교와 학문도 결국 노동자로 대변되는 민중의 희생을 전제로 해서만 성립한다는 말이기도 했다.

안병무는 일찍이 산업화에 성공해 물질적 부를 축적한 서구 한복판에서 그 한 장의 그림을 통해서도 진정 누가 하느님의 어린양인지 깨달을 수 있었다.

그는 얼마 되지 않는 귀국 짐 보따리 속에 굳이 그 그림을 넣어 가지고 왔다. 그것은 돌아갈 조국에서 해야 할 일이 무엇인지 그가 이미 잘 알고 있었다는 뜻이기도 하다.

"내가 뼈에 사무치게 느끼는 것은 한국 사람은 한국 사람으로 돌아와야 한다는 것입니다. 그리스도인이기 이전에 한국인이어야 합니다. (중략) 서구화에 제일 앞장섰던 것이 그리스도교였고, 신학 자체가 너무나도 서구적 사고와 전통에 맹종하고 있는데 이것을 어떻게 바꿀 수 있을까?"[1]

그가 그토록, 뼈에 사무치도록, 회귀하고자 한 조국은 과연 어떤 모습이었을까.

그가 떠난 이후에도 조국은 여전히 '시련'의 연속이었다. 무엇보다 큰 시련은 4월혁명과 그 정신을 탱크로 뭉개 버린 5·16 군사쿠데타였다. 박정희는 차차 정체를 드러내겠지만 제3세계 개발독재의 전형이었다. 그에게는 이 땅의 진정한 주인들이 시도하는 민주주의 실험의 결과를 기다릴 만한 여유 같은 것이 없었다. 민주주의란 혼란과 방종의 다른 이름일 뿐이다. 그와 그를 지지하는 세력은, 다소의 혼란과 지체를 감수하고서라도 토론과 설득을 통해 내실 있는 새 조국의 청사진을 만들어 나가는 길 대신, 당장 눈앞에서 번쩍거리는 이익을 선택한다. 한마디로 그건 '속도'였다. 그 속도는 일사불란한 군대식 규율에 대한 복종, 인내, 희생을 전제로 한다. 그리하여 야당의 무력화, 국민의 일상에 대한 자의적 통제, 일방적으로 입안되고 추진되는 산업화, 나아가 이 모든 것을 위해 허구적 신화의 창조, 검증되지 않은 가치에 대한 맹신이 두루 강요된다.

"도대체 잘 산다는 기준이 어디 있나? 근대화가 잘 사는 길이라고 한다. 구체적으로는 그것은 무엇을 말하고 있는 것인가? 이 정권의 책임자가 직접 지었다는 노래는 '잘 살아보세'라고 하고, 그 내용은 몽땅 물질적인 것을 나열한다. 결국 수출이 늘고 산업이 발달되면 한 사람당 소득이 얼마가 된다, 그러면 생활수준이 어떻게 된다이다. 그런데 그들이 전시하는 내일을 1인당 소득을 표시하는 GNP는 말해도 개개인에게 어떻게 분배될 것인지에 대해서는 언급이 없다. 그 전체를 위해서라는 강제성 밑에 그 결과가 실은 몇 개인에게 집중된다는 사실, 그럼으로써 대다수가 그들 손에 노예화된다는 사실 따위는 전혀 고려돼 있지 않다."[2]

박정희식 근대화에 대한 이러한 비판은 훗날 그가 이른바 '품'에 대해 진지한 성찰을 시도할 때 바탕이 되기도 한다. 그는 성장 위주의 근대화 과정이 바로 품을 없애는 과정이었다고 간주하는 것이다.[3]

미국이 그런 박정희를 적극 뒷받침해 준다. 물론 박정희 정권이 예뻐서가 아니다. 자기네 이익과 정확히 맞아떨어지기 때문이다. 케네디 정권은 1959년 쿠바혁명, 남베트남 무장투쟁, 1960년 한국의 4·19혁명 등 민족운동이 제3세계를 휩쓸자, 이른바 '위대한 구상Grand Design'이라는 이름으로 새로운 세계전략을 내놓는다. 종래의 핵무기 독점만으로는 공산주의와 제3세계의 도전을 극복할 수 없다는 전제하에, 제3세계 지역의 폭동을 예방하고 비공산주의적 발전을 이끈다는 구상이었다. 2차

대전 때부터 경험을 축적한 이른바 '지역학Area Studies'이 학문적 뒷받침을 한다. 로스토W.W. Rostow와 MIT 경제학자들의 '근대화론'이 그 구체적인 프리젠테이션이다. 그는, 저개발국가들도 미국의 원조 아래 '도약take-off' 단계로 전환할 수 있다고 전제하고, 장기적 차관과 기술원조정책을 권고한다.[4] 박정희 군사정권은 이러한 근대화론을 적극 수용, 경제개발 5개년 계획을 실시한다. 그러나 그것은 민주주의와 통일에 대한 국민들의 열망을 괄호 속에 강제로 편입시킨 채 관 주도로 이루어지는 일방적인 근대화였다.

저항의 목소리가 없지 않았으나, 그들은 그런 목소리를 어떻게 다뤄야 하는지에 관해서는 이미 프로의 경지에 올라 있었다. 박정희의 심복이며 민주공화당 창당 주역 김종필이 만든 중앙정보부(이하 중정)가 그 일을 맡는다.

귀국 후 안병무는 여성숙의 도움으로 수유리 하천부지에 집 한 채를 얻어 어머니와 함께 살고 있었다. 그 집은 열세 평밖에 안 되는 허름한 것이지만, 10년 만에 얼굴을 맞대게 된 모자는 하루하루가 마냥 행복할 따름이었다. 직장에 다니는 차남의 자식들을 극진히 돌보는 것도 큰 즐거움이었다.

1967년 어느 날 아침 일찍, 정장을 한 두 청년이 찾아온다. 그들은 안병무에게 깍듯이 인사하며 말한다.

"우리 부장님께서 박사님의 조언을 듣고 싶어 하십니다. 그래서 이렇게 모시러 왔습니다."

그 길로 안병무는 중정으로 끌려간다. 알고 보니 이른바 동백림東伯林 사건의 용의자로 올라 있었던 것. 거기서 그는 눈앞이 캄캄해지도록 비인간적인 모욕을 받으며 조사를 받는다. 다행히 혐의가 드러나지 않자 자정 무렵에는 귀가를 한다.

당시 프랑스에서 유학하고 있던 화가 이응로와 서독에서 활동하던 작곡가 윤이상을 비롯해 몇몇 재독 유학생들이 동베를린(동백림)으로 가서 북한 인사들과 접촉한 일이 있었다. 중정은 현지로 수사관들을 파견, 그들을 체포하여 해당 국가와의 외교적 마찰을 무릅쓴 채 한국으로 강제 압송했고, 엄청난 고문 수사 끝에 1967년 7월 8일 '동베를린을 거점으로 한 북괴대남공작단 사건'이라는 어마어마한 이름으로 발표한다.

> 대학교수와 의사, 예술인 및 공무원 등이 1958년 9월부터 67년 5월 사이에 동독 주재 북괴대사관을 왕래하면서 접선, 간첩활동을 해왔다. 현재까지 194명이 연루됐으며, 특히 명지대학 조교수 임석진(林錫珍, 35) 박사 등 7명은 소련, 중공 등을 경유하여 직접 평양을 방문, 밀봉교육을 받고 귀국해 간첩활동을 했다.

훗날 밝혀지지만, 이는 박정희 정권이 저지른 숱한 용공 조작 사건의 하나에 불과하다.[5] 당대의 국내 정치상황이 이를 뒷받침한다. 박정희는 1967년 재선에 성공했으나 1971년 정권을 내놓아야 하는 상황에서 헌법을 고쳐서라도 3선을 하고자 하는 강한 욕망을 갖고 있었다. 그 때문에 1967년 6월 8일 국회의원 선거에서 개헌이 가능한 의석을 획득하는 것이 절박한 과제였고, 과연 모든 수단을 동원해 2/3 의석을 차지하는 데 성공한다. 이에 야당과 대학생들은 부정선거를 규탄하는 대규모

시위를 전개한다. 정부는 30개 대학과 148개 고등학교를 임시 휴업시키는 등 강경조치를 취한다. 이런 상황에서 때마침 서독에 유학 중 평양을 방문한 적이 있는 철학교수 임석진의 자진 고지는 분위기를 반전시키기에 충분한 소재였다.

이후 중정은 관련자들의 단순한 대북접촉 행위까지도 국가보안법의 간첩죄를 무리하게 적용한다. 관련자 203명 중 66명을 검찰에 송치하면서 23명에 대해 간첩죄를 적용했는데, 최종심에서 간첩죄를 적용받은 피고인은 한 명도 없다. 사건의 외연과 범죄 사실도 자의적으로 확대 발표한다. 그 대표적인 예가 천상병 시인의 경우였다. 중정은 천상병이 대학 친구로부터 그가 동백림을 다녀온 사실을 들은 것을, 암약 중인 간첩이라는 사실을 알았다는 식으로 확대한다. 그것도 전기고문 등을 통해 허위자백을 받아서. 천상병이 그 후 어떤 식으로 고통을 받았는지는 익히 알려진 바대로이다.

안병무 역시 단지 독일(당시 서독)에서 공부했고 유학생들의 정신적 지주 윤이상을 근거리에서 알고 지냈다는 사실만으로 끌려가 야만적인 모욕 속에 취조를 받았던 것이다. 이 일은 안병무가 그토록 돌아오고 싶어한 조국이 어떤 모습인지 여실히 증명해 주는 극히 작은 사례에 불과하다. 한마디로, 권위주의적 체제는 국민들로 하여금 국가 안에서는 물론 국가 바깥에서조차 '국가 바깥'을 상상하지 못하도록 이데올로기적 훈육을 강제했던 것이다.[6] 독일과 프랑스의 압력으로 석방된 윤이상과 이응로는 그 후 감히 그 엄청난 금기를 깨뜨린다. 그들은 대한민국 여권을 미련 없이 버리고 국가 바깥으로 금을 넘어간 것이다. 이처럼 국적을 포기하게 만드는 국가, 그것이 당시의 대한민국이었다.

하지만 그때 안병무는 싫든 좋든, 정신이든 육체든, 아직 '국가 안'에 있었다.

아아, 어머니!

선천댁은 중정에 끌려가 조사를 받고 돌아온 아들을 보고 천진한 목소리로 묻는다.

"그레 저녁은 먹었니?"

중정이 무엇인지, 세상이 어떻게 돌아가는지, 아들이 거기에 어떤 식으로 대응하는지 도무지 알려고도 하지 않는 어머니가 어처구니없었지만, 그게 바로 안병무의 어머니 선천댁이다. 그녀는 나라(중정)에서도 독일제 박사 아들이 훌륭하다는 것을 알고 '모시러 온 것'이라고 생각했을 터. 사실 그 무렵에는 능히 그런 생각을 할 만큼 선천댁은 하루하루 꿈같은 행복을 맛보고 있었다. 그러나 호사다마라고 할까 운명의 시기랄까, 선천댁의 행복은 오래가지 못한다.

1967년 6월, 선천댁은 겨드랑이와 젖가슴에 무엇인가 나서 대학병원에서 진단을 받는다. 마침 그곳에는 친구 홍창의가 의사로 일하고 있었다. 진단 결과는 암이었다. 안병무는 눈앞이 캄캄해진다. 있을 수 없는 일이다. 있어서도 안 되는 일이다. 어떤 어머니인데, 누가 감히 이런 일을 저지른단 말인가! 그러나 홍창의의 굳은 표정은 이미 심각한 상태임을 말해 주었다.

결국 수술을 받는다. 수술 후, 회복실로 실려 온 선천댁은 눈을 뜨자마자 미리 준비했던 말인 양 장남 안병무에게 말한다.

"내가 맏며느리를 못 본 게 평생 한이다. 며느리를 얻어 다오."

안병무는 뒤통수를 얻어맞은 느낌이었다. 그 상황에서 다른 대답을 할 수는 없었다.

"엄마, 소원대로 될 거예요."

"아니, 금년 중에 결혼한다는 약속을 해라."

무슨 대답을 할 수 있을까.

짧은 순간 안병무의 뇌리에는 어머니 선천댁의 지나온 한뉘가 주마등처럼 스쳐 지나갔으리라. 땡볕 아래 무거운 몸을 이끌며 밭을 매는 여자, 산통, 캄캄한 주변, 그러다가 이를 악 물고 아이를 낳는 여자와 얼마 후 홀로 탯줄을 자르는 여자가 보인다. 그녀는 이미 어머니였다. 그 어머니가 아내로서는 한 번도 인간다운 대접을 받지 못한다. 기차역, 알 수 없는 여자, 남편의 당황하는 표정. 아내는 마침내 분명한 목소리로 선언한다. 따라가겠소. 그렇게 해서 도착한 간도, 남의 땅. 그곳에도 오직 기다리느니 모멸뿐이다. 여자, 여자, 여자들……. 아들은 어머니의 모멸을 볼 만큼 봤고 이해할 만큼 이해한다고 생각했다. 그래서 한때 결혼을 종용하는 어머니에게 이렇게 물은 적도 있었다.

"엄마, 결혼 생활이 그렇게 행복하던가요?"

그럴 때 그녀의 입에서 나오는 대답은 한결같다.

"너희들이 있지 않니!"

마침내 안병무는 어머니의 손을 잡고 고개를 끄덕거린다.

안병무의 머릿속에 들어서는 한 여자가 있다. 이화여대 영문학과 출신으로 전국 YWCA 총무로 있는 박영숙이다. 그녀는 이미 학창 시절 기독학생회 활동을 하면서 안병무에 대해 들은 바 있었고, 『야성』을 펴내던 시절의 혈기 넘치던 안병무도 기억한다. 특히 실존주의적 고뇌가 담겼던 글을 읽고 큰 감명을 받았다. 그 박영숙이 YWCA 총무로서 여름 컨퍼런스를 준비할 때 안병무에게 대회 기간 동안 아침 성서 연구와 오전 강연을 부탁한다. 안병무는 제일 늦게 원고를 건네준다. 컨퍼런스 후, 참가자늘 사이에서 사회 구원 문제를 놓고 열띤 토론이 벌어진다. 안병무의 강의에 대한 비판도 나온다. 안병무가 거기에 대해 해명을 해야 하는 상황이다. 그 결과 박영숙이 책임자로서 겸사겸사 안병무를 따로 만나야 할 판이었는데, 안병무가 제 쪽에서 선뜻 저녁을 사 준다고 나선다. 두 사람의 인연은 그렇게 해서 본격화된다.

사실 안병무는 그때까지만 해도 결혼할 생각은 전혀 없었다. 결혼은 필수가 아니라 선택이다. 그의 스승 키에르케고르가 말했듯이.

"결혼해 보라. 실망할 것이다. 결혼하지 말아라. 그래도 실망할 것이다."

결혼해서 얻는 게 있다면 마땅히 잃는 것도 있다. 따라서 결혼을 결심한다면, 잃는 것을 마땅히 고려해야 한다.[7] 안병무에게 그 잃는 것은 그저 잃는 게 아니다. 전부를 잃는 것이다. 그에게는 오직 예수뿐이다. 독신으로 살다간 예수처럼 안병무도 독신으로 살면서 예수의 뜻을 따르겠다는 생각밖에 없다. 전쟁 기간 중 시도했던 공동체의 경험에 미루어 보더라도, 결혼은 자칫 사적인 소유의 근원이 될 수도 있기 때문에, 그는 철저히 공公으로서의 삶을 선택하고자 했던 것이다. 그런 그를 두고 주변에서는 "예수에 미친 사람" "예수와 결혼한 사람"이라고 농반진반 말하기도 한다. 그라고 왜 여자가 그리울 때가 없겠는가. 하지만 그는 그럴 때조차 예수를 떠올린다. 예수가 산상 설교에서 여자를 보고 음욕을 품으면 그게 곧 간음한 셈이라고 한 말씀을 생각한다. 그리하여 젊은 날 행여 그런 마음이 일면, 벌금으로 동전 한 닢을 돼지저금통에 넣었다. 나중에 그는 그 사실을 제자들에게도 들려 주는데, 제자들은 그의 저금통이 동전으로 가득 찼다는 농담 섞인 고백에 오히려 놀라기도 했다.[8]

이삼열의 회고에 따르면, 안병무는 유학 시절 독신 총각들이 흔히 찾는 홍등가를 잊기 위해 어느 날 심각한 결단을 했다고 한다. 여자 생각이 날 때마다 50마르크씩 촛불에 태워 버렸다는 것. 당시 유곽에 들어갈 때 내는 돈이 50마르크였기 때문이다. 그 돈이라면 한 달 생활비의 거의 절반 정도 되는 큰돈인데, 안병무는 그런 큰돈을 재로 만들어서라도 금욕적 결심을 이어 나갔다.[9]

어쨌든 결혼 문제에 관해서 확고한 자기 신념을 지닌 안병무였다. 간도 시절부터 동료였던 강원룡은 그가 대학 시절 여학생들에게 누구보다 인기가 많았으면서도 연애에 빠지지는 않았는데, 그 이유가 '동남동녀童男童女' 사고 때문인 것 같다고 회상한다.[10]

무슨 뜻일까.

동남동녀!

세상은 어른들의 것이다. 아니, 그들은 자기들이 세상을 지배한다고 생각한다. 어린이는 아직 세상의 주인이 아니라고, 더 배우고 더 많이 가져서야 세상의 주인이 될 수 있다고 생각한다. 안병무는 다르다.

> 너희가 생각을 바꾸어 어린이와 같이 되지 않으면 결코 하늘나라에 들어가지 못할 것이다. 그리고 하늘나라에서 가장 위대한 사람은 자신을 낮추어 이 어린이와 같이 되는 사람이다. 또 누구든지 나를 받아들이듯이 이런 어린이 하나를 받아들이는 사람은 곧 나를 받아들이는 사람이다.(마태 18:3)

어린이처럼 되는 것. 그래서 그는 기본적으로 소유를 거부한다. 그는 "부자가 하느님 나라에 들어가는 것보다 낙타가 바늘귀로 빠져나가는 것이 더 쉬울 것"(마태 19:24)이라는 말을 진심으로 믿는다. 소유함으로써 세상을 갖게 되는 거라면, 차라리 그 세상을 거부하는 것이다. 물색 없는 생각이지만, 그는 그 생각을 포기하고 싶지 않았다. 어쩌면 그는 결혼이라는 '관계'도 그런 관점에서 보고 있었는지 모른다.

"사람은 목석같이 홀로 사는 존재가 아닌 것이고 역시 관계에 있어서 자기를 형성해 가요. 내 본성이니 질質이니를 아무리 수정해 본대야 소용이 없고 역시 구체적으로 너와의 관계에서 결단해 가면서 자기 유지, 자기 발견, 새 가능성을 형성해

가게 만들어진 게 사람이지요. 별 게 없어요. 상하의 관계거나 동등한 관계거나 증오 또는 사랑의 관계거나 그 관계에서 유동되고 자기 발견되고 자기 형성되는 거지요. 난 그래서 꼭 요런 고정된 관계에서만 나를 유지한다고 생각하는 일은 없어요. 그것은 어떤 형태의 관계든 내게 관심이 가는 한 산 관계가 될 수 있다고 봐요. 소유욕이란 오랜 인간의 고질이야요. '내 것이다. 이런 형태로 가져야 내 것이다' 하는 환상에서 사람이 희생됐어요. 내 것 되는 것 없어요. 내 손에 잡아서 내 것 되는 게 없어요. 내게 현실이 되는 길은 내 손에 잡을 때 되는 게 아니라 계속적인 결단으로 산 관계에 서는 일이지요. 그런 점에서 사람에게는 무한한 가능성이 있어요."[11]

그 안병무가 놀랍게도 박영숙을 찾아가 청혼한다. 그 이유를 자초지종 설명한다. 그녀는 안병무가 지닌 여성관, 결혼관, 신앙관을 귀담아 듣지만, 요지인즉슨 "아내가 되어 달라"가 아니라 "며느리가 되어 달라"는 말이다. 박영숙은 당연히 콧방귀를 뀐다. 구라파에 오래 가 있더니 별난 결혼관까지 가졌네 싶었다. 하지만 박영숙은 오랜 주저 끝에 그의 청혼을 받아들인다.

1967년 12월 29일 평생 독신으로 살 것 같던 안병무는 마침내 박영숙과 백년가약을 맺는다. 그들을 축복하기라도 하듯 눈이 펑펑 쏟아졌다. 하객들이 별난 사람이 결혼해서 날씨마저 별나다고 할 정도로 폭설이었다. 용정 시절의 은사 김재준이 주례를 보았는데, 식장인 서울 YWCA 강당 맨 앞줄에는 수술 후 아직 몸이 채 회복되지 않은 선천댁이 앉아 있었다. 신랑 안병무는 평생 그토록 행복한 표정을 짓는 어머니를 본 적이 없었으리라.

선천댁은 큰아들 부부와 1년 남짓 함께 살다가 1969년 1월 5일 파란만장했던 생을 마감하고 편안히 눈을 감는다. 정원숙이라는 본명은 그때조차 중요하지 않았다. 그녀는 처음부터 끝까지 이름이 없는 존재였지만, 그렇다고 해서 어느 고귀한 이름을 지닌 이보다 결코 헐하게 취급되어서는 안 될 만큼 떳떳한 생을 살았다.

우리는 훗날 그런 그녀를 일러 '민중'이라고 부르는 아들 안병무를 만나게 된다.

마르코복음은 베다니아에 있는 나병환자 시몬의 집에서 예수가 식사할 때 옥합을 깨뜨리고 그 속에 든 순 나르드 향유를 예수의 머리에 부은 한 이름 없는 여인에 대해 전한다. 사람들이 300데나리온이나 나가는 매우 값진 향유를 낭비한다고 꾸짖자, 예수가 말한다.

> 가만두어라. 왜 그를 괴롭히느냐? 그가 내게 한 일은 아름답다. (중략) 이 여인은 자기 힘껏 했다. 곧 내 몸에 향유를 부어 내 장사를 미리 준비한 것이다. 내가 진정으로 너희에게 말한다. 온 세계 어디서든지 복음이 전파되는 곳마다 여인이 한 일도 전해져서 이 여인을 기억하게 될 것이다.(마르코 14:6)

안병무는 여인의 행위를 단지 예언자적인 것으로 규정하지 않는다. 그는 한 걸음 나아가 여인이 향유를 부음으로써 예수로 하여금 메시아로서 가야만 할 십자가의 길을 가도록 했다고 주장한다. 그렇다면 그 이름 없는 여인이야말로 오늘 우리가 아는 메시아로서의 예수를 이끌어 낸 결정적 역할을 한 게 아닌가. 제 앞의 운명에 대해 한편에서 도망가고 싶은 마음, 피하고 싶은 마음, 거부하고 싶은 마음이 터럭만큼이라도 없었을까마는, 여인은 그런 순간을 완전 봉쇄해 버려 예수로 하여금 자기 결단을 강화시킨 것이다![12] 안병무의 이러한 견해는 민중신학적 성서 해석의 기본 토대가 된다. 그리고 그것은 우리로 하여금 그의 어머니, 이름이 있으되 한 번도 제 이름으로 불리지 못했던 선천댁과 관련하여 다음과 같은 평가를 가능하게 해 준다.

> '이름없는 여인'에 대한 이러한 해석은 안병무 자신의 탁월한 지성과 학문에서 비롯된 것이 아니었다. 그것은 바로 '선천댁'의 삶으로부터 온 것이었다. '이름없는 여인'의 행위가 예수를 움직였듯이, 선천댁 그녀가 마침내 안병무의 가부장적인 생각과 가부장적 이데올로기를 깨뜨리고, 그로 하여금 민중신학을 말할 수 있도록 움직인 것이다.[13]

수유리의 힘

안병무와 박영숙은 안병무의 수유리 집에서 가정 생활을 시작한다. 하천가 무허가 집이어서, 겨울에는 성에가 끼고 여름에는 비가 새기 일쑤였다. 그런 불편함을 넓은 마당이 충분히 벌충해 주었다. 안병무는 마당에 좋아하는 잔디를 심었는데, 그것이 잘 자라 마당은 늘 아름다웠다. 더울 때에는 마당 모서리에 있는 커다란 포플러 나무가 시원한 그늘을 만들어 주기도 했다. 가을이면 수시로 낙엽을 모아 태웠다. 특히 마음이 복잡할 때 그건 훌륭한 치유제가 되었다. 박영숙은 안병무의 그 취미를 보고 로마를 불태운 네로에 비유하기도 했다.

나중(안병무의 투옥 기간 중)에 박영숙은 근처에 있는 집을 은행 빚을 끼고 사는데, 그 새집이 장차 민주화운동 시절 수많은 민주인사들이 제 집처럼 드나드는 아지트가 된다. 특히 해마다 4월이 돌아오면 4·19 묘지를 찾아오는 민주인사들의 조찬 모임으로 한판 만남의 장터가 되곤 했다. 박영숙은 그렇게 많은 손님들을 맞이하면서도 싫은 기색 한 번 비치지 않는다. 늘 기꺼운 마음으로 일을 했다. 적게는 수십 명 많게는 백 명, 이백 명도 넘는 손님들의 음식을 차려 내는 게 박영숙에게는 전혀 부담이 되지 않는 듯 보였다. 그런 날은 손님들이 벗어 놓은 신발이 하루 종일 마당에 가득했다. 나중에는 박영숙의 조카 김정임이 많이 도와주지만, 박영숙의 '노력'은 절대적이었다. 특히 사람들은 박영숙이 후다닥 만들어 내는 일품 평안도식 녹두지짐에 찬사를 아끼지 않았다. 훗날 시인 고은의 늦깎이 결혼식도 그 수유리 집 마당에서 거행된다.

한 가지 에피소드가 있다.

감옥에서 나선 안병무는 담당 형사를 보고 이렇게 묻지 않을 수 없었다.

"우리 집이 어디라고? 나는 어딘지도 모르는데…."

담당 신형사는 그런 안병무를 새 집으로 데려다 주겠다며 말한다.

"아이고, 걱정마세요. 제가 밤낮으로 사모님을 보살펴 드렸으니까요."

말하자면 제 공치사를 하는 것인데, 안병무 왈,

"아니, 밤에도 사모님을 돌봐드렸단 말이야?"

안병무가 대외적으로 의미 있는 활동을 해 나가면서 명성을 쌓아 갈 때, 그 이면에는 박영숙의 내조가 절대적인 힘으로 작용했다. 어떤 측면에서 보면 박영숙은 안병무가 그토록 거부했던 가부장제를 집안으로 깊숙이 끌어들인 것처럼 보일 정도였다. 하지만 오해다. 박영숙은 그것을 결코 '의무'로 하지 않았다. 두 사람은 평등한 인격 대 인격으로 만나 더없이 좋은 동반자 관계를 줄곧 유지한다.[14]

사람들은 안병무를 접착제 같은 사람이라고 한다. 정치적 성향이나 나이, 직업, 종교 등을 가리지 않고 두루 사람들을 만났고, 그들 사이에서 좀더 나은 관계를 만들어 나가는 데 애를 썼기 때문이다. 이때 밖으로 나돌아 다니는 걸 본디 즐기지 않는 안병무는 당연히 집으로 사람들을 끌어들인다. 그렇게 보면 안병무가 이룬 공은 절대적으로 박영숙의 도움으로 가능했다고 말할 수 있으리라.

사람들이 묻곤 한다.

"결혼 안 하겠다고 그렇게 버티더니, 결혼하니까 그래 무엇이 그렇게 좋소?"

두 사람은 대답이 궁해 빙그레 웃곤 했는데, 훨씬 뒤에는 할 말이 생긴다. 안병무가 이른바 3·1민주구국선언 사건으로 감옥에 있을 때, 면회 온 박영숙에게 이렇게 말한다.

"결혼하니까 이렇게 면회 올 사람도 생기고 하니 좋아. 면회는 직계밖에 못하니까."

뒤에 그들은 고은 시인이 감방에 갔을 때와 비교하며 자주 이야기하곤 했다. 고은은 아직 결혼을 안 해서 감옥에 면회 올 사람이 없었다. 그래서 집에서 밥해 주는 아가씨가 모처럼 면회라고 왔는데, 왈, "파이프가 터졌어요!" "연탄도 떨어지고, 기와도 새요" 하더라나.

그래서라도 좋은 것이다, 결혼은.

우리가 살펴본 대로라면, 솔식히 안병무는 사기에게 필요한 사람을 찾은 게 아니라 어머니에게 선보일 며느릿감을 찾았던 것처럼 보인다. 그게 겉으로 드러난 안병무의 결혼이다. 그러나 어디 그것만이겠는가. 안병무에게도 결혼은 중요한 계기가 된다. 결혼을 통해 사람을 제대로 알게 된 것이다. 더 정확히 말하면, 결혼 전 사람(자신까지 포함하여)에 대해 자신이 지녔던 편견과 허영심을 제거할 수 있었다.

"만혼인데도 결혼 전에는 이성과의 접촉에서 어느 쪽에서 작동하건 어떤 기대 같은 것은 사람을 붕 뜨게 해서 사실을 직시하는 데 방해를 받았다. 그런데 결혼 후에는 그런 것이 깨끗이(?) 가시었다. 체념이라면 체념, 단념이라면 단념 따위가 작용한 그런 상태! 나에 대한 어떤 여자의 시선이나 행위 때문에 괜히 자신을 부풀게 하는 그런 붕 뜨는 것이 없어졌다. '남자'로부터 '사람'으로 돌아왔다. 그러니까 상대방도 '여자'에서 '사람'으로 돌아왔다. 그러니 그 사이에서 주고받는 것이 흐리게 보이지 않고 제대로 보이더라. 그런 의미에서 나에게 전기였다. 그것은 허영심이 제거되는 중요한 전기였다."[15]

이 깨달음이 수유리에 뿌리를 두고 있다.

수유리는 북한산 자락 서울의 한 변두리에 불과했지만, 거기 한국신학대학이 있고, 문익환과 박용길이 일군 '통일의 집'이 있고, 강원룡의 크리스찬 아카데미가 있다. 또한 4·19 국립묘지와 시인 김수영의 묘가 있다. 그리고 훗날 〈3·1 민주구국선언〉에 함께 참여한 이문영, 이우정, 문동환의 집이 가까운 창동과 방학동에 있었다. 이렇게 볼 때 '수유리'는 진보적 기독교와 민주주의와 한국의 근대적 참여문학을 배태시킨 공간으로서 의미를 부여받아야 한다. 말하자면 "변두리가 중심을 구원한다"[16] 할 때 그 변두리처럼.

수유리는 안병무와 박영숙 두 사람을 한 단계 더 성장시킨 산실이기도 하다. 박영숙도 많이 달라진다. 한때 수유리 집에는 아예 담당 형사가 달라붙어 살다시피 했다. 보이지 않아도 늘 그 감시의 눈길을 의식해야 했다. 한 번은 안병무가 밤중에 술에 취해 들어오다가 쓰러진 채 고래고래 박정희 욕을 한다. 놀란 박영숙이 조카 김정임과 함께 얼른 뛰어나가 입을 막고 겨우 끌고 들어올 수 있었다. 담당 형사가 초인종이라도 누르는 날이면 가슴이 덜컹 내려앉기도 했다. 하지만 나중에는 그녀 역시 불의한 현실에 대해 당당히 맞서 싸우는 투사가 된다. 변하는 건 형사도 마찬가지였는지, 나중에(1989년) 그들이 우면동으로 이사를 가게 되자, 담당 형사는 무척이나 섭섭하게 생각한다. 박영숙은 그게 빈말은 아니었으리라 믿는다.

두 사람은 결혼하자마자 살림의 원칙을 정한다. 안병무의 월급은 전액 생활비로 쓰되, 강연비, 집필료 등은 안병무가 알아서 쓰도록 한다는 것. 안병무는 나중에 그런 돈을 구속자나 가난한 후배나 제자를 돕는 데 쓴다.

물질에 대한 안병무의 인식은 한마디로 '개념이 없다'고 하는 게 옳을 터이다. 독일 유학 시절, 많은 한국인 유학생들이 이따금 안병무를 불러 설교를 청해 들었다. 그때마다 안병무에게는 적지 않은 돈이 생겼는데, 안병무는 그 돈을 다른 가난한 유학생에게 있는 대로 털어 주기도 했다. 그게 몇 천 마르크이든 주머니 속에 있는 돈은 다 꺼내 놓는 게 안병무였다고.

황성규는 안병무가 교장으로 있는 중앙신학교 강사였다. 어느 날 함께 버스를 타고 가다가 학교 부지가 있는 세운상가 건설에 관련된 이야기를 나누게 된다. 건설과 관련, 잡음이 있었기 때문이다. 안병무가 갑자기 편안한 표정으로 이렇게 말한다.

"나는 물질에 대한 유혹이 생겨 이래서는 안 된다고 자제할 필요가 없어. 그런 유혹 자체가 없어서 말이야."

황성규는 세상 어떤 말보다 멋진 말이었다고 그때를 생생히 기억한다.[17]

넥타이 하나로 버틴다든지, 누가 준 새 양복을 어떻게 감히 입느냐고 남이 먼저 입다가 주면 좋겠다면서 내준다든지 하는 일화는 부지기수다. 안병무가 무슨 일로 독일에 얼마간 갔다 올 때의 일이다. 마침 독일에서 제자 하나가 진주목걸이를 만들어 팔아 부자가 되었는데, 그가 안병무가 이미 결혼했다는 소식을 듣고서는 진주목걸이를 선물한다. 그러자 이렇게 비싼

것을 받을 수 없다고 해서 실랑이가 벌어진다. 제자도 만만치 않다. 안병무는 할 수 없이 진주목걸이를 꿴 고리만 달랑 떼어 가지고 귀국한다. 안병무는 공항에 마중 나온 박영숙에게 택시를 타고 가는 내내 미안하다고 사과한다. 그러더니 미아리쯤에서 선물이라고 그 진주목걸이용 고리를 건네준다.

『현존』을 창간하다

이런 안병무는 또 돈 드는 일을 '개념 없이' 저지른다.

1969년 7월 성서 연구를 전문으로 하는 월간 신학잡지 『현존』을 창간한 것이다. 아무리 절박하다 해도, 앞뒤 재지 않고 의욕을 불사르는 그가 아니면 누구도 쉽게 손을 쓰지 못했을 일이다. 당시 그는 한국신학대학에 강사로 근무하고 있었는데, 강사료는 그야말로 쥐꼬리만했다. 따라서 매호 50쪽 안팎의 작은 잡지(정가 100원)일망정 그것을 꾸려 간다는 것은 결코 쉬운 일이 아니었다. 이미 아들 재권을 두고 있던 안병무는 박영숙에게 그 잡지를 일러 "우리 둘째 아들이야"라고 말할 정도로 애착을 보인다.

그렇게 『현존』이 세상에 현존하기 시작한다. 제목을 정하기 전 여러 사람의 의견을 물었는데, '야성'을 다시 쓰라는 의견도 있었다. 안병무는 스스로 생각하기에도 좀 딱딱하기는 하지만 하이데거에서 차용한 용어 '현존(現存: Dasein)'[18]을 택하는데, 창간호에서 스스로 밝히듯, 그는 그것을 '빈것'으로 이해하고 있었다. 이때 비어 있다는 것은 당연히 앞으로 채워 넣을 게 많다는 의미로 가능성과 동의어였다. 아울러 '탈향'이기도 했다.

"그럼 남은 것은 무엇인가. 그것은 '현존'뿐이다. 이 현존은 오직 버리고 얻으려는 그 틈에 있다. 즉 현존이란 '탈향'(脫向, Aus-Auf)일 따름이다. 바울은 이러한 현존을 똑똑히 밝혀 '오직 한 가지 뒤에 있는 것을 잊어 버리고 앞에 있는 것을 잡으려고 온몸을 앞으로 기울여'라고 했다. 그는 이러한 현존을 '목표를 향하여 달려가는 것뿐입니다'라고 한다. 즉 도상에 있는 존재 Unterwegssein다."19

『현존』은 출간 자체가 안병무의 신학적 태도를 그대로 보여 주는 증거다. 그는 신학을 좁은 상아납의 딤징 인에 가둘 수 없었다. 그리하여 이미 『야성』을 통해서도 광야의 목소리를 한 번 내질렀듯이, 제 가슴속의 목소리를 너른 들판을 향해 들려 주고 싶었다. 하지만 이제 그는 독일 유학까지 갔다 온 신학자다. 그의 지향이 여전히 『야성』의 그것이라고 하더라도, 그는 그 목소리를 성서 텍스트와의 진지한 대화를 통해 좀더 차분하게 전달해 줄 필요가 있다고 느꼈다.

"유신, 무신이 문제가 아니라 지금 이 현존이 문제이다. 이 현존 그대로를 누드로 만들어야 한다. 그럴 때는 결론은 없고 그 앞에 침묵할 수밖에 없을지 모른다. 실은 침묵하고 싶어 말을 버리기 위해서 말을 찾고 있는 게 아닌가."20

이렇게 보면 『현존』은 그가 아직 그 속에 젖어 있는 실존적 사유의 지평을 그대로 반영하는 것처럼 보인다. 그러나 그는 동시에 『현존』을 통해 한국 교회의 개혁을 위한 새로운 신학운동의 기치를 담아내려는 의욕이 있었다. 왜냐하면 그의 '현존'

은 진공 속에 머무는 게 아니라 현실과 부단히 교섭하는 가운데 그 '탈향'의 의미를 묻는 것이기 때문이다.

『현존』을 통해 안병무는 신학의 불모지인 한국 신학계와 교회 목회자들에게 한편으로 세계 신학의 동향을 소개하고 다른 한편으로 역사비평학에 의거한 성서해석 방법론을 소개했다. 이 잡지를 중심으로 성서 말씀에 대한 바른 이해와 기독교 복음이 갖는 사회적 책임과 역할을 강조하며 기독교 계몽운동을 펼쳐 나갔다.[21]

안병무는 집요한 사람이다. 『야성』을 내던 때, 그 어려운 상황에서도 혼자 이리저리 뛰어다니며 분투한 끝에 마침내 결실을 보았듯이, 『야성』이 중단된 후에는 언제고 다시 그 뜻을 이어가리라 단단히 마음먹고 있었던 것이다. 그렇게 해서 드디어 스스로 개인잡지라고 부르는 『현존』을 내기로 하자, 이미 그 의미를 읽어 내고 장준하가 종로 뒷골목 어느 음식집으로 그를 불러 조촐하게 축하연을 베풀어 준다. 그때 장준하는 자신이 그토록 껴안고 몸부림치던 『사상계』가 거의 쓰러져 가는 상태였기에 더더욱 『현존』에 거는 기대가 컸으리라. 『현존』은 『야성』이 그랬듯, 그리고 앞으로 그가 창간할 다른 잡지들과 마찬가지로, 지식인으로서 안병무가 세상과 관계를 맺고 또 책임을 지는 한 중요한 형식이다. 이 점에서 우리는 함석헌의 『씨올의 소리』, 장준하의 『사상계』와 더불어 안병무의 『현존』이 당대의 억압적 정치 상황에서 차지하는 의미를 충분히 인정해야 한다.

『야성』과 마찬가지로 『현존』도 계몽주의의 지평을 크게 벗어나지 않았지만, 『현존』을 꾸려 나갈 때의 안병무는 '전략'이라는 측면에서 『야성』을 꾸릴 때의 안병무와 분명히 차이가 난다는 주장을 들어보자.

> 선생은 지속적으로 반권력을 추구했다. 그리고 권력은 지배의 일관적 논리라고 보았기에, 권력의 욕망, 그러한 게임에 자아를 포획당하지 않으려 안간힘을 다했다. 『야성』의 시대는 그러한 노력이 공동체 운동으로 표현되었다. 그것은 광장의 메커니즘으로부터 자기를 탈주시키는 전략이다. 반면 『현존』의 시대에는 바로 그 광장으로 나아간다. 그리고 그 광장의 논리에 흡입된 대중에게 말을 건네며, 또 대중의 말을 대신한다.[22]

전태일 사건

이제 우리는 1960년대를 보내고 다시 새 10년을 맞이한다. 그런데 한국의 근현대사는 어째서 매번 그 10년의 출발을 그토록 처절하게 기억하라고 강요하는지! 경술국치가 그랬고, 한국전쟁이 그랬고, 4월혁명이 그랬고, 훗날 광주항쟁이 또 그렇지 않은가.

1970년은 과연 또 어떤 식으로 온다는 말인가.

프랑스 소르본 대학에서 시작되어 세계를 뒤흔든 이른바 1968년 5월혁명의 기세가 한국의 대학이라고 비켜 가진 않았겠지만, 신좌파적 상상력으로 제국주의와 자본주의에 저항하는 혁명은 적어도 한국에서는 불가능한 몽상이었다. 박정희 정권은 "24시간 내내 소르본을 노동자들에게 개방한다", "모든 권력을 상상력에게!", "더 많이 혁명할수록 더 많이 사랑한다", "금지하는 것을 금지한다"와 같은 상상력이 들어설 최소한의 여유 공간조차 주지 않았다.[23] 허용된 상상력이란 오직 더 극악한 금제와 탄압의 상상력뿐이었다.

그러나 안병무에게 1970년대는 일단 상대적으로 행복한 출발이었다.

1970년 봄, 안병무는 한국신학대학 학장 김정준의 권유를 받아들여 신약학 교수로 부임한다. 해방 직후부터 한국신학대학은 진보적인 신학의 요람이라는 전통을 이어 오고 있었지만, 1969년 학내 문제가 발생하여 교수진들이 대거 물러나는 아픔을 겪는다. 김정준에게 한신 재건의 임무가 맡겨지는데, 그는 안병무를 첫 번째 외부 영입 교수로 추천했던 것이다.[24] 사실 안병무는 한신의 새로운 분위기에 누구보다 잘 어울리는 인물이었다. 실제 그는 미국에서 흑인신학과 파울로 프레이리Paulo Freire의 교육론을 연구하고 돌아온 문동환과 함께 한신의 진보적 전통을 새롭게 쌓아 나간다. 학장 김정준은 처음에 경건주의와 교회주의로 학교를 이끌어 나가려고 했는데, 곧 이들의 분위기에 동조하고 정치적 참여에 앞장선다.[25]

증언들로 미루어 보건대, 안병무는 여전히 실존주의적 입장에서 철학과 신학을 강의했을 게 틀림없다. 예를 들어 김명수는 "키에르케고르와 하이데거의 실존주의에서 적지 않은 양의 철학적 범주들을 빌려 성서 해석의 방편으로 사용"했으며, 불트만 신학을 중심으로 공관복음서를 강의했으며, 학문에 대한 열정, 학문하는 방법의 엄격성, 비판적 사고, 그리고 절제된 실존주의 언어 사용 등은 학생들을 매료시키기에 충분했다고 증언한다.[26] 그런 교수나 학생이나 얼마나 행복했을까. 하지만 아직 1970년대의 서막이 그렇게 매듭을 짓는다고 확신할 만큼 이 땅의 상황이 안온한 건 결코 아니었다.

마침내 그 1970년 11월 13일이 다가왔다.

그날, 청계피복 노동자 전태일이 평화시장 한복판에서 제 온몸에 불을 붙이며 외친다.

"우리는 기계가 아니다."

"근로기준법을 준수하라!"

쓰러진 그는 다시 몸을 일으켜 외쳤다.

"내 죽음을 헛되이 하지 말라!"

그는 결국 죽었다.

그러나 그가 외친 목소리는, 그 생경한 목소리는 이내 광야를 불사르는 들불처럼 퍼져 나간다. 청계천 다락방 공장 한구석에서 고작 미싱이나 돌리던 한 청년의 죽음일 뿐인데, 그리고 그의 죽음을 보도하는 것조차 악착같이 통제하는 손길에도 불구하고, 사회적 파장은 실로 컸다. 특히 지식인들이 받은 충격은 말로 할 수 없을 정도였다. 그가 일기에서 "대학생 친구 하나만 있었다면" 하고 쓴 사실이 알려지자, 서울대를 비롯해 각 대학이 시위 및 단식 투쟁에 돌입한다. 사태는 걷잡을 수 없이 번져 나간다. 정부는 즉각 서울대에 무기한 휴교령을 발동했다. 그래도 교회에서는 금식기도회와 추모 예배가 이어진다.

이 사건을 계기로 노동운동이란 게 우리 사회의 전면에 그 모습을 드러낸다. 1970년에 일어난 노동운동이 165건인 데 반해, 1971년에는 1656건으로 확산되는 게 단적인 증거다. 아울러 기독교계에서는 1971년 9월에 수도권도시빈민선교회를 창설하고, 이어 한국기독교교회협의회에 인권위원회도 두게 된다.

이로써도 알 수 있듯이, 그 '사건'은 단순히 한 노동자의 죽음으로 매듭지어질 성질의 것이 아니었다. 그것은 그때까지 한국 사회가 추구해 왔던 가장 중요한 가치를 뿌리째 뒤흔든 대지진이었다.

박정희 정권이 추구한 경제개발계획은 한마디로 '성장'을 모든 가치에 우선하여 밀어붙이는 정책이다. 수출 경쟁력을 확보하는 것이 자립경제의 기반을 일구는 것보다 중요했다. 그를 위해서는 구걸하다시피 한일청구권조약을 맺고 베트남에 군대를 파견하여 피의 값으로 원시자본을 축적하고, 또한 농촌을 파괴해서라도 값싼 노동력을 확보할 필요가 있었다. 그리하여 장성 갈재 너머 문경 새재 너머 "팍팍한 서울길 몸 팔러" 떠난 노동자들은 '산업역군'이라는 허울 좋은 이름 아래 저임금 장시간 노동으로 등골이 휘어갔다.

비로소 드러나게 된 전태일 사건의 진앙은 이런 모습이었다.

그날 밤에 처음으로 철야를 했다. 무척이나 힘이 들었다. 밤사이 야식시간 1시간을 제외하고는 24시간 쉬는 시간이 없었다. 야식을 먹고 나니 너무 졸려서 견딜 수가 없었다. 나는 잠깐 긴의자에 누웠다가 잠이 들었다. 길고 딱딱한 의자였지만 너무나 편안했다. 잠이 막 들려는데 누가 부르는 소리가 들렸다. 깜짝 놀라서 눈을 떠 보니 숙직과장이었다. 그는 시간이 다 되었다며 나를 깨웠다. 나는 너무도 내 자신이 창피했다.[27]

새벽 3시가 되면 15분간 휴식이다. 그 시간을 기다리다가 3시 정각이 되면 1분이라도 놓칠세라 일하는 다이 밑에다 박스를 깔고 황지(노란종이)를 이불 삼아 꼬랑내가 나는지도 모르고 잠을 잔다. 시멘트바닥에서 냉기가 올라와도 좋다. 잠만 자게 해준다면 내 목숨 다 바쳐 아까울 게 없을 것 같다. 어떤 사람은 의자에 누워서, 어떤 사람은 앉은 채로 엎드려 짐을 지다보면 깜빡 할 사이에 15분은 지나간다. 그러면 책임자들과 숙직관들이 자는 사람을 깨우러 다니느라 정신이 없다. "일어나서 일해! 여기가 호텔이야 여관이야!"[28]

양성공들은 실잇기 이외에도 걸음 걷는 연습도 하였다. 나이가 스무 살 이상씩 먹어가지고 걸음마 연습을 한다니 좀 우스울지 모르지만 양성공들에게 있어서 그것은 아주 중요한 일이었다. 많은 기계를 빨리 돌아다니며 이상이 없도록 살펴보는 일을 하기 때문에 우선은 동작이 빨라야 했다. 그래서 회사에서는 1분에 140보를 기준으로 정해 놓고 있었다. 양성공들의 걸음마 연습은 바로 1분에 140보 걷기 연습인 것이다. 끊어진 실을 빠른 속도로 이어줄 것과 빨리 걸을 것, 이 두 가지가 가장 중요한 문제였으므로 양성공들은 꽤 오랫동안 이 연습을 되풀이하여야만 하였다.[29]

문제는 이 땅의 양심적인 지식인들 어느 누구도 그 진앙의 실상을 제대로 알지 못했으며, 솔직히 관심을 기울이지도 못했다는 점이다. 다시 말해 지식인들은 자기들 곁에서 누가 왜 얼마나 죽어 가는지도 모르는 채 책상머리에서 오직 수치와 도표와 공허한 개념만 붙잡고 씨름하고 있었던 것이다.

"그런 애들이 글쓴 걸 모아서 책을 만들겠다고요? 아니 돈이 썩 어나는 모양이죠? 징징 우는 소리 빼면 뭐 볼 게 있다고 사람들이 그걸 사겠어요? 글이라고는 주간지밖에 모르는 애들인데." 근로자들의 글을 모은 책을 엮으려 하는데 도움이 되는 말을 부탁한다고 어느 공장의 현장 책임자에게 넌지시 말을 건네 보았더니, 대뜸 그는 놀랍다는 듯이 책상 너머로 고개를 들며 이렇게 대꾸하는 것이었습니다.[30]

내(지은이 유동우, 노동자이자 신앙인—인용자)가 답변을 못하자 윤은 계속해서 다음과 같이 말하는 것이었다. "우리도 교회에 나가는 것을 무척 찬성해요. 그러나 그게 될 일이에요? 하루만 결근을 해도 회사로부터 모가지를 당하는 판인데……. 그러나 우리에겐 일요일날 쉬는 것보다는 일하는 게 더 좋다고 생각해요. 살아가기도 힘든데 하루라도 더 벌어야 먹고 살지 않겠어요. 사실 일주일에 하루씩 쉬면서 교회에 나갈 수 있는 사람들이 무척 부러워요. 그만큼 시간과 생활의 여유가 있는 사람들이니까요. 아저씨는 밤에만이라도 나가라고 하지만 밤엔들 그렇게 쉽게 시간을 낼 수 있나요. 또한 밤에만 나가는 교인도 교인측에 들까요?

하나님은 가난한 사람을 더 사랑하신다고 하지만 교회는 그렇지 않잖아요. 교회에 출석을 잘 하고 헌금을 많이 하고 전도를 많이 해야 신앙이 좋다고 하여 그것으로 신앙의 척도를 삼는 것이 아닌가요. 우리는 가난하니까 먹고 살기 위해서 직장에 온종일 매달려야 하고 그러자니까 시간이 없어 교회에 못 나가고 결국 우리는 가난하기 때문에 지옥으로밖에 갈 수 없는 사람들이죠."[31]

얼굴이 더럽혀진 천사

안병무 역시 큰 충격을 받는다. 그 충격은 곧 자신이 선 자리에 대한 뼈저린 반성을 요구했다. 독일에서 가지고 온 그림 속 노동자가 떠올랐다. 세상의 모든 죄를 혼자 지고 가는 노동자! 자연스레 그 얼굴에 한 번도 보지 못한 전태일의 얼굴이 겹쳐진다. 그 전태일이 무겁디무거운 십자가를 지고 골고타 언덕을 올라갈 때, 너는 어디 있었느냐! 예수의 처형 현장에 그의 제자들은 한 명도 없었듯, 전태일이 죽는 현장에도 지식인은 한 명도 없었다.

안병무는 마치 예수를 외면한 베드로처럼 부끄러움을 느끼지 않을 수 없었다. 나는 몰랐다고? 그러면 면죄가 되는가? 안병무는 민중 현실에 대한 외면과 무지는 결코 면죄받을 수 없다고 생각한다.

"스물한 살의 청년 전태일군의 분신자살이 신학하는 사람들에게 커다란 충격을 주었다. 전태일은 국민학교밖에 나오지 못한 노동자로서, 그날 그날의 양식을 얻는 데 급급했으므로 책을 읽을 시간이나 생각할 시간도 없는 처지에 있던 젊은이였다. 거기에 비해 신학하는 사람들은 정규적인 교육을 받았으며 이른바 공부하고 연구하는 것을 사회로부터 하나의 권리로 인정받은 자들이다. 그들은 몇 가지 외국어를 구사할 수 있고, 유학을 통해 국제적 안목도 가졌기 때문에 모든 사물을 전체적으로 올바르게 볼 수 있는 특권적 위치에 있는 사람들이다. 그러나 죽어가고 있는 사회를 인식하고 그 밑에 깔려 신음하는 민중을 볼 수 있는 눈이 없었다. 그렇지만 굶기를 밥 먹듯 하고, '배고파' 하는 신음소리와 재봉틀 기계 돌아가는 소리가 뒤섞인 소리를 몸으로 듣고 있던 전태일은 소리 없이, 보이지 않게 노동력을 착취당하면서 영양실조로 죽어가고 있는 민중을 정확히 바라보고 각계에 호소했으나 이 사회는 카프카의 『성』처럼 그에게 차단되어 있었다. 그러므로 그는 육탄으로 이 굳은 성을 폭파하는 방법을 선택할 수밖에 없었다."[32]

안병무는 전태일 사건을 통해 비로소 자기 자신이 어떤 위치에 있는지, 자신은 이제껏 모든 사물을 전체적으로 올바르게 볼 수 있다고 믿었는데, 그게 과연 맞기나 한 것인지 뼈저리게 되묻지 않을 수 없었다.

진리란 가령 이런 식인지도 모른다.

그러나 예수는 반역자였던 것이다. 반역자 예수가 국가권력에 의해서 학살된 지 반세기가 지나고 나서, 순종의 아기예수가 마구간에서 태어났다.[33]

예를 들어 "밤에, 목자들이 양떼를 지키면서 노숙을 하고 있는 곳에, 천사가 나타나서 구주의 탄생"을 알리며 시작되는 루가복음서의 예수상은 확실히 시적으로 아름답다.[34] 그러나 그것이 과연 진리인지 파악하려면, 기득권을 버리고 모든 것을 역사라는 지평 위에서 새롭게 검토하지 않으면 안 된다.

물론 안병무는 그 작업이 쉬우리라고는 결코 생각하지 않았다. 하지만 의무였다. 누가 부여해 준 것이 아니라 스스로 선택한, 스스로 제 생과 제 운명에 부과한 의무!

안병무에 앞서 프랑스 고등사범학교 출신의 시몬 베유Simone Weil가 모든 특권을 포기한 채 스스로 그 의무를 선택했다. 그녀는 1934년부터 2년간 공장에 들어가 일을 한다. 그래서 공장이 인간에게 무엇인지 몸소 터득한다. 가령 공장이란 이런 곳이었다.

> 그는 공장에서 자기 안에 있는 가장 소중한 것, 생각하고 느끼고 행동하는 능력을 때로는 몽땅 써 버린다. 써 버린다는 얘기는 공장에서 나올 무렵에는 완전히 기진맥진해진다는 뜻이다. 하여간 그는 자기의 일 속에 자신의 어떤 것, 사고도 감정도, 그리고 어느 정도까지는 스스로 결정하고 어떤 목표에 따라 스스로 지정한 동작까지도 개입시키지 않았다. 그의 생명 자체가 그의 주위에 아무런 흔적도 남기지 않고 그로부터 빠져나간 것이다.[35]

인간을 소중한 노동으로부터 소외시키고, 나아가 그 노동과정과 생산물로부터도 소외시키는 이렇듯 반생명적 체험을 한 시몬 베유는 결국 모든 수입을 노동자 연대기금으로 내고 실업 수당만으로 살아가다가 끝내 굶어 죽는다.

안병무에게 시몬 베유의 선택을 본받으라고 강요할 권리는 없다. 그는 이미 자신의 의무가 무엇이며 그것을 어떤 식으로 실천해 나가야 하는지 스스로 잘 알고 있었다.

그는 예전에 본 영화 한 편을 떠올린다. 〈얼굴이 더럽혀진 천사〉(마이클 커티즈 감독, 팻 오브라이언, 험프리 보가트 주연. 1938)라는 제목의 영화다. 두 소년이 물건을 훔치다가 잡혀서 소년원에 가는데 한 명은 신부가 되고 한 명은 도망쳐서 유명한 깡패가 된다. 신부는 소년감화원에서 불량소년들을 지도한다. 그러던 어느 날 그 깡패가 경찰의 추적을 피해 나타난다. 신부는 그를 감추어 준다. 소년들에게 그 깡패는 대인기다. 그는 영웅이다. 그런데 경찰이 결국 그를 찾아내 체포한다. 그가 사형장에 끌려가기 직전 신부가 부탁한다. 평생 나쁜 일만 해 왔으니, 마지막 가는 길, 자기가 지도하는 저 소년들을 위해 비겁하게 죽어 달라는 것이다. 깡패는 홍소한다.

"내가 비겁하게? 웃으며 죽어야 나를 지키는 거지."

소년들은 그가 비겁하게 죽지는 않을 거라고 기대한다. 영웅이니까. 신부는 죽음 앞에서는 별 수 없을 거라고 말한다. 처형대에 올라 그는 처참한 비명을 지르고 죽는다. 이것이 신문에 보도되자, 신부는 감사해서 울고 소년들은 실망으로 운다.

무엇이 진실일까.

깡패는 마지막 순간에 연극을 한 것이다. 소년들을 위해! 그러니까 그의 비겁한 죽음은 소년들이 자기를 닮지 말라고 하는 뜻의 죽음의 설교였던 셈이다.

안병무는 그 영화를 보고 어린애처럼 엉엉 울었다. 그때 생각을 다시 하니, 삶은 의무라는 생각이 들었다. 영화 속에서 깡패는 제 삶의 의무에 충실했다. 의무란 나 아닌 누구를 위해서 사는 삶이다. '너' 때문에 배우가 되기도 하고 소도 되고 말도 되고 거짓말쟁이도 되고, 즉 '노릇'을 하게 된다. 그 '너'는 사람 따라 범위가 다를 터. 인류도 되고 제자도 되고 애인도 되고 자식도 되고. 그 그릇이 크고 작은 데 달렸다기보다는 그에게 주어진 시야에 달렸을 것이다. 그러나 어쨌든 안병무는 삶은 '너'를 위해 사는 것이라고 생각한다. 생각이 아니라 현실이 그러했다. 왜냐하면 삶의 의무에는 삶 자체가 포함되어 있기 때문이다.[36]

성서, 자꾸 물어야 하는 고전

1972년 한여름. 휴가철인데도 안병무는 집안에서 비지땀을 흘리며 집필에 몰두한다. 누가 시켜서 하거나 청탁을 받아서 하는 집필이 아니었다. 일반 독자, 특히 청년들을 대상으로 그들이 바른 세계관을 갖도록 하기 위해, 또 그러려면 성서를 바르게 알아야 한다는 사실을 알리기 위해서였다. 『역사와 증언』[37]이 그렇게 나온다. 이 책은 성서에 대한 신비화를 불식시키는 데 초점을 두고 있다. 그리하여 청년들이 성서를 하나의 '고전'으로 대할 수 있도록 친절한, 그러면서도 독창적인 해석과 매우 깊이 있는 해석을 해 나간다.

책은 서점에 깔리기 무섭게 좋은 반응을 얻는다.

안병무는 성서를 인류의 고전 중 하나로 대한다. 이때 중요한 것은 고전의 의미를 제대로 아는 일이다. 고전은 그것을 가진 민족에게는 큰 보물이지만 자칫 큰 재앙이 될 수도 있다. 가령 유대교가 성서를 율법으로 고착시켜 버렸을 때, 성서는 곧 재앙이다. 그러나 기독교도들의 재해석으로 폐쇄성을 뚫고 세계로 나아갈 수 있었다. 따라서 고전으로서의 성서는 그것이 율법화되어 오히려 미래로 향하는 문을 차단해 버리는 망령이 되지 않도록 끊임없이 재해석되어야 한다.

이어 안병무는 친절하게 성서의 특징을 쉬운 말로 설명해준다. 예를 들어 성서는 그 이름(Holy Bible) 때문에 그 속에 거룩한 것만 있으리라 짐작하면 크게 낭패를 본다. 성서의 '성聖'은 후대에 붙인 것으로, 원래는 단순히 '책'이다. 성서 안에 윤리적으로 귀감이 될 만한 내용만 있다고 믿어서도 안 된다. 구약에 나오는 무수한 사람들은 (설령 나중에 '좋은' 일을 하는 사람들까지 포함해서) 때로 비윤리적이고 때로 파렴치하기까지 한 일을 저지른다. 다윗이 대표적이다. 그는 자기 부하의 아내에게 욕심을 내고 비열한 수를 써서 그 부하를 죽게 한다. 그런데 장차 올 메시아가 바로 그런 인간의 후손이라면?

놀랍게도 안병무는 바로 그런 점에서 성서의 가장 큰 특징을 발견한다. 즉 인간적인 측면에서 볼 때 모범의 대상이 될 수 없는데도 저들의 역사가 세계 역사에 준 것이 무엇인가 하는 질문이 그 비밀을 여는 열쇠라는 것. 왜냐하면 성서 안의 인간상은 완전무결하게 다듬어진 게 아니라, 바로 내 안의 잡다한 요소들을 그대로 드러냈기 때문이다. 따라서 그 안에서 무엇을 배운다는 게 아니라, 그 안에서 나를 보고 내 안에서 성서 안의 인간상을 보게 되는 것이다. 그렇게 함으로써 성서 안의 인간상과 역사가 수천 년 전에 생겼던 어떤 것이 아니라, 바로 내가 그 안에 참여하고 있으며 그것과 공동운명체임을 경험하게 한다.

성서를 어떤 눈으로 봐야 하는가.

안병무는 성서를 볼 때 어떤 특별한 기관(organ)이라도 가져야 하는 것처럼 말하는 것을 반대한다. 성서는 관심 있는 사람들이 얼마든지 펴 볼 수 있어야 한다. 단, 그때 성서가 가진 눈으로 봐야 한다. 그것은 곧 "성서가 우리에게 말하려는 중심"이다. 가령 성서를 읽다 보면 중학생 정도도 절레절레 고개를 저을 정도로 비과학적인 내용이 많은데, 이 경우 책임은 누구에게 있는가. 그건 성서 자체의 책임이 아니라, 그것을 '그런' 관심으로 읽는 자의 책임인 것이다.

이런 식으로 안병무는 일반인 독자, 특히 교회에 다니지 않는 사람들도 쉽고 체계적으로 성서의 세계를 접할 수 있도록 풀이해 나간다. 그는 참신앙은 이해함으로써 가능한 것이라 말한다. 즉 성서는 어디 높은 곳에 모셔 두고 경배하기 위한 책이 아니라, 사람에게 주어진 책이다. 따라서 이해가 안 되면 비판할 수 있어야 한다.

예수에 대해서도 마찬가지다. 나중에 다른 책에서도 밝히는 바이지만, 안병무는 예수를 우리가 사는 역사 영역에서 생존했고 가르쳤고 거기서 죽었다고 전제한다. 즉 "우리의 인식영역에 들어온 분"이다. 따라서 최소한 석가나 소크라테스나 공자에 대해 우리가 그들의 생을 재현할 수 있을 정도의 정보를 갖고 있는 것처럼 예수에 대해서도 찾아낼 수 있을 만큼 역사적 정보를 찾아내야 한다고 판단한다.[38]

그는 이런 전제들을 깔고, 구약과 신약을 차례로 일반 독자 눈높이에서 해석해 보인다.

안병무가 더운 여름날 그 책을 쓴 보람은 쉽게 확인된다.

안 교수님은 성서를 통해서 역사의 증인으로 책임 있게 사는 신앙의 확신을 얻도록 새로운 시각을 젊은이들에게 제시하였다고 본다. (중략) 70년대의 젊은이들은 어려운 군사 독재체제를 성서의 사건과 관련시켜 해결의 실마리를 찾고자 눈을 성서로 돌리게 되었다. 결국 과감하게 역사현장의 증인으로 뛰어들게 만드는 역할을 이 책이 했다는 데 많은 사람들은 동의하고 있다.[39]

이 점에서 그는 긴급조치에 능히 걸릴 만한 교사敎唆와 선동을 하고 있던 셈이다.

"성서는 변해야 한다! 변해야 산 말씀이다. 싸움을 하고 나서 성서를 읽어 보라! 낮잠 자고 읽은 성서와는 다르다. 남을 위해 몸에 또는 마음에 상처를 안고 그것을 읽어 보라! 싸움하고 읽은 때의 그것과는 또 달라진다. 즉 내가 어느 자리에서 읽느냐에 따라서 내가 어떤 물음을 갖고 성서에 묻느냐에 따라서 성서의 대답은 달라진다."[40]

민중신학의 요람[41]

'사건'이 확실히 그를 변화시켰다.

혼자 집에서 책을 보고 새벽까지 글을 쓰는 걸 즐거움이자 업(業)으로 여겼던 그가 이제 감히 '조직'을 입에 올리기 시작한 것도 변화의 한 양태다. 조직이라니! 어떤 형태로든 그건 이제 막 시작된 1970년대적 상황에서는 지극히 불온한 용어였다.

안병무는 전태일 사건 이후 불붙기 시작한 지식인들의 민중운동에 깊은 애정과 관심을 보인다. 아울러 신학적으로도 그러한 흐름에 동참하는 게 필요하다고 생각한다. 특히 그는 민족의 분단이 민중의 고통을 가중시키고 녹새제제의 존속을 합리화하는 상황에서 분단극복의 과제를 신학적으로 어떻게 해결할 것인지 연구할 필요성도 매우 중요하게 생각한다.[42] 이러한 작업들을 하기 위해서는 좀더 체계적인 신학연구와 그것을 수행할 집단, 그리고 물적 토대가 절실히 필요했다. 안병무는 이미 1969년부터 설립을 추진해 온 한국신학연구소에 큰 기대를 건다. 무엇보다 중요한 물적 지원은 그가 잘 아는 독일에 크게 기댈 수밖에 없었다. 다행히 독일의 여러 기독교 단체, 즉 독일교회 동아시아선교국, 베를린선교회, 서남선교회 등이 적극적으로 후원한다. 이 과정에서 안병무의 하이델베르크 대학 시절 동료인 한F. Hahn 교수가 마침 동아시아선교국을 책임지고 있었다는 사실은 큰 힘이 된다.

안병무의 독일어는 아무리 잘해 봐야 변두리 독일어일 수밖에 없다. 그러나 우리는 이제 그것이 독일어 성서와 신학서적을 읽는 단순한 도구의 지위에서 벗어나, 이 땅에서 새로운 역

할과 기능을 부여받는 한국적 독일어로 거듭 태어나는 광경을
목격하게 된다. 실제 안병무는 독일 유학을 통해 미국의 보수
주의 신학을 무비판적으로 수용하던 한국 기독교 전통에 일정
하게 상처를 낸 셈이다. 그 상처에서 바야흐로 민중신학이 싹
트게 된다.

> '변두리' 언어는 권력의 억압적 담론이 형성한 것이다. 그렇지만
> 바로 그 '변두리'가 동시대의 가장 호사스러우면서 혁명적인 문
> 학의 출생 공간이 되고 있다는 사실은 의미심장한 일이다.[43]

1973년부터는 동국대 근처 대학봉사회관에 설립준비위원
회 사무실을 두고 손규태를 간사로 임명, 개소를 위한 준비에
박차를 가한다. 그리하여 마침내 5월 종로 5가 기독교회관에
서 개소식을 가질 수 있게 된다. 약 백여 명에 이르는 신학계
인사들이 참석한다.

이날 개소식을 취재하기 위해 기독교 계통 신문은 물론 중앙
일간지 기자들도 적지 않게 참석한다. 식후 간단한 다과식이
진행되는데, 기자단 대표라는 이가 손규태를 찾는다. 그는 취재
비로 한 사람당 5만 원을 요구한다. 그런 물정에 어두웠던 손규
태가 안병무를 찾아가 말하자, 안병무는 한 푼도 주지 말라고
호통 친다. 그 사실을 전해 들은 중앙일간지 기자들은 썰물처럼
행사장을 빠져나간다. 하지만 평소 안면이 있던 기독교신문 기
자들은 끈질기게 돈을 요구한다. 결국 손규태는 제 주머닛돈을
꺼내 8명의 기자에게 다 합해 5만 원을 건네주고 만다.

두 달쯤 뒤, 한국신학연구소 초대 소장 안병무는 기획실장 손규태를 불러 5만 원을 건네주면서 이렇게 말한다.

"독일 그리스도인들이 헌금한 돈을 우리는 한 푼도 헛되이 사용해서는 안 되네! 그리고 불가피하게 돈을 쓸 일이 있으면 연구소 돈에서 쓰지 말고 나에게 말하게."

그 후 손규태는 불가피하게 돈 쓸 일이 있어도 소장에게 말하지 않는다. 대신 그 형편을 짐작한 사무원 김미동이 가끔 소장님이 주는 거라며 봉투를 건네곤 한다.

사실 안병무는 독일 교인들이 정성을 모아 보내 준 돈을 한 푼도 헛되이 쓰지 않으러 노력한다. 때로는 너무하다 싶을 정도로 인색함을 보인다. 가령 이사회를 열었을 때 이사들에게 거마비를 주는데, 그 액수가 고작 택시비 수준이다. 또한 연구소를 찾는 수많은 손님들을 접대하는 비용도 연구소 돈으로는 거의 쓰지 않는다. 덕분에 박영숙이 무척 고생한다.

독일 교회와 한국 교회 사이의 가교 일을 한 독일의 슈나이스P. Schneiss 목사가 연구소 일로 한국을 방문한다. 안 소장은 연구소에 침대를 사다 놓고 거기서 그를 재운다. 왜 비싼 호텔에서 돈을 낭비하느냐는 것. 슈나이스 목사는 그렇게 해서 절약된 돈 액수만큼을 귀국할 때 연구소 기금으로 주고 돌아간다.

한국신학연구소는 첫 사업으로 계간지 『신학사상』을 펴내는 데 주력한다. 거기에는 매번 특집으로 국내외의 신학적, 학문적, 사회정치적 연구와 논문들이 실렸는데, 차츰 민중신학의 비중이 커지면서 그들 사이의 대화와 소통의 장으로 기능한다.

한편 안병무, 서남동, 현영학, 문동환 등은 수시로 연구소에 모여 토론을 벌였고, 연구 분야별로 과제를 맡아 발표하기도 했다. 예를 들면 안병무는 성서학, 서남동은 조직신학, 문동환은 교육학, 현영학은 무속과 민중 등.

이 밖에 한국신학연구소는 안병무가 직접 번역한 M.마코비취M.Machovec의 『무신론자를 위한 예수』와 하인리히 오트Heinrich Ott의 『신학해제』를 첫 책으로 펴내면서 빈약한 한국 기독교서 출판사出版史에 의미 있는 방점으로 찍힐 출판 사업도 본격적으로 시작한다. 나중에 안암동으로 건물을 넓혀 이사한 연구소는 번역실을 새로 두고 더욱 체계적인 번역출판 작업을 벌여 나간다. 특히 독일과 영미 신학계의 내로라하는 신학자들이 쓴 성서주석서 중 66권을 엄선해 번역 출판한 『국제성서주석』 시리즈는 한국 신학계의 발전에 크게 기여한, 자랑할 만한 업적으로 손꼽힌다. G. 구티에레스G. Gutiérrez나 J. 콘J. Cone 등 제3세계 신학 혹은 해방신학 관련 서적들을 기획해서 펴낸 것도 연구소의 지향이 어디로 뻗어 나가고 있는지 잘 알려 주는 사례라 하겠다. 이런 출판 활동은 점점 활발해져서 1980년대에는 영업부에 다섯 명까지 사원을 두고 자체적으로 책을 배본할 정도였다.

또 연구소는 평신도 교육 프로그램도 진행하고, 주요 신학 쟁점에 대해 강연회, 세미나, 심포지엄 등도 주최한다. 독일의 주요 신학자 몰트만Moltmann, 보렌Bohren, 베트게Bethge, 글뤼어 Glüer 등이 연사로 초청받아 한국을 방문하기도 한다.

그러나 무엇보다 한국신학연구소의 자랑은 한국 신학계를 이어 나갈 유능한 인재들을 발굴하고 양성하는 데 크게 기여했다는 사실이다. 손규태, 임태수, 신홍섭, 김명수, 박재순, 황정욱, 강원돈, 김홍수, 이선희, 박경미, 박성준, 황현숙, 이정희, 김판임 등이 모두 연구소 출신이라 할 수 있다. 이들은 특히 안병무와 더불어 이른바 민중신학을 태동, 발전시키는 데 저마다 한몫을 한다.

외국인으로서 오래 근무한 도로테아 슈바이처Dorothea Schweizer도 기억해야 한다.[44] 그녀는 1974년 홍콩에서 7년 선교를 마치고 독일로 귀국했을 때, 마침 그곳에 온 한국기독교교회협의회KNCC와 기독교장로회, 각 대학 신학교수들과 만난다. 거기서 처음 안병무노 만난다. 안병무는 그녀에게 "한국 교회가 예전에는 미국 신학만 알았는데, 독일 신학에 대해 알아야 한다. 아울러 유럽 신학을 한국에 더 알려야 한다"고 말한다. 그녀는 곧 바젤선교회Wassel Mission의 부탁을 받고 한국과 독일 교회의 교량 역할을 하게 된다. 1975년 3월 처음으로 한국에 온 그녀는 어학연수를 하는 한편 한국신학연구소에서 일주일에 한두 차례 근무한다.

안병무는 한국의 어려운 정치 상황에 대해 자세히 설명해 주었고, 늘 열려 있는 마음으로 그녀를 대했다. 특히 기독교인이 어려운 상황에서 무슨 역할을 해야 하는지 많이 설명해 준다. 그녀는 아버지가 목사로 보수적이었기 때문에 한 번도 정치적인 문제에 대해 관심을 기울여 본 적이 없었는데, 처음으로 한국에서 안병무로부터 그런 문제를 공부한 셈이다. 안병무는 새로운 생각을 많이 하고, 쉬지 않고 고민하고 늘 생각하는 그런 모습이었다. 성격은 "쉽지 않아요. 까다로워요. 그렇지만

아주 좋은 사람이라는, 아울러 존경해야 할 사람"이라는 인상
을 받는다. 친교 모임에서는 농담을 많이 해서 좌중이 많이 웃
었다. 그럴 때는 평소와는 전혀 다른 모습을 보는 것 같아 놀라
기도 했다고.

슈바이처는 연구소에 근무하면서, 특히 독일에 한국의 정치
적 상황(인권상황, 반정부운동, 통일문제 등)에 대해 알리는 작업
을 많이 한다. 그 때문에 독일 교회가 감동을 받고 지원을 많이
하게 된다.

"독일에서 교회 관계자들도 무척 많이 초청했는데 그때마다
연구소를 방문했어요. 그래서 아주 바빴지요. 안 박사는 민중
신학에 대해 많은 이야기를 들려 주었어요. 독일의 튀빙겐 대
학 교수 몰트만이 한국을 방문했는데, 그는 민중신학에 대해
관심이 많았어요. 안 박사는 성서에 대한 새로운 해석을 통해
독일인에게 큰 감동을 전해 주었지요."

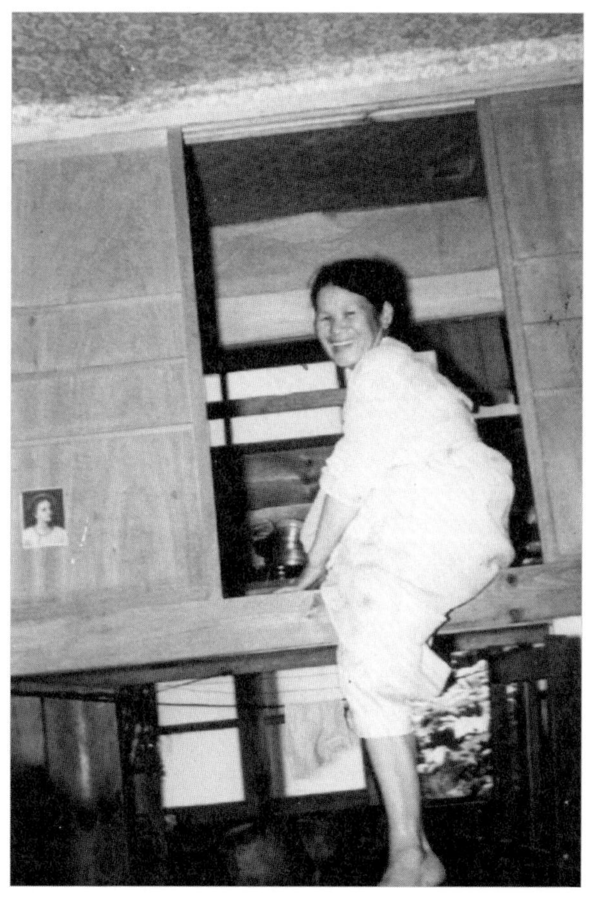

어머니 선천댁은 안병무에게 시작이자 끝이며, 그가 매달린
민중의 살아 있는 실체였다.

다이쇼 대학 재학 시절(왼쪽 첫 번째가 안병무).

한신의 진보적 전통을 함께 만들어 나간 문동환(뒤)은 은진중학 시
절의 친구다.

안병무는 평신도 그룹운동의 실패에 좌절하고 독일 유학을 떠난다(1956년). 일신회 동지들이 환송하고 있다.

환송하는 가족과 함께.

독일 유학 시절.

한국 개신교 최초의 초교파 독신여성 수도공동체인 한국 디아코니아자매회 첫
정회원 헌신 예배에서(1981년).

1970년대 초반 기독교장로회와 독일 교회 선교협약식에서(가운데는 도로테아 슈바
이처).

미국 U.C. 버클리 대학 신학대학원 초빙교수 시절(1989년).

스위스 개혁교회세계연맹WARC 대회에서(1991년).

우면동 자택 서재에서.

안병무는 글과 책에 대한 욕심이 남달랐다. 그것은 단순한 집필욕의 차원을 넘어서서 그가 세상과 소통하는 중요한 수단이자 불의와 맞서는 '싸움'의 방식이었다. 전쟁의 폐허 속에서 처음 『야성』을 통해 채 다듬어지지 않은, 그러나 청년의 순수한 열정을 있는 그대로 드러내 보인 이후, 그는 끊임없이 글을 쓰고 책을 엮어냈다. 놀랍게도 그는 강연, 설교, 하다못해 잡지의 쪽글일망정 어느 하나 허투루 대하는 법이 없었다. 이런 점에서 그는 전통적 문사 계급의 자기견결성을 체화하고 있는 셈일 텐데, 나아가 그는 그 성벽性癖을 '실천'의 험한 광장까지 끌고 간다는 점에서 대부분의 인문주의자들과 분명한 차이를 드러낸다. 한마디로 그에게 사적인 글쓰기란 존재하지 않았다. 청년기의 방황 이후 그가 자기 자신을 철저히 공公의 영역에서 새롭게 자리매김했던 것처럼, 그의 펜 역시 언제나 시대와 정면으로 마주치는 지점에서 빛을 발했다. 물론 모든 경우에 화두는 단 하나, '예수'였다.

現 存

DASEIN

안병무는 『야성』에 이어 1969년 7월 성서 연구를 전문으로 하는 월간 신학잡지 『현존』을 창간한다. 『현존』은 그 출간 자체가 안병무의 신학적 태도를 그대로 드러내 보여주는 증거였고, 그가 아직 그 속에 젖어 있는 실존적 사유의 지평을 그대로 반영하는 것처럼 보이기도 했다. 그러나 동시에 『현존』을 통해 한국 교회의 개혁을 위한 새로운 신학운동의 기치를 담아내려는 의욕이 있었다. 왜냐하면 그의 '현존'은 진공 속에 머무는 게 아니라 현실과 부단히 교섭하는 가운데 그 '탈향'의 의미를 묻는 것이기 때문이다.

책을 읽고 있는 안병무.

속리산에서 함석헌과 함께.

서울대 기독학생 연합회 시절부터 동지인 오십 년 지기 홍창의와 함께.

가족과 함께(1970년대 초반. 왼쪽부터 아들 재권, 김정임의 딸, 안병무, 박영숙, 처조카 김정임).

안병무는 병세의 악화를 무릅쓰고 고향을 방문한다(1996년). 모아산 앞에서 사촌 동생 안병훈, 동생 안병택과 함께.

우면산 자락에서.

광야에서 – 해직과 투옥

한신인

"꼭 내일이 아니라도 좋다."

황석영의 대표적인 노동소설『객지』(1971)는 이렇게 끝을 맺는다. 간척지 공사장까지 흘러 들어간 떠돌이 노동자들의 각성과 분노를 함축하는 매듭이었다.

사실, 청계피복 노동자 전태일의 죽음이 보여 주듯 당대 한국 사회는 노동자들에게 말 그대로 손님의 땅, 객지客地였다. 일하는 사람들이 제대로 대접을 받는 사회는 내일은커녕 언제나 가능할지 아무도 자신할 수 없었다. 그래도 이미 불씨는 붙어 저 거친 황야의 한 귀퉁이나마 태우기 시작했다. 황석영의『객지』도 그 불씨의 산물이었다. 이제 '현장'은 지식인의 시야에도 전과는 확연히 다른 모습으로 들어오기 시작한 것이다.

안병무의 '민중신학' 역시 철저히 현장의 산물이다. 이때 그 현장은 당연히 민중의 생활 공간이자 투쟁 공간을 의미하겠지만, 그 밖에도 우리 역사, 정치 현실, 거리, 때로는 심지어 한 권의 책이나 시 한 편까지도 포함되는 광의의 의미로 해석할 수 있다. 왜냐하면 그가 만일 한 권의 책이나 한 편의 시에서 민중현실을 읽어 냈다면, 그때 그 책은 신학자 안병무에게 살아 움직이는 신학의 대상이 되기 때문이다. 실제로 그는 김지하의 「금관의 예수」나 김용택의 「섬진강」에서 민중 현실을 충실히 목격하며, 그것을 자신의 신학적 사유의 거름으로 삼는 일을 주저하지 않았다.

이런 의미에서 우리는 '한신', 즉 그가 몸담았던 한국신학대학도 눈여겨볼 필요가 있다.

1940년 설립된 조선신학원을 전신으로 하는 한신은 1951년 한국신학대학으로 이름을 바꾸었고, 1958년부터는 용산구 동자동을 떠나 수유리에 캠퍼스를 마련, 이른바 수유리 시대를 연다. 1970년대에 접어들면서 한신은 진보주의 신학의 요람을 넘어서 당시 치열하게 전개되기 시작한 민주화투쟁에서도 선봉의 위치를 놓치지 않는다. 이는 그들이 추구하는 신학 자체가 필연적으로 가 닿는 결론이 민주화와 통일, 그리고 민중해방과 결코 무관하지 않기 때문이리라.

구체적으로 하나의 예만 들어 보자.

1970년대에 접어들자 박정희 군사독재정권은 1969년에 통과시킨 삼선개헌만으로도 모자라 좀더 장기적인 집권욕을 노골적으로 드러낸다. 이를 위해 반대 세력을 철저히 탄압하는 고강도 전략을 구사한다. 1971년 10월 15일 위수령을 발동하여 대학에 군대를 진주시키고, 12월 6일 국가비상사태를 선포하여 전국을 공포의 도가니로 몰아넣는다. 12월 27일 대통령에게 엄청난 비상대권을 부여하는 내용의 〈국가보위에 관한 특별조치법〉을 통과시킨다. 1972년 10월 17일에는 이른바 '대통령 특별선언'을 발표하여 국회 해산, 정당 및 정치 활동 중지 등 현행 헌법의 기능을 일부 정지시키는 데 이어, 마침내 헌법까지 송두리째 뜯어고치는, 역사상 전무후무한 '유신維新'을 단행한다.

메이지明治 유신의 ㄱ 유신!

이로써 일본 관동군 출신 박정희의 '근대' 인식이 지닌 한계가 적나라하게 드러난다. 최소한 한국어는 그의 거대한 구상을 실현시키는 데 전혀 유용하지 않았던 것이다.

이렇게 탄생한 유신헌법은 절대군주시대에나 가능했을 무소불위의 권력을 대통령에게 부여하는 것은 물론, 국민들에게는 무진장한 의무를 부과한다. 즉 통일주체국민회의를 통한 대통령 간선제를 수용할 의무, 그나마 그렇게 선출되는 대통령의 임기가 6년으로 늘어나고 연임 불가 조항이 폐지되어 한없이 그 대통령 밑에서 살다 죽을 의무, 견제 기능이 완전히 상실된 꼭두각시 국회를 멀거니 바라볼 의무, 사법권 독립을 요원한 희망을 갖고 기다릴 의무, 고문을 통한 자백에 근거한 처벌을 감내할 의무, 노동자 단체행동 금지의 의무, 온갖 침묵과 복종과 동원의 의무 등등. 한마디로 유신체제의 성립은 "곧 노골적인 폭력의 제도화를 의미했다. 이는 사회구조 전반에 걸친 왜

곡과 억압은 말할 나위도 없고 국민 개개인의 일상생활과 의식 구조에까지도 지대한 파급효과를 발휘"한다.[1]

이런 상황에서 입을 열어 진실을 말한다는 것은 섶을 지고 불로 뛰어드는 행위와 다를 바 없었다. 1974년 1월 발동된 이른바 긴급조치 제1호와 4월에 터진 이른바 민청학련 사건과 인민혁명당 재건 사건은 가뜩이나 얼어붙은 국민들의 마음을 아예 빙하기로 몰고 간다. 시인이 있어 그것을 죽음이라 불렀다.

1974년 1월을 죽음이라 부르자

오후의 거리, 방송을 듣고 사라지던

네 눈 속의 빛을 죽음이라 부르자

좁고 추운 네 가슴에 얼어붙은 피가 터져

따스하게 이제 막 흐르기 시작하던

그 시간

다시 쳐온 눈보라를 죽음이라 부르자

모두들 끌려가고 서투른 너 홀로 뒤에 남긴 채

먼 바다로 나만이 몸을 숨긴 날

낯선 술집 벽 흐린 거울 조각 속에서

어두운 시대의 예리한 비수를

등에 꽂은 초라한 한 사내의

겁먹은 얼굴

그 지친 주름살을 죽음이라 부르자

(중략)

두려워하는 두려워하는

저 모든 눈빛들을 죽음이라 부르자

아아 1974년 1월의 죽음을 두고

우리 그것을 배신이라 부르자

(하략)

(김지하, 「1974년 1월」)

그렇지만 그 꽁꽁 얼어붙은 대지에도 스스로 봄을 찾으려는 몸부림이 꿈틀거린다. 바로 한신이다. 한신의 학생들은 자기들이 일방적으로 정한 기준에 따라 유언비어라고 판단되는 말 한 미디만 해도 징여 5년 이상에 처하다는, 저 무시무시한 대통령 긴급조치 제4호가 새로이 발동 중인데도 불구하고, 전국 대학 최초로 반정부 시위를 전개한다. 이런 사례는 일일이 헤아릴 수 없을 정도다.

한신의 이런 모습 뒤에는 당연히 한신의 교수들이 있다.

위수령이 발동되었을 때 정부의 명령으로 전국 각 대학에서는 이른바 '문제학생'들을 강제로 제적시켜야 했다. 진리의 전당이고 상아탑이고 필요 없었다. 무조건 병영국가적 상명하복만이 허용되었다. 처음에는 완강히 버티던 대학들도 차례로 손을 들고, 마지막에는 한신만이 남는다. 몇 차례 학생 제적 독촉을 받은 학교는 거듭 교수회의를 열곤 했지만, 결론은 늘 제적 불가였다.[2]

교수 안병무도 이미 그런 식의 노골적 혹은 묵시적 '배후조종자' 대열에 들어가 있었다. 한 예로 군사정권에 의해 이미 눈엣가시처럼 찍힌 함석헌을 초청해서 감히 강의를 맡길 생각을 한 것만 보아도, 그런 '혐의'로부터 자유로울 수 없었으리라. 언젠가 안병무는 함석헌을 새 교양과목 〈동양고전특강〉 담당 강사로 초빙한다. 커리큘럼이 알려지자 학년 구별 없이 150명 이상이 신청하는 '과열 현상'까지 나타난다. 그때 교무주임 김경재는 죽을 맛이었다. 중정과 문교부에서 하루가 멀다 하고 압력 전화가 걸려 왔다. 하지만 안병무와 김정준 학장은 버텨 보자며 오히려 김경재를 격려할 뿐이었다. 결국 강의가 시작된다. 학생들은 환호했는데, 김경재는 공갈에 가까운 협박을 해대는 중정 요원에게 이렇게 말해야 했다.

"내용상 아무 문제 없소. 정 못 믿겠다면 직접 들어가서 한 번 들어보시오. 함 선생의 노장 특강은 돈 주고도 못 들을 명강이니까."

함석헌의 〈동양고전특강〉은 그렇게 해서 진행되었고, 이후로도 한두 학기 더 개설되어 학생들의 '교양'을 풍부하게 하는데 크게 일조한다.[3]

안병무는 수업시간에는 엄격했지만 평소에는 학생들과 스스럼없이 어울렸다. 학생들은 수유리 교정 잔디밭에서 풀을 뽑는 안병무를 종종 목격한다. 그러면 학생들이 자연히 모여들고, 어느새 잔디밭은 또 하나의 강의실로 변한다. 평소 성격처럼 장난기도 많아 한 번은 신앙수련회에서 김정준 학장의 등에다 몰래 "애인 구함"이라고 쓴 종이를 붙여 놓고, 여학생들에게 "김 박사님이 애인 구하신단다. 가 봐라" 했다. 이 '사건'은 한신 졸업생들에게 유쾌한 전설로 회자된다.

건망증이 심한 것도 유명하다. 월급이나 강연료를 받으면 책

갈피 사이에 끼워 넣곤 했는데, 그러다가 한참 후에 우연히 발견하는 경우가 종종 있다.

한때 학교 연구실에는 항상 바바리코트 하나가 걸려 있었는데, 안병무는 손님들에게 누구 건지 몰라도 남의 것 같으니 필요하면 가져 가라고 말하곤 한다. 그러다가 부인 박영숙이 찾아왔는데, 그걸 보고 이렇게 말한다.

"아니, 잃어 버린 줄 알았는데 이게 여기 있었구나."

어쨌든 한신 교정에서 안병무는 자신의 신학 세계를 유감없이 펼쳐 보이는가 하면, 학생들이 세계적 학문의 조류에 뒤떨어지지 않도록 끊임없이 새로운 지식으로써 달구는 역할을 자임한다. 물론 1970년대 초반 한신의 신학 교수로서 안병무를 기억할 때는 전태일 사건 이후 철저히 민중 현실에 눈을 돌려 그것을 신학과 접목시키려 고투하던 모습을 빼먹어서는 안 된다. 이런 점에서 적어도 1970년대 초반, 한신은 안병무의 민중신학 발전에서 또 하나의 중요한 현장이었다고 해도 크게 틀린 말은 아니리라.

수유리 칼바람소리

1973년 늦가을, 수유리 한신 교정에는 차가운 북풍이 몰아친다.

정부는 반정부학생운동에 가담한 학생들을 제적하라고 학교 측을 협박한다. 한신 학생들은 예배실에 모여 농성으로 맞섰다. 하루는 김정준 학장이 예배 설교 중에 면도칼로 강단에 있던 교기를 그어 버린다. 독재정권에 대한 항의의 표시였다.

그러면서 그는 이렇게 말했다. "제적당한 학생들이 돌아오면 그 인원수대로 한 땀씩 잇겠다."

그 무렵 교수들은 교수들대로 아침마다 회의실에 모여 성서를 함께 읽고 민주화와 학생들의 안전을 위해 기도했다. 예배 후 안병무가 갑자기 "우리 삭발하자!"고 전격 제안하는 일이 벌어진다. 교수들은 처음에는 무슨 뜻인가 싶었지만, 김정준 학장을 필두로 이내 동조한다. 누구 하나 이의를 제기하지 않았다. 그 순간만큼은 포이어바흐가 맞다. 인간은 감성적 동물이다.

그때부터 일사천리로 준비가 진행된다. 한 가지, 이발사가 문제였다. 학교 앞 이발관은 마침 휴일이라 멀리까지 가서 이발사를 데려와야 했다. 그렇게 해서 차례차례 삭발식에 참여한다. 안병무는 학장실에 걸린 대형 거울에 머리를 빡빡 밀어 버린 동료 문동환 교수의 모습이 드러나자, "동환아!" 하고 목멘 소리로 외쳤다. 아마 은진 시절 빡빡머리로 함께 학교에 다니던 모습이 생각났으리라. 그것은 절규였다. 시곗바늘을 거꾸로 돌리는 야만적 정권에 대한 피 끓는 질타요, 동시에 그런 상황을 막지 못했다는 자괴감에서 울부짖는 통곡이었다.

이 삭발 사건은 발상 자체가 유교적이었다. 신체발부수지부모의 무의식이 오히려 그런 저항을 유효하게 만든 것이다. 어쨌든 삭발 사건은 너무나도 폭력적인 정권에 대해 진리의 전당을 지키는 교수들이 보여 줄 수 있는 하나의 상징적 저항 행위였다. 주동자 안병무는 머리를 밀리는 순간에 어떤 생각을 했을까. 그는 아마 바빌론으로 유수幽囚되는 이스라엘 백성을 떠올렸을지 모르며, 어쩌면 예수가 고난을 당한 성문 밖을 향해 나아가는 민중을 떠올렸을지도 모른다.

교수들의 삭발 소식이 전해지자 학생들도 눈물을 흘리며 삭발에 동참했다. 교수는 아니지만 〈동양고전특강〉을 담당하던 함석헌도 트레이드마크라 할 수 있는 그 멋진 흰 수염을 깎아 버린다.[4]

이런 일련의 행동들이 말하자면 '자기 땅에서 유배당한 자들'이 할 수 있는 비폭력 저항의 최대치였다. 이후 문교부에서는 난리가 났는데, 주동자 안병무는 그때 단단히 미운털이 박혔을 것이다.

수도권 특수선교를 주도한 박형규 목사를 초청해 〈기독교와 공산주의〉라는 과목을 개설한 것도 당시 교무과장으로 있던 안병무였다. 그는 신학교의 교과목을 민족이 처한 상황을 정확히 이해할 수 있는 방향으로 개편해야 한다고 생각했던 것이다. 평소 민족의 통일문제와 민중문제에서 적극적으로 활동하던 박형규는 이미 뉴욕 유니언신학교 유학 시절 그런 제목으로 열린 큰 세미나에 참석한 경험도 갖고 있었기에 주저 없이 응낙한다. 박형규는 속으로 강의를 들은 졸업생들을 잘 유혹(?)하면 자신이 그때 막 벌여 놓은 도시빈민지역에 대한 초보적이고도 실험적인 선교 사업에 동참시킬 수 있으리라 계산도 하고 있었다. 그 강의가 나중에 문제가 된다. 서울 시경 대공분실에서 학생들의 강의노트를 수거해 혹시 불온한 내용은 없는지 수사하여, 반공법 위반 혐의로 이미 체포된 박형규의 혐의를 보강하는 데 이용했던 것이다.[5]

안병무는 점점 더 깊숙이 고난의 십자가를 향해 나아간다.

마침내 1975년 여름 그는 문동환과 함께 이사회의 결의로 해직당하고 만다. 그해 봄부터 학원가는 반정부 시위로 하루도 조용할 날이 없을 정도였다. 그러자 정부는 학생운동을 뒤에서 조종했다는 이유로 각 대학 '문제교수'들을 강제 해임시키는 강경책을 구사한다. 백낙청(서울대), 김병걸(경기공전), 김찬국, 서남동, 성내운(연세대), 이문영, 김용준(고려대), 이우정(서울여대), 노명식(경희대) 등이 앞서거니 뒤서거니 해직된다. 당국의 계속되는 강압에 못 이긴 이사회가 눈물로 내린 결정이었지만, 원칙적으로 불의에 무릎을 꿇고 만 것이다. 그 사건은 한신의 역사에서 지울 수 없는 치욕으로 남는다.

안병무는 마지막까지 자신의 임무를 다했다.

제자들은 당시 안병무의 마지막 강의를 생생하게 기억한다. 더 이상 강의를 할 수 없게 되자 한 학기 강의를 일주일 동안 몰아서 저녁마다 강행한다. 강의실은 그의 요한복음 강의를 듣기 위해 몰려든 학생들로 꽉 찼다. 하느님의 통치와 세속 왕의 통치라는 이중적 현실 구조 속에서 굴하지 않고 신앙을 이어갔다는 초대 교회 공동체를 주로 이야기한 명강의였다. 학생들은 깊어 가는 어둠 속에서 당시 박정희 정권을 염두에 두며 떠나가는 교수의 마지막 가르침을 가슴 깊이 새긴다.[6]

두 교수가 해직된 이후, 이사회와 해직되지 않은 교수들은 난처한 상황에 빠졌다. 학생들이 그들의 비겁함을 질타한 것이다. 그러자 안병무는 학생들에게 편지를 보내 자신들을 존중했던 것처럼 남아 있는 교수들도 존중하라고 설득한다.

대학에서 추방당한 두 교수를 위해 제자들이 위로의 야유회

를 연다. 허름한 농부 차림에 밀짚모자까지 눌러쓰고 온 안병
무는 문동환과 함께 가평의 산골짜기에서 만취한다. 그러다가
"이 쌍놈의 개 같은 세상!" 하고 울부짖으며 통곡한다. 만일 서
울 한복판 같았다면 긴급조치나 막걸리 반공법에 걸리고도 남
을 온갖 욕이 터져 나왔다. 그는 돌아오는 기차 안에서 시인 고
정희의 손을 잡고 곤히 잠을 잔다. 그 후 고정희는 "수유리에
떠도는 칼바람소리"를 절규하기 시작한다.[7]

자느냐 자느냐 자느냐

떠다니는 혼들은 다 날아와

대학시절 수유리 숲정이 흔들 때

징그러운 바람 소리 수유리에 매달려

자느냐 자느냐 자느냐

(중략)

갈가리 찢기는 우리 실존 그러안고

뉘 모를 곳으로 떠나간 사람들

쨍그렁 쨍그렁 요령이 되어

새벽 이슬 마시며 떠나간 사람들

한밤에 가만히 다녀갔구나

가뭄들린 대학숲에 흥건한 눈물

(고정희, 「수유리의 바람」)

금관의 예수

안병무가 해직당한 것은 1975년 6월이다. 그때부터 그는 거리의 신학자가 된다. 하지만 그런 야만적 정치 상황 속에서는 어디에 있든 정처定處와 안주安住를 말할 수 없다. 유신 체제는 처음부터 병영 국가를 목표로 하고 있었다. 이에 맞선다는 것은 자살행위였다. 그럼에도 저항은 끊이지 않고 이어졌다. 사회 각 분야에서 민주화를 위한 투쟁 조직이 만들어진다. 한 나라의 양심을 대표하는 작가들까지 펜을 버리고 거리로 나선다. 고은을 위시한 문학인들은 동아일보사 앞에서 기습 시위를 벌이며 〈문학인 101인 선언〉을 발표한다. 바야흐로 순수문학의 허울 아래 정권의 시녀이기를 자처한 한국문인협회와 정반대 운명을 선택한 자유실천문인협의회(후에 민족문학작가회의)가 창립되는 순간이기도 했다. 그것이 이미 1974년 11월 18일, 칼바람 부는 광화문 네 거리에서였다.

거기, 세종로 한복판을 가로막고 선 이순신 장군 동상이 있다. 임진왜란 당시 목숨을 던져 왜군의 침략을 막아 낸 장군. 그러나 그 장군조차 자신의 뜻과 상관없이 오직 권력 유지에만 혈안이 된 박정희 정권의 포로였다. 그는 '충'과 '효'라는 수직적 유교 가치를 내세워 국민들의 복종을 강요하는 정권에 의해 원하지 않은 악역을 담당하는 신세가 된다.

예수 역시 마찬가지였다.

세종로 한복판의 이순신 장군이 '구리'에 갇혔다면[8] 한국에 온 예수는 물 대신 원하지 않은 시멘트로 세례를 받는다. 그 아래, 거지가 있다. 고향도 잃고 주리고 헐벗고 지친 거지가 신세

한탄을 하다가, 문득 눈을 들어 위를 쳐다본다. 거기, 시멘트로 떡칠이 된 예수가 서 있다. 거지는 예수도 먹고 입고 살아갈 집을 가진 자들에게나 구주가 될지언정 자기 같은 놈들에게는 아무런 소용이 없다고 중얼거린다.[9]

> 흥, 예수님이 입이 있어야 말을 하지, 시멘트가 무슨 말을 한담. 저렇게 시멘트 콘크리트를 잔뜩 처발라 놓으면 예수님이 살아 있다 해도 말을 못하겠지. 저 시멘트 콘크리트가 나와 무슨 상관이람. 쳇, 잘해 보라지. 시멘트 콘크리트건, 구리덩어리건, 금덩어리건 그저 천년 만년 갈 것으로, 그저 단단한 것으로 골라서 부서지지 않게 튼튼하게 예수를 만들어…… 그 아래서 잘들 해 처먹어라.

그때, 갑자기 어떤 액체가 거지의 머리에 떨어진다. 비가 오나? 아니다. 쳐다보니 예수가 눈물을 흘리는 것이다. 거지는 이상한 생각에 예수를 유심히 응시한다. 예수 머리에 씌인 게 번쩍 눈에 들어온다. 금관이다! 거지는 얼른 그 금관을 벗겨 낸다. 그걸 팔면 주린 배를 채울 수 있으리라 생각한다.

그때 한 소리가 들린다.

> 네가 그것을 가져가라. 나는 너무나 오랜 세월을 이 시멘트 속에 갇혀 있었다. 답답하고 어둡고 적막한 이 시멘트 감옥 속에서 나는 너처럼 가난한 사람들과 이야기하고 싶고 괴로움을 함께 나누고 싶었다. 얼마나 기다렸는지 모른다. 이 감옥에서 해방되는

날을. 해방되어 너희들 속에서, 너희들의 그 불행 속에서 다시금 불꽃으로 살아 타오를 날을…… 그런데 네가 왔다. 네가 가까이 와 내 입을 열었다. 내가 너에게서 구원을 받았느니라.

안병무는 떨리는 가슴을 주체할 수 없었다. 김지하는 가톨릭 평신도에 불과하지만, 어느 성직자도 보지 못한 것, 어느 성직자도 말하지 못한 것을 보고 말하고 있었다. 예수는 어디에 있는가. 없다. 있어도 콘크리트에 갇혀 있다. 그러므로 있어도 없는 것이다!

"예수를 시멘트로 가둔 것, 그것이 바로 교회가 만들어 낸 그리스도론이다. 그의 머리에 씌워진 금관, 그것은 바로 예수로 하여금 기존 교회를 옹호하도록 만든 이데올로기이다. 한국은 가톨릭 200주년, 신교 100주년의 그리스도교 전통을 자랑스럽게 내세우고 있다. 그러나 그토록 오랫동안 서구에서 형성된 도그마에 의해 화석화된 예수만 제시했으며, 이로써 이 땅의 민중과 더불어 고뇌를 같이하는 예수는 가두어졌던 것이다."

거리로 쫓겨난 안병무는 스스로 강의실이나 연구실에 있을 때보다 오히려 시야가 깊고 넓어지는 느낌을 받는다. 그건 그가 전태일 이후 이미 교수도 아니요 학자도 아니요 설교가도 아니요, 오직 민중에게 다가가겠다는 일념으로 사물과 현상을 바라본 덕분이다. 이제 그의 머릿속은 온통 그 '민중'으로 가득 찬다. 신학적으로 볼 때, 그것은 곧 예수의 머리에서 금관을 벗겨 버리고 그의 온몸을 덮은 시멘트를 벗겨 내는 일이었다.

거지가 예수에게 묻는다.

예수님, 어떻게 하면 해방될 수 있습니까? 다시 살아날 수 있습니까? 어떻게 하면 다시 살아나 저희들에게 올 수 있습니까?

내 힘만으로는 안 된다. 너희들이 나를 해방시키지 않으면 안 된다. 너와 같이 가난하고, 불쌍하고, 핍박받으면서도 어진 사람들이 아니면 안 된다. 네가 내 입을 열었다. 네가 내 머리에서 금관을 벗겨 내는 순간 내 입이 열렸다. 네가 나를 해방시켰다. 자, 가까이 오너라, 가까이 와, 네가 내 입을 열게 했듯이 내 몸을 자유롭게 하라. 내 몸에서 시멘트를 벗겨 내라. 내 머리 위에는 가시관으로 족하리라. 내겐 금이 필요 없고, 금은 네게 필요하다. 금을 가져다 네 벗들과 함께 나누어라.

안병무는 비로소 역사의 예수를 알 것 같았다. 그는 어디 멀리 있지 않았다. 말씀에 있지 않았고, 성서 속에 갇혀 있지 않았다. 교리에 있지 않았고, 금빛 성전에 있지 않았다. 그는 오직 가난하고, 불쌍하고, 핍박받으면서도 어진 사람들 곁에 있다. 편파적일망정 그게 진리였다.

그런 의미에서 갈릴리교회는 교회를 넘어서는 교회, 교회 밖의 교회를 지향하는 교회였다. 그것은 안병무를 비롯 문익환, 문동환, 이문영, 서남동, 김찬국, 이우정, 한완상 등 해직교수들이 1975년 8월 17일에 세운 교회로, 예수가 하느님 나라를 선교하던 현장인 갈릴리(갈릴래아)를 늘 잊지 말자는 뜻으로 이름을 그렇게 붙였다. 갈릴리교회는 이해동 목사가 담임으로 있는 한빛교회를 자주 이용하기는 했으되, 어느 특정한 곳에 교회당을 두지 않았다. 그들이 모이면 그곳이 어디든 곧 교회였다. 사실 그들은 집요하게 그들의 뒤를 쫓는 기관원들의 눈을 따돌리기 위해 자주 예배 장소를 바꾸곤 했다.

오클로스

안병무는 실존주의 신학의 세례를 짙게 받았으되, 이미 결단을 통해 세상을 새롭게 만나고 있었다. 1975년 3월 1일, 민청학련 사건으로 구속되었던 김동길, 김찬국 교수 석방환영회가 새문안교회에서 열린다. 그 모임에서 안병무는 '민족, 민중, 교회'라는 제목으로 강연을 한다. 처음 제목은 '민족과 교회'였는데, 주최 측인 동료 한완상, 이문영이 행사장으로 오는 도중 이야기를 나눈 끝에 '민중'이 전격적으로 추가된 것이다.[10] 우발적인 일처럼 보이지만, 실은 이들 모두 이제 '민중'이 역사의 전면에 나서야 할 때라는 것을 진작 깨닫고 있었던 것이다. 그러므로 그건 우연이 아니라 필연이다. 민중이 역사의 주체가 된다는 게 역사의 필연이듯!

회장에는 엄청난 인파가 몰려든다. 안병무는 5000명이라고 회상하는데, 어쨌든 약속된 교회의 본관문은 경찰에 의해 잠겨버리고 200명도 수용할 수 없는 교육관에 일부 청중이 들어와 앉고 나머지는 마당에서 스피커를 통해 그의 강연을 들어야 했다. "그 사이 사이마다 수백 명의 감시자의 눈이 매섭게 돌고

있었다. 나는 이 현장에서 민중의 실체를 발견했다”고 안병무
는 그날을 기억한다. 그것은 그날 강연에서 안병무가 “예수는
권력층이나 부유층을 위한 것은 물론 아니었고, 모범적 시민이
나 지식층을 위하지도 않았다. 그는 민중의 친구로 민중의 편
에 섰다가 그 민중을 위해 쓰러졌다”면서, 한국 신학사에 길이
남을 혁명적 개념을 처음으로 공식화했다는 것으로도 증명된
다.[11] 그것이 바로 ‘오클로스’다.[12]

안병무는 전태일 사건을 통해 그동안 그가 지나쳤던 민중의
현실에 적극적으로 관심을 기울었다. 평화시장을 비롯한 여러
노농현상, 빈민현징에 직접 찾아가는가 하면, 전태일로 대변된
민중의 고난을 성서적 관점에서 어떻게 이해할 것인지 치열한
탐색을 시도한다. 그 결과, 그는 최초의 복음서 마르코복음(마
가복음)에서 놀라운 사실을 발견한다.

원래 신약학에서는 예수의 청중 또는 대상에 대해서는 그다
지 주목하지 않았는데, 그것은 곧 예수의 말씀이나 행위를 비
사회화하는 결과를 초래했다. 안병무는 예수가 어떤 말씀을 누
구에게 했는가를 묻게 되면 그 말씀의 역사적 성격이 자연스레
밝혀질 것이라고 생각했다. 그것은 어쩌면 그동안 그가 그토록
오랜 기간 추구하던 역사적 예수의 실체에 한 발 가까이 다가
가는 길이 될지도 몰랐다.

마르코복음에는 예수를 둘러싼 군중을 가리키는 말로 그리
스어 ‘오클로스’라는 말을 사용한다. 마르코 저자는 무려 36회
나 이 단어를 사용하는데, 이제껏 서구 신학자 어느 누구도 민
중운동과 관련해서 이 단어의 역사적 의미를 주목하지 않았다.

단지 성서 주석의 차원에서 그 말의 언어적 기원과 의미 등을 다룰 뿐이었다. 신약성서에는 이 단어가 154회 나오는데, 이 중 예수 전승에만 128회 등장한다. 안병무는 바로 이 점을 의미 있게 파헤치기 시작한 것이다.

어쨌든 마르코 이전의 어느 신약 문서에서도 이 단어를 쓰지 않고 있음을 확인한 안병무는 마르코가 처음으로, 그것도 의식적으로 이 단어를 사용했다고 확신한다. 그리하여 마르코에서 오클로스가 어떤 의미로 씌었는지 집중적으로 분석하기 시작했다. 그 결과, 그는 다른 복음서에서 그와 유사한 뜻을 나타낼 때 일반적으로 사용하는 '라오스'라는 말과 마르코의 오클로스가 뚜렷한 차이를 지니고 있음을 확인한다. 즉 라오스가 오늘의 '국민'과 통하는 말로 어떤 집단권에서 보호받을 권리를 지닌 민중의 통칭인 데 반해, 오클로스는 권외圈外에 있어 권리를 제대로 누리지 못하는 자들을 뜻하는 게 분명했다. 마르코는 그 오클로스로서 죄인과 세리, 그리고 병자를 거론했다.

예수는 이들 오클로스와 어떤 관계였는가.

마르코에서 예수는 그들 오클로스를 한 번도 질타하지 않는다. 나아가 예수는 그들의 지배자나 그들을 가르치기 위해 일부러 접근하지도 않았다. 예수는 오직 그들의 요청에 응해서 그들과 관계를 맺었을 뿐이다. 오클로스는 그런 예수를 무조건 따르며 예수에게 희망을 건다.

예수는 왜 하필이면 오클로스를 만나는가.

그건 한마디로 '하느님 나라의 도래'를 알리기 위해서였다. 이 말은 예수가 오클로스 민중이 지금은 비록 고난을 당하고 있지만 새로운 세계, 즉 하느님 나라의 주인이 될 수 있다는 희망을 전해 준 것이라고 해석할 수 있다. 예수는 억압당하는 자, 죄인으로 몰리는 자, 병들어 고통받는 자의 편임을 그 말로써 스스로 선언하는 셈이다. 그들 오클로스에게는 예수야말로 진정한 메시아였다.

안병무의 '오클로스'론은 역사적 예수를 추구하던 그의 끈질긴 집념이 한국적 현실을 만나 고투한 끝에 마침내 어떤 결정적 전환의 계기를 이루게 됨을 보여 준다. 그러나 그것은 아직 다듬어지지 않은 개념이었다. 그것을 체계적으로 입증하는 것은 거리의 신학자 안병무에게 온전한 의무로 다시 남았다.[13]

3·1민주구국선언

정치가 효율적 지배만을 뜻한다면, 박정희는 어느 누구도 흉내낼 수 없을 만큼 탁월했다. 그는 동원할 수 있는 모든 자원을 동원해 자신의 지배를 합리화하고 강화했다. '유신'도 마찬가지였지만, 그 밖에 그는 법전에서도 거의 사문화된 채 잠들어 있던 '자원'들을 찾아내 현실 정치에 적용하는 실험에 관한 한 가히 천재적이었다. '대통령 긴급조치'도 그가 그런 천재성으로 찾아낸 기막히게 효율적인 통치 자원이었다. 아마 정치학자나 법률학자들도 그런 게 있었나 싶었을 텐데, 그게 어느새 일상화되어 마치 세계 어느 나라에서나 사용하는 통치 수단인 듯 여겨질 정도였다.

반정부 학생시위가 격렬해지자, 1975년 4월 8일 박정희 정권은 긴급조치 제7호를 발동, 고려대에 휴업령을 선포하고 군대를 진주시킨다. 4월 11일에는 서울대 농대 학생 김상진이 미리 준비한 〈양심선언〉을 읽은 뒤 스스로 배를 갈라 죽음으로써 독재정권에 항의했다. 다급해진 정권은 마침내 모든 긴급조치 중에서도 가장 악명 높은 대통령 긴급조치 제9호를 발동한다. 그 내용은 다음과 같다.

1. 유언비어의 날조 유포, 사실의 왜곡 전파 행위를 금지하고,

2. 집회 시위 또는 신문 방송, 기타 통신에 의해 헌법을 부정하거나 또는 폐지를 청원 선포하는 행위를 금지하고,

3. 수업, 연구 또는 사전에 허가받은 것을 제외한 일체의 집회, 시위 또는 정치 관여 행위를 금지하고,

4. 이러한 조치에 대한 비방을 금지하고,

5. 이러한 금지를 위반한 내용을 방송, 보도, 기타의 방법으로 전파하거나 그 내용의 표현물을 제작 소지하는 행위를 금지하고,

6. 주무장관에게 이 조치의 위반 당사자와 위반 당시의 소속 학교 단체 사업체 등에 대해 제재 휴교 폐간 면허취소 등의 조치를 취할 수 있는 권한을 주고,

7. 이런 명령이나 조치는 사법적 심사의 대상이 되지 않으며 위반자는 영장 없이 체포할 수 있다.

도대체 문명천지 어느 나라에 이런 해괴한 '조치'란 게 있을 수 있을까.

한마디로 긴급조치 제9호에 걸리지 않으려면, 집에 가만히 누워 있거나, 밖에 나가서는 아무것도 보지도 듣지도 말하지도 않는 게 상책이었다. "꿈쩍하면 죽인다!"는 엄포는 오히려 정권 자체의 권력 기반이 얼마나 허술하며 그나마 그것을 지키는 데 얼마나 자신이 없는지를 역설적으로 드러내는 일이었다. 이 정도라면 차라리 숨을 쉴 때도 동사무소에 가서 허가를 받으라는 새로운 법률이나 조례를 만들든지, 아니면 차라리 독일의 극작가 브레히트B. Brecht가 제시한 '해결방법'을 따르는 게 낫지 않았을까. 브레히트는 시민들의 봉기를 무력으로 진압한 동독의 독재정권에 대해 자신의 시 「해결방법」에서 이미 이렇게 '해결방법'을 제시한 바 있었다.

그렇다면 차라리 정부가 인민을 해산하여 버리고 다른 인민을 선출하는 것이 더욱 간단하지 않을까?[14]

이런 상황에서 미국이 마침내 베트남 전쟁에서 패배를 인정하고 손을 떼자, 박정희 정권은 베트남의 통일을 적화통일이라고 연일 선전함으로써 국민들의 '투철한' 반공정신에 정권의 존속을 기대는 술책을 시도한다. 그러자 1976년 3월 1일 재야의 민주인사들은 명동성당에 모여 민주화운동사에 길이 남을 이른바 〈3·1민주구국선언〉을 발표한다. 윤보선 전대통령을 비롯하여 정일형, 김대중 등 정치인과 함석헌, 윤반웅 등 재야 원로, 김승훈, 함세웅, 문정현 등 가톨릭 인사, 그리고 이해동, 문익환, 문동환, 서남동 등 개신교 인사들이 두루 참여한 선언이었다.

그때 안병무는 선교교육원 원장으로 취임을 앞두고 있었다. 선교교육원은 기독교장로회가 교단 차원에서 시대적 사명을 감당할 연구와 교육을 위해 설립한 새로운 교육기관이었다. 안병무는 초대 원장으로 임명됨과 동시에 민주화투쟁을 하다가 제적된 교수와 학생들을 적극 받아들이자고 제안했다. 교단은 이를 흔쾌히 수용했고, 그리하여 3월 2일 개원을 앞두고 막바지 준비에 박차를 가하고 있던 차였다.[15]

그토록 바빴지만, 안병무는 선언문 작성 과정에 적극적으로 참여했다. 당시 문익환이 선언을 주동했지만, 선언문은 안병무의 집에서 함께 작성했던 것이다. 이 모든 준비 과정에는 문동환과 이문영, 김성재 등도 적극적으로 관여했다.

선언문은 아래와 같다.

(전략) 이 민족은 또다시 독재정권의 쇠사슬에 매이게 되었다. 삼권분립은 허울만 남고 말았다. 국가안보라는 구실 아래 신앙과 양심의 자유는 날로 위축되어 가고 언론의 자유와 학원의 자주성은 압살당하고 말았다. 현정권 아래서 체결된 한일협정은 이 나라의 경제를 일본 경제에 완전히 예속시켜 모든 산업과 노동력을 일본 경제침략의 희생 제물로 만들어 버렸다.

눈을 국외로 돌려 보면 대한민국은 이제 국제사회에서 보기도 초라한 고아가 되고 말았다. 한반도에서 유엔의 승인을 받은 유일한 합법 정부라는 말도 이제는 지난날의 신화가 되고 말았다. 동서 양 진영 사이에 결정적인 쐐기를 박고 세계사에 새 힘으로

대두한 제3세계를 거들떠보지도 않고 서방 세계에만 의존하다가 서방 세계에마저 버림을 받고 말았다. (중략)

우리의 비원인 민족통일을 향해서 국내외로 민주 세력을 키우고 규합하여 한 걸음 한 걸음 착실히 전진해야 할 이 마당에 이 나라는 일인 독재 아래 인권은 유린되고 자유는 박탈당하고 있다. 이리하여 이 민족은 목적의식과 방향감각, 민주주의에 대한 신념을 잃고 총파국을 향해 한 걸음씩 다가서고 있다. 우리는 이를 보고만 있을 수 없어 여야의 정치적인 전략이나 이해를 넘어 이 나라의 먼 앞날을 내다보면서 '민주구국선언'을 선포하는 바이다.

이어 선언은 그 내용으로 민주주의를 확립하고, 기존의 경제입국 정책을 전면 수정하고, 나아가 민족통일을 지상과제로 삼을 것을 촉구했다.

박정희 정권은 이들의 도전을 용납할 수 없었다. 하나에서 열까지 다 나쁘다는 식의 반정부적 인식도 문제려니와, "국제 사회에서 보기도 초라한 고아" "서방 세계에마저 버림을 받고 말았다"와 같은 표현들은 집안 문제를 남들에게 고자질하는 것처럼 보여 괘씸하기 이를 데 없었으리라. 그런데 세월을 지내 놓고 보니, 그 통치자나 그에 저항하여 선언을 발표한 이들이나 묘한 '고집'들이 있는 것 같다. 한쪽에서는 죽어라 하고 연일 무시무시한 철권을 휘두르는데, 정작 그 철권에 맞아 나가떨어져야 할 쪽에서는 제정신이 있는지 참으로 천연덕스럽게 '투쟁'이랍시고 하는 것이다. 이쯤 되면 독재자는 견딜 수 없다. 매를 치면 아프다고 빌어야 하는데, 이건 도무지!

어쨌든 문익환 등 11명이 구속되고 9명이 불구속 입건된다. 안병무는 구속자 명단에 이름이 올라갔다.

산헤드린[16]의 포로

강철은 어떻게 단련되는가.

〈3·1민주구국선언〉은 선언 그 자체로도 의미가 있지만, 훗날 그 서명자들로 하여금 민주화운동의 최전선에 나서도록 한 하나의 계기로도 중요하다. 누구보다도 성서 번역을 평생의 임무로 여기던 신학자 문익환에게 의미가 클 텐데, 그는 선언문을 기초했을 뿐만 아니라 그로써 현실 운동에 처음 발을 들여놓게 된다. 그 이후의 문익환은 우리가 익히 아는 그 문익환이다. 그로부터 문익환은 그의 어머니 김신묵이 말했듯 신랑이 신부 방을 드나들 듯 부지런히 감옥을 드나들게 된다.

안병무에게도 그것은 시련이기보다 오히려 단련의 계기였다.

안병무는 체포된 다음날부터 꼬박 열흘간 악명 높은 저 남산(중앙정보부)에서 고문을 받았다. 때리지도 않고 말도 경어를 썼지만, 하루 종일 등받이도 손걸이도 없는 네모난 상 위에 앉혀 놓고 얼굴에는 강한 전등 불빛을 쏟아 부었다. 그 열흘간 단 1분도 잠을 재우지 않았다. 그러면서 똑같은 질문을 끝없이 반복하는 것이었다.

힘겨운 조사가 끝난 뒤, 안병무는 대통령 긴급조치 제9호 위반 혐의로 기소되어 감옥으로 넘어갔다. 첫날 저녁, 안병무는 춥고 배가 몹시 고팠다. 생각 이전에 몸이 먼저 감옥살이에 반응하는 것이었다. 그때 한 죄수(나중에 알고 보니 강도범)가 간수 몰래 감방 문 앞에 다가와 "이것 잡수세요" 했다. 빵이었다. 순간, 주님이 죄수를 통해 내게 성찬을 베푸시는구나 하는 생각에 감격하여 눈물을 흘리며 무릎을 꿇고 두 손으로 그 빵을 받았다.

그때 안병무의 뇌리를 섬광처럼 스치는 성서 구절이 있었다.

세례자 요한이 잡힌 후에 예수가 갈릴래아로 가서……

(마르코 1:14)

세례자 요한의 체포와 나와 내 동료들의 체포가 만났다! 동시에 이 마당에 우리가 갈 길은 결국 여기, 체포의 현장인 갈릴래아가 아니었던가. 나중에 그는 그동안 서구의 성서학자들이 1장 15절은 예수 설교의 요약이라고 해서 중요하게 다루었는데, 14절은 편집구 정도로만 처리했다는 사실에 주목했다.[17]

마르코복음의 신학적 기조에 대해서는 다양한 학설이 있지만, 1장 14~15절〔요한이 잡힌 뒤에 예수께서 갈릴래아에 오셔서 하느님의 복음을 전파하시며(1:14) "때가 다 되어 하느님의 나라가 다가왔다. 회개하고 이 복음을 믿어라" 하셨다.(1:15)〕이 마르코복음의 집약이라는 점은 이른바 케리그마 신학자들도 동의하는 바였다. 그러나 그들은 그 중 15절만이 예수의 설교를 집약한 것이라 주목하고, 14절과 관련해서 15절을 해석하려는 시도는 거의 하지 않았다. 그러나 안병무는 이에 정면으로 도전한다. 그 결과 14절의 엄청난 중요성을 밝혀내게 된다.

"세례자 요한이 잡힌 후"[18]—이것은 곧 당시의 정치적 상황을 말하는데, 그 상황에서 예수가 하느님 나라의 도래를 선포하는 것이다. 마르코는 마태복음과 달리 요한이 체포된 현실 안으로 예수를 포함시킴으로써 예수의 운명을 미리 암시한다. 갈릴래아로 간다는 말은 무엇인가. 편집사(史)적 고찰을 시도한 일부 신학자들은 이에 대해 갈릴래아라는 지역의 정치·사회적 고찰을 의도적으로 거부하고, 순수 교회사 내지 신학적 상징으로만 보려 했다. 하지만 안병무는 정치사회사적으로 분석해야 제 길이라고 생각했다.

즉 안병무에게 갈릴래아는 이방인의 땅으로 민중적 성격을 전형적으로 드러내는 곳이다. 기본적으로 그는 구약에는 북이스라엘 전통과 남유대전통이 병존한다고 본다. 전자는 출애급 전통, 계약전통, 해방의 전통, 또는 왕권이 없는 부족동맹의 전통이고, 후자는 중앙집권제적이고 권위주의적인 인간 왕 제도의 전통이라는 것.[19] 갈릴래아는 형식적으로 북이스라엘에 속했지만, 지배세력에 의해 철저히 소외된 지역이었다. 따라서 갈릴래아 예수의 수난사는 한 개인의 수난이나 비극이 아니라 민중의 애환을 극적으로 표현한 것이다. 그는 예수의 수난을 곧 민중의 수난으로 보면 민중에게 버림받고 제자들이 배신하는 것조차 다 설명된다고 본다. 즉 예수가 자기가 믿는 민중에게 버림받은 사건에서 '힘은 힘으로' '폭력은 폭력으로'라는 악순환에 대한 '단(斷)'의 현실을 볼 수 있는 것이다.[20] 결국 안병무는 예수가 고난이 예고되는 민중의 땅으로 스스로 가서 마침내 처형당하고, 하느님 나라의 도래를 복음으로 선언한다는 결론에 이르게 된다.

물론 이런 사유의 큰 줄기는 성서가 감옥 안으로 들어오게 되는 2주 후부터나 큰 맥을 잡게 된다. 첫날, 그는 예의 그 소지로부터 털실로 짠 양말 한 짝을 받는다. 전혀 뜻밖의 일이었다. 들어온 지 한 시간밖에 안 되었는데도, 그가 '여기' 있다는 사실이 다른 누군가에게 알려진 것이다. 그러자 밀어 봤자 열릴 리 없는 육중한 철문이며 똥냄새가 진동하는 0.7평짜리 감방도 그저 꽉 막힌 공간이 아니라는 생각이 들었다.

그 털양말 한 짝은 감옥에 있는 동안, 안병무에게 또 하나의 화두가 된다.

"밤이면 귀신이 들끓는 듯한 이 흉가의 여기저기에 내 편의 사람들이 존재한다는 생각과, 간수들의 모진 매에도 마다하지 않고 그 심부름을 하는 저 '소지'들이 내 마음에 새로운 무게로 압도해 들어왔다. 그들은 절도, 강도, 또는 강간범이었다. 나는 이미 '민중'이 역사의 주인이라는 신념에서 새 신학의 장을 열었는데도 저들을 이 범주에 넣을 생각조차 하지 못했다. 더욱이 강간범 따위는 세상에서 청소되어야 한다는 생각을 신념처럼 간직하고 있었는데, 저들에게 서구에서 그리는 천사처럼 하얀 의복이 입혀지고 하얀 깃의 날개가 돋치는 환상을 했다."[21]

우리는 여기서 안병무와 같은 책상물림 지식인이 그야말로 민중의 현장을 직접 접했을 때 받았을 충격을 능히 짐작할 수 있다. 그것은 털양말 한 짝으로 시작되어, 하루 종일 똥냄새가 진동하는 감방, 오래 방치해 굳어진 똥을 밟고 들어와 조심성도 없이 이 구석 저 구석을 누비는 쥐, 게다가 일제 때 애국투사들의 피도 빨았을 빈대까지 다 그의 '혁명적' 체험의 화두가 되는 것이다. 그 속에 당연히 쌍소리도 포함된다.

처음 안병무는 감옥 안에 나도는 온갖 종류의 쌍소리를 감당할 수 없어 솜으로 귀를 막기도 했다. 그래 봐야 "바로 자신을 낳고 길러준 어머니를 위주로 한 생식행위에 총집결"되어 있는 쌍소리는 간수건 죄수건 입 달린 사람들에게서는 무슨 원수가 졌는지 하루 종일 나오고 또 나왔다. 놀랍게도 나중에 안병무는 그 쌍소리마저 새롭게 분석한다. 쌍소리는 상常소리였다. 즉 특별히 상대를 비방하거나 음해하는 데 목적이 있어 쓰는 게 아니라, 일상적으로 그저 쓰는 말이었다. 그런데 한 번은 참다 못해 보안과장에게 이 사실을 지적하여 죄수들의 언어를 '정화'하라고 정중히 '고발'했던 안병무가 백팔십도 달라진다. 언제부턴가는 그 쌍소리가 싫지 않게 되고, 나중에는 자신과 같은 먹물족이 쓰는 말은 오히려 점점 가증스럽게만 들린다. 저들의 쌍소리가 통나무로 만든 바가지라면 먹물들의 말은 플라스틱으로 만든 것 같아 보이고, 통 진실성이 없다고까지 여기게 되는 것이다.

어찌 보면 얼마나 우습고 싱거운 '발견'일 텐가.

그러나 우리는 그 발견자가 '착한 사람' 안병무라는 것을 전제해야 한다. 듣지 않았어도 우리는 그의 생체언어가 평생 도덕 교과서의 범주를 벗어나지 못했으리라 능히 짐작할 수 있다. 그런 그가 이제 육두문자조차 그것을 내뱉는 무지막지한 인간들의 처지에서 다시 읊어 보는 것이다. 이 어찌 놀라운 인식의 전환이 아니겠는가. 그리고 그 전환은 장차 그의 민중신학을 훨씬 육체적으로 만드는 데 기여한다. 실제로 그는 말년에 노자의 『도덕경』에서 다시 '상常'을 매우 중요한 개념으로 잡아내는데, 상식, 상습의 상으로 언제나 반복되는 그것이 세상이 제대로 돌아가게 만드는, 말하자면 모든 존재의 근원이라고 말한다. 그래서 사람에게 '상'은 '숨'과 같은 것이다. 그건 동시에 자연 앞에 겸허한 농부와도 같다. 하지만 말없이 제 몫을 하는 그 '상'을 무시할 때 어떤 일이 일어나는가. 성수대교가 무너지고 삼풍백화점이 무너질 수밖에 없다. 아울러 상은 말이 없나. 밀 없이 말의 지평 너머를 지향한다.[22] 이런 점에서 결국 안병무는 말로써 모든 것을 설명하려는 서구적 기독교는 한계를 지닐 수밖에 없고, 우리 민중신학은 '상'의 의미를 제대로 새기는 데서 새로운 발전을 이룰 수 있다고 말하는 것이다.

이런 면에서 '쌍소리'를 제대로 배운 감옥은 분명히 그에게 아주 생생한 현장이요 세상의 어떤 학교보다 훌륭한 학교였다. 서광선은 안병무의 '쌍소리'를 생생하게 기억한다. 언젠가 안병무가 "개띠 개자식들(안병무와 같이 1922년 개띠 해에 태어난 신학자들이 많다)이 한국신학을 개판으로 만들어 놨다"고 하자, 동료들이 말 좀 가려서 하라고 농담처럼 말했다. 그러자 안병무는 "예수가 언제 말을 골라서 했냐? 너희들은 여우 같고 회칠한 무덤 같아, 이렇게 말했겠어? 천만에! 예수는 너희 이 여우 같은 놈들아, 너희 회칠한 무덤 같은 자식들아! 이렇게 야단을 쳤다구" 하면서 조금도 물러서지 않았다. 오죽했으면 그런 그를 잘 아는 이들도 듣다가 못해 슬그머니 자리를 피한 적도 많을 정도였다.

안병무는 서울구치소 감방 안에서 성서를 읽고 또 읽었다. 특히 구약과 최초의 복음서 마르코복음에 대해 전에 없이 깊은 관심을 보였다. 그래도 감옥 생활은 고달팠다. 건강이 부쩍 악화되었다. 정권은 3·1 사건 관련 구속자들에게는 외부로 편지조차 쓰지 못하게 막았다.

그 후, 연말 항소심이 있을 때까지 재판이 장장 16회나 이어진다. 이 사건은 국내뿐만 아니라 국제적으로도 비상한 관심을 끌었다. 김대중처럼 워낙 명망 있는 인사들 때문이겠지만, 기소된 18명 전원이 그리스도교인이라는 사실도 주목을 끌었다. 안병무는 재판이 열리는 토요일을 동지들과 만난다는 설레는 마음으로 기다렸다. 재판은 처음부터 끝까지 피고인들의 정치적 견해를 밝히는 연설회장 같았다. 하다못해 변호사들도 그들의 그런 신념을 구체적으로 지원해 주었다. 그러다 보니 나중에는 젊은 판사가 그런 변호사의 신문에 대해, "도대체 그 신문이 피고를 위하는 것입니까? 아니면 중죄를 기대하는 것입니까?"라고 되물어 장내에 폭소를 자아내기도 할 정도였다. 함석헌은 베옷을 입고 출정했다가 판사가 그걸 지적하자, "한 집안의 어른이 돌아가도 상복을 입어 애도를 나타내거늘, 하물며 양심도 법도 그리고 나라마저 죽었는데 어찌 상복을 안 입을 수 있겠냐"며 오히려 호통을 치기도 했다.

한마디로 정부가 그들을 재판하는 게 아니라 그들이 정부를 재판하는 셈이었다.

안병무는 1심에서 3년형을 선고받는다. 그런 다음 항소심에서는 이해동, 김승훈 등과 함께 집행유예를 받았다. 안병무는 감옥에 있는 동안 줄곧 협심증으로 고생했다. 그런 사정이 양형에 반영되었을지 모른다. 그는 나가게 되어 기쁜 게 아니라 오히려 실망한다. 최후진술에서 그는 "나는 금메달을 기대했는데, 겨우 동메달을 주느냐"고 말했다. 1976년 12월 말 그는 풀려났다. 하지만 감옥문을 나서는 안병무의 마음은 썩 좋지 못했다. 몸이 엉망이 되어서만은 아니었다. 무엇보다 남아 있는 동지들에게 죄를 짓는 느낌이 들어서였다.

석방된 날이 마침 결혼기념일이었다. 안병무는 집에 와서 이불도 안 덮고 밥도 먹지 않았다. 민지 석방된 데 대해 죄책감을 무척 크게 느끼는 것이다. 그를 위한 석방기념회에서 김정준이 그의 석방을 가리켜 하느님이 고래에게 요나를 토하라고 명령했기 때문이라는 비유로 이야기해서 사람들을 감격시킨다. 안병무는 오히려 부끄러웠다.

"하느님의 호령에 놀란 고래가 다 토하지는 않고 겨우 재채기를 했는데 삼키운 이들 중에 가장 가벼운 두 사람이 밀려 나왔다고 했습니다. 아직 고래는 다 토하지 않았습니다. 그러니 하느님의 호령은 계속될 것입니다."[23]

물론 그러면서도 그는 자신들의 행위가 그래도 의미가 있었음을 밝힌다.

"꿈도 못 꾼 일입니다. 극히 미미하고 허술한 우리의 행동을 이렇게 사건화한 이는 하느님입니다. 사건을 통해서 일하시는 하느님! 이것은 결국 나의 신학적 노력의 주제가 되게 했습니다. 정말 진흙을 가지고 사람을 만든 격이 됐습니다. 물고기 두

마리와 떡 다섯 덩이로 5천 명을 먹이는 격이 됐습니다.”

어쨌든 박영숙의 기억에 따르면, 그때부터는 밖으로 나가서 통 회의 같은 것을 안 하던 사람이 “말 갈 데 소 갈 데” 다 돌아다니며 참석하고 회의를 하곤 한다. 아마 그때부터 심장에 더 무리가 갔을 것인데, 강연 도중 약을 사다 먹고 하는 적도 많았다.

안병무는 남아 있는 동지들의 석방을 위해 노력한다. 박형규를 찾아가 그 뜻을 말했으나, 박형규는 상투적으로 대답했다.[24]

“거기 그냥 더 있는 게 그들에게도 좋고, 우리 운동에도 도움이 됩니다.”

하지만 그도 곧 안병무의 진심을 받아들여 구명운동에 나섰다. 그렇게 하여 여러 경로를 통해 압력을 가하거나 도움을 요청했다. 1977년 제헌절에 몇 사람이 더 나왔다. 이제 감옥에는 문익환 형제와 서남동, 이문영, 문정현 등 다섯 명만 남았다. 안병무는 구명운동에 더욱 박차를 가했다. 나중에는 몇몇 동지들과 더불어 당시 중정 부장으로 있던 김재규를 찾아갔다. 어렵사리 만난 김재규는 각서를 조건으로 석방해 줄 수 있다는 타협안을 제시한다. 쉽게 받아들일 수 없는 제안이었다. 각서라면 양심을 파는 행위로 비칠 수 있기 때문이다. 결국 양쪽에서 받아들일 수 있는 정도의 문안으로 각서를 만들기로 하고 타협을 본다. 박형규를 비롯해서 여러 사람이 그 제안을 갖고 교도소를 돌아다녔다. 안병무는 건강이 너무 나빠 함께하지 못했다. 다 큰 문제가 없었는데, 유독 서남동이 문제였다. 마산 교도소에 있던 그는 각서가 문제가 아니라 형기도 얼마 안 남았고 공부도 해야겠다며 거부했다. 평소 인간적으로도 아주 가깝게 지낸 박형규가 애원해도 막무가내였다. 박형규는 마지막 방법을 쓸 수밖에 없다고 판단한다. 그건 바로 자존심을 건드리는 것이다.

"당신 정말 각서 안 쓰고 영웅이 되고 싶은 거요?"

그 한마디 말에 서남동의 태도는 백팔십도 변한다. 서남동은 미안하다며 각서를 썼다.

나중에 구속인사들은 안병무가 그 어려운 일을 제안한 데 대해 큰 고마움을 표시한다. 동지들에 대한 안병무의 뜨거운 애정이 결국 영어 생활을 줄이는 데 결정적인 역할을 했던 것이다.

이문영은 안병무를 "때리면 아름다운 음을 내는 종"에 비유한다. 그가 울려 내는 음색은 세 가지인데, 즉 "이 세상의 비참함을 아파하는 마음, 그의 공부, 그리고 기독교"가 그것들이라는 것. 아울러 안병무가 제일 많은 음을 내는 부분은 "이 세상을 아파하는 울음"이라고도 했다.[25] 안병무의 인간적 '품'을 잘 표현해 주는 말이겠다.

성문 밖

안이 있으면 밖이 있고, 처음이 있으면 끝이 있다. 그것이 공리 公理다. 그런데 1970년대 한국 사회는 그런 공리 너머에 존재했다. 안과 밖이 따로 없고, 처음과 끝이 따로 없었다. 때마침 신예작가 조세희가 난쟁이를 등장시킨 소설에서 안과 밖이 따로 없는 '클라인 씨의 병'과 처음과 끝이 따로 없는 '뫼비우스의 띠'를 소개했다. 예민한 독자들이 작가의 의도를 읽어 낸다.
그것은 바로 민중이 처한 현실에 대한 은유였다. 사실 그때 이
미 세상은 감옥 안과 밖을 구분할 수 없을 정도였다.

어찌할까 문간에는 파수병이 있으니

어찌할까 우리는 갇혀 있으니

어찌할까 거리는 차단되었으니

어찌할까 도시는 쫓기고 있으니

어찌할까 도시는 굶주리고 있으니

어찌할까 우리는 무기를 빼앗겼으니

어찌할까 밤은 다가오고 있으니

어찌할까 우리는 사랑하고 있으니……[26]

그래도 역사의 예수를 찾는 안병무의 집념은 식기는커녕 점
점 뜨거워만 갔다. 그는 어느새 핵심에 점점 접근하고 있는 자
신을 본다. 그것은 그가 독일에서 배운 것, 즉 해석학적 전제들
을 현실 속에서 정확하게 적용해 나가고 있었기 때문에 가능했
다. 그는 신학적 해석을 추구하다 어려움에 부닥칠 때마다 그
전제들을 찬찬히 되새겨 보곤 했다. 안병무는 특히 마지막 전
제, 불트만이 말했던 바 "성서에 대한 물음이 답을 결정한다"
고 하는 바로 그 전제에 대해 깊은 신뢰를 보냈다. 실제로 그는
대학 강단이나 연구소 사무실이나 쫓겨난 거리에서나 심지어
끌려 들어간 감옥에서도 답이 궁할 때면 질문을 다시 던지곤
했다. 질문이 '제대로' 던져졌다면 반드시 답은 나오게 마련이

었다.[27] 그리고 '제대로'라는 것은 얼마나 진실된 마음으로 질문을 했는가를 의미했다.

그런 점에서 그는 이미 제대로 질문을 던지고 있었다.

이를테면 그는 이렇게 묻는다.

"2000년 전 팔레스틴에 살았던 예수 개인이 무슨 의미가 있지?"

그렇게 질문을 던지는 안병무 자신은 버젓한 대학교수가 아니다. 그는 찬바람 부는 거리에 서 있었고, 그 거리에는 뚝방촌, 달동네, 마찌꼬바, 지하셋방, 어두운 골목길이 있으며, 강 건너 공장이 있고, 학교에서 쫓겨난 학삐리, 공장에서 손목이 잘린 공돌이, 그런 공돌이의 어깨를 토닥거려 주는 공순이, 그런 공순이 공돌이를 이제나 저제나 하며 기다리는 에미, 그 곁에서 밥 달라고 보채는 아이, 술병을 비우며 먼 산만 바라보는 아비, 눈을 뜨고 있는 모든 시간에 한시도 쉬지 않고 해소 기침을 해 대는 할머니, 도둑놈, 사기꾼, 협잡꾼, 동사무소 직원, 경비원, 실직자, 지게꾼, 거지, 삐끼, 술주정뱅이, 못난이, 병신, 쪼다, 찐따, 색시, 아가씨, 얼굴마담, 레지, 양갈보, 운짱, 양아치, 노점상, 실향민, 새로 생긴 향토예비군, 예비군 중대장, 방위, 휴가 나온 군바리, 월남에서 원인도 모르는 병만 달고 온 삼촌, 짜빈동 전투에서 다리를 잃은 외삼촌, 폐병쟁이, 고시준비생, 창백한 얼굴의 신학생, 그리고…… 오클로스 선천댁이 있었다.

그 거리가 어딘지 안병무는 이제 알 것 같았다.

바로 성문 밖이다.

히브리서는 "주님이 성문 밖에서 고난을 당하셨으니 우리도 성문 밖에 계신 그분께 나아가서 그분이 겪으신 치욕을 함께 겪읍시다"(13: 12~13)라고 전한다. 안병무는 이 구절을 좋아했다. 참으로 아름답고 심오한 뜻이 담겨 있다고 생각했다. 예수가 예루살렘의 성문 밖에서 처형당했는데, 그곳은 소외당한 사람들이 살던 곳이었다.

그렇다면 답은 이미 나와 있지 않은가.

중요한 것은 예수가 아니다. 말씀의 예수도 예수의 말씀도 아니다. 예수가 누구인가도 중요하지 않다. 중요한 것, 그래서 이 거리에서 의미 있는 것은 바로 예수가 왜 어디서 누구와 함께 있었고 누구를 위해 십자가에서 죽었는가 하는 것이다. 그게 바로 '예수 사건'이다. 2000년 전 예루살렘 성문 밖에서 벌어졌던 역사적인 사건! 그와 동시에 2000년 후 지금 이곳, 내가 서 있는 이 거리에서 거듭 벌어지고 있는 사건!

성문 밖이 출발점이었다.

안병무는 전태일이 스스로 제 몸에 불을 붙이고 죽고 나서야, 거리로 쫓겨나고서야, 감옥에 들어갔다 오고서야 새삼 이 점을 확신할 수 있었다.

처음 거기 성문 밖에는 '사건'이 있었다.

그것은 거대한 화산맥이다. 하나의 화산맥이 여러 시대를 두고 흘러오면서 매 역사 상황마다 분출한다. 그 화산맥이 예수 시대에 거대한 활화산으로 터진 것이 바로 예수 사건이다. 십자가 사건이다. 그리고 그 후에도 화산맥은 도도히 흐르고 흘러, 마침내 오늘 여기 한국 땅까지 와 흐르는 것이다. 맥은 바로 그때 그 맥이다. 그 맥이 지금 여기서 터진 것이 전태일 사건이다![28]

"이런 나의 경험에 객관성을 요구하지는 말라. 나는 애당초 편파적일 때만 인식이 있을 수 있다는 실상을 경험하고 사는 사람이니까! 나는 예수를 편파적으로 사랑한다. 예수는 팔레스틴의 한 개인이 아니다. 그는 내가 선택한 편파의 원천이다. 이 원천에서 전태일을 볼 수 있기에 그가 한 일은 흘러간 한 사건이 아니고, 또 오늘 전태일의 삶의 형태에서 2000년 전의 예수의 사건이 더욱 생생한 현실로 현재화한다."[29]

안병무가 거리에서 그렇게 생각하는 동안에도 각종 사건이 끊임없이 이어졌다.

1978년 2월 21일 동일방직 노동자 투쟁 사건.

1978년 4월 함평 고구마 사건.

1979년 8월 YH무역 사건.

도대체 이 땅에서 민주주의가 가능하기는 한 것일까. 누군가의 말처럼 한국에서 민주주의를 기대하느니 쓰레기통에서 장미가 피기를 기다리는 게 더 빠르지 않을까.

하지만 가을로 접어들자 폴 포트 치하의 캄보디아처럼 한 200만을 없애 버리면 게임이 끝난다는 청와대 경호실장 차지철 부류의 호언에도 부마항쟁이 터졌다. 그리고 10월 26일 역사는 또 한 번 극적으로 물길을 바꾼다. 그것이 우발적이든 필연적이든 중요하지 않았다.

그가, 마침내, 사라졌다!

오직 그 사실만이 중요했다. 해도 해도 너무했던 통치자, 조국의 근대화를 위한다는 명목으로 전근대적 억압을 정당화했

던 통치자, 그리하여 그 스스로 근대의 희생양이 되고 만 통치
자, 박정희. 숨이 붙어 있는 한 영원히 권좌에 머물 것 같던 그
도 결국 역사라는 시간 속에서 생멸하는 한 인간에 지나지 않
았다.

그렇게 저 잔인했던 70년대는 순식간에 허물어져 버렸다.

성문 밖에서 신학의 역사를 새로 쓰다

서울의 짧았던 봄

1980년 서울의 봄은 유난히 화사했다.

어쩌면 그 봄은 몇 달 전 궁정동에서 울려 퍼진 총소리로 이미 시작되었는지 몰랐다. 물론 5·16군사쿠데타 이후 지속된 18년이란 긴 겨울이 하루아침에 선선히 물러가지는 않았다. 아직은 모든 게 안개에 덮여 있었다. 그래도 혹한 속에서 봄을 준비해 왔던 사람들의 후각은 예민했다. 약간 당혹스럽기는 했지만, 그들은 곳곳에서 봄의 향훈을 맡을 수 있었다.

3월 1일, 수감 중이던 민주화운동 관련자들이 석방되었다.

봄이 가장 먼저, 가장 화려하게 찾아온 곳은 대학가였다. 1979년 12월 8일의 긴급조치 해제 조처로 출옥한 학생들이 다시 학교로 돌아왔고, 정권의 볼모나 다름없던 학도호국단이 껍

데기만 남고 속속 자주적 총학생회로 대체되었다. 불안한 공기가 느껴지기도 했지만, 학생들은 이미 거대한 역사의 물결을 타고 있었다. 선장은? 아직 얼굴을 드러내지 않았다. 그래도 그들은 4·19 때 선배들이 맛본 역사의 환희를 자신들도 능히 경험할 수 있으리라 굳게 믿었다.[1]

안병무에게도 좋은 소식이 날아들었다. 복권 조치와 함께 한신에서 그를 다시 부른 것이다. 안병무는 기꺼이 그 부름에 응했다. 다시 찾은 대학은 터져 나오려는 마그마를 어쩌지 못하는, 폭발 직전의 화산 같았다. 학생들은 자기들의 그 마그마로 무엇을 칠지 이미 확정해 놓고 있었다. 그것은 허수아비에 불과한 대통령 뒤에 숨어 있는 정권의 실세, 이른바 신군부였다. 그 중에서도 두 이름이 초점이었다.

전두환과 신현확.

한 사람은 이른바 12·12사태를 주도한 보안사령관 출신으로 그때는 스스로 중정 부장에 오른 이였고, 다른 한 사람은 국무총리였다. 아직 그들이 누군지 모르는 학생들도 많았지만, 투쟁으로 단련된 한신의 선배 세대나 그동안 지하에서 은밀히 활동하던 이른바 운동권 학생들에게는 아주 분명한 적이었다. 그 두 사람이 주동하여 불온한 음모를 꾸미고 있다는 게 그들의 판단이었다. 그들은 학교 곳곳에 대자보大字報를 붙여서 전과 신이 미구에 저지를 만행을 미리 경고했다. 그 대자보에서 두 이름은 이렇게 음·의역音·意譯되고 있었다.

전두한前頭漢과 신현악新現惡.

대학생들은 연일 거리로 뛰쳐나갔다. 한신은 비록 수는 적어도 일당백의 '전과'와 '경력'들이 있었다. 교수들도 마찬가지였다. 감옥과 거리에서 돌아온 교수들은 학생들로부터 열광적인 환대를 받았다. 마침 학장이 사표를 제출한 뒤여서, 교무과장인 황성규가 교수회의를 소집할 권한을 갖고 있었다. 안병무가 제안했다. 교수성명서를 내자는 것. 즉각 소집된 교수회의에서는 그 제안을 받아들여, 당시로서는 가장 적절하고 과감한 내용의 성명서를 발표한다.

안병무는 시내에 나가 최루탄을 잔뜩 뒤집어쓰고 돌아오는 학생들에게 〈예수와 오클로스〉를 세미나 형식으로 진행해 나갔다. 그런 한편 신삭 준비해서 드디어 5월 1일 목포 외곽 하산촌에서 마침내 창립식을 한 한국디아코니아자매회[2] 일도 있어 이래저래 그의 봄은 정신없이 바쁘기만 했다.

당연히, 그 역시 '그날'이 다가오고 있는 줄은 꿈에도 몰랐다.

다시 거리로

1980년 5월 17일, 저녁. 박영숙은 잇달아 걸려 오는 전화를 받는다.

"한완상이 잡혀갔다!"

"문익환이 잡혀갔다!"

"이문영이 잡혀갔다!"

소식을 들은 안병무는 그 자리에서 쓰러진다. 심장이 다시 발작을 일으킨 것이다. 그는 즉시 서울대 병원으로 후송된다. 한밤중 박영숙은 남편을 입원시킨 후 나오는데, 병원 정문 밖에도 이미 계엄군이 진주해 있었다. 집으로 돌아온 박영숙은 2시나 3시쯤 병원으로부터 걸려 온 다급한 목소리의 전화를 받는다. 안병무의 상황이 매우 안 좋다는 것. 그렇지만 통금이라 움직일 방도는 없었다. 새벽같이 달려갈 수밖에. 담당 의사는 박영숙에게 상황을 간단하게 말해 주었다.

"실어증입니다."

마침내 인간의 시간이 막을 내렸다. 한낱 꽃샘바람이 아니었다. 광풍이었고, 죽음이었다. 광주 전남도청의 피비린내가 채 가시기도 전인 6월 2일, 시인 김준태는 항쟁 이후 처음으로 나오는 『전남매일신문』 지면에 그 문학이 어떤 모습일지, 아니 어떤 모습이어야 하는지 참회의 심정으로 시를 쓴다. 살아남았다는 사실만으로도 그는 죄인이었다.

아아, 광주여 무등산이여

죽음과 죽음 사이에

피눈물을 흘리는

우리들의 영원한 청춘의 도시여

우리들의 아버지는 어디로 갔나

우리들의 어머니는 어디서 쓰러졌나

우리들의 아들은

어디에서 죽어 어디에 파묻혔나

우리들의 귀여운 딸은

또 어디에서 입을 벌린 채 누워 있나

우리들의 혼백은 또 어디에서

찢어져 산산이 조각나 버렸나

(「아아 광주여! 우리나라의 십자가여!」 일부)

학살이 끝났다. 도시는 일상으로 돌아갔지만, 사람들은 말을 잊었다. 살수차만 분주히 돌아다니는 거리에서 사람들은 시도 때도 없이 핑하니 눈시울이 뜨거워져 걸음을 멈추었다. 시커멓게 그을은 빌딩 너머로 하늘은 푸르렀고, "하느님도 새떼들도 떠나버린 광주" "아아 살아남은 사람들은/ 모두가 죄인처럼 고개를/ 숙이고"(김순태, 앞의 시) 있었다.

아우슈비츠 이후에도 서정시를 쓸 수 있을까. 아도르노T. Adorno는 이렇게 자문했고, 브레히트는 나치의 추적을 피해 달아나다 스페인 국경에서 자살한 벤야민W. Benjamin을 떠올리며 이런 시를 썼다.

물론 나는 알고 있다. 오직 운이 좋았던 덕택에

나는 그 많은 친구들보다 오래 살아남았다. 그러나 지난 밤 꿈속에서

이 친구들이 나에 대하여 이야기하는 소리가 들려왔다.

"강한 자는 살아남는다."

그러자 나는 자신이 미워졌다.[3]

광주 이후에도 하느님을 찾아야 하는가. 교회에 나가건 안 나가건 아마 이 땅의 사람들은 한 번쯤 이렇게 물었을 것이다.

하물며 신학을 가르치는 이라면?

안병무의 실어증은 가공할 폭력에 대한 무의식적 자기방어 기제였으리라.

그러나 그는 이미 절망을 희망으로 환치시키는 훈련에 익숙해 있었다. 하느님을 찾는 것은 마치 태양을 직접 보려는 것과 같다. 태양을 보려 하지만 눈이 부셔서 볼 수 없다. 태양은 자신을 보라고 있는 게 아니다. 만물을 비추기 위해서 있다. 만물을 봄으로써 우리는 태양이 있다는 것을 간접적으로 알게 되는 것이다. 한동안 실어증에 빠졌던 안병무는 시인 김준태가 5월 광주 한복판에서 함께 고통을 당한 이들을 통해 하느님을 보았듯이, '민중'을 통해서만 하느님을 보는 일이 가능하다는 것을 깨닫고 있었다.

광주가 무참히 짓밟혔을 때, 수천 명이 죽었다는 유언비어가 들려왔을 때, 그는 울었다. 통곡했다. 그렇지만 폭도들이 난동을 부린다는 뉴스를 보았을 때, 간첩이 독침을 품고 스며들었다고 했을 때, 그는 화를 냈다. 폭발했다. 말도 안 되는 거짓말을 하는 자들의 혀가 뱀의 그것으로 변하라고 저주를 퍼부었다. 하지만 다시 유언비어가 돌아, 총에 맞아 피를 흘리는 시민군에게 황금동 작부 아가씨들이 떼로 몰려와 "내 피를 쓰세요. 몸은 이래도 피는 깨끗해요"라고 헌혈을 했다는 말을 들었을 때, 도청을 끝까지 사수하다가 죽은 것은 책상물림 것들이 아니라 글뒤주들이 아니라 난놈들이 아니라 날품팔이, 양아치, 구두닦이, 때밀이, 미장이, 신문팔이, 시다, 지게꾼, 공돌이, 공순이, 실업자였다는 말을 들었을 때, 그는 울면서 웃었다. 절망에서 희망으로 아주 손쉽게 다리를 건너갔다.

그것이다.

민중만이 희망이었다. 민중은 고통 속에서 쓰러지지만, 스스로 일어선다. 그것은 그들이 그런 고통을 거듭 겪는 과정에서 놀랍게도 자기를 초월하는 능력을 지니게 되기 때문이다. 멀리 갈 것도 없이, 전태일 사건을 보면 확실히 그렇지 않은가.

"저는 민중을 미화하지 않습니다. 그러나 저는 민중의 다른 면을 봅니다. 그것은 민중은 자기초월이 가능하다는 사실입니다. 최근의 경험을 회상하면 돼요. 1970년 '전태일'이란 젊은이가 자신은 굶주린 상태에서 동료들이 억울함을 호소하다가 어디에서도 통하지 않으니까 마침내 자신을 불태워 세상을 깜짝 놀라게 했고, 그것이 평화시장을 위시한 노동자의 현장으로 우리의 눈을 돌리게 했어요. 그는 자신을 제물로 바친 것입니다. 아니, 자신을 나누었다는 말이 적절합니다. (중략) 저는 이것이 자기초월의 사건으로서 교회가 아니라 민중에게서 일어난다는 사실에 당황합니다. 이것이 바로 예수가 지른 불이 계속 타나가고 있는 것이 아닌가요?"4

그는 다시 희망을 품는다.

하지만 곧바로 그에게 통지가 왔다. 한신 이사회가 다시금 그를 파면한 것이다. 능히 이해할 수 있는 일이기는 했다. 어쩌면 차라리 잘된 일인지도 몰랐다. 그러나 그는 제 손으로 사표를 낼 수는 없었다. 아무리 남아 있는 이들의 입장을 이해한다고 해도 그것만큼은 받아들이지 않았다. 그게 그의 결벽이자 양심이었다. 결국 황성규가 대신 사표서를 쓰고 대신 도장을

파서 찍어 절차를 밟을 수밖에 없었다.[5]

그는 다시 거리로 쫓겨났다.

그것으로 끝이 아니었다. 한여름 삼복더위가 찾아왔을 때, 이번에는 더위 먹은 듯 해괴한 일을 당하는 것이다.

진시황은 분서와 갱유를 실시했다. 새로운 권력의 기틀을 위협하는 목소리를 철저히 잠재우지 않으면 안 된다는 승상 이사李斯의 건의를 받아들인 것이다. 이로써 "천하에 감히 수장되어 있는 시詩, 서書 및 제자백가의 저작들"이 모두 불살라지게 되었으니, 남은 책이라고는 의약, 점복, 종수種樹에 관련된 서적들뿐이었다.

1980년 여름, 한국 사회는 '분서' 이상의 참혹한 도서 절멸 기도를 목격해야 했다.

전두환 중심의 이른바 신군부는 광주항쟁 직후인 5월 31일 국가보위입법위원회를 설치, 그야말로 '자신들의 야욕을 보위' 하기 위한 노골적인 행보를 전개한다. 그들이 위기에 빠진 국가를 보위해야 한다는 허울 좋은 명목으로 실시한 작전 속에 바로 '분서' 이상의 '폐간'이 포함되었다. 그들은 단순, 무식, 과감했다.

7월 31일, 문화공보부 장관은 사회정화 차원에서 『뿌리깊은 나무』(한창기), 『씨올의 소리』(함석헌), 『창작과비평』(정해렴), 『문학과지성』(김병익) 등 총 172개 정기간행물을 폐간한다고 밝혔다. 그 속에는 『아리랑』, 『명랑』, 『사랑』, 『소녀생활』, 『사천군향우회보』, 『와세다회보』 등이 포함되어 있었다. "각종 사회적 부패 요인"이 되어 오거나 "음란 저속 외설적 내용으로 청소년의 건전한 정서에 유해"한 내용을 게재한 간행물, 혹은 "계급 의식의 격화, 조장, 사회불안을 조성"해 온 간행물이 그 대상이 라고 했다.

신문 1면에 실린 그 기사에는 『현존』(안병무)도 들어 있었다. 『현존』은 부패, 음란, 저속, 외설과 무관했다. 그렇다면 천상 "계급의식의 격화, 조장, 사회불안을 조성"해 온 간행물일 텐 데, 안병무는 자기 둘째 자식 같은 『현존』이 꿈엔들 그런 몹쓸 짓(?)을 한다고 생각해 본 적이 한 번도 없었다. 오히려 그 반대 라면 몰랐다. 그는 『현존』이 세상을 아름답게 하는 데 소금 구 실을 하리라 믿었고, 그래서 온갖 어려움을 이겨 내며 무려 11 년간 매호 약 천여 명 독자들의 성원을 바탕으로 악착같이 권 수를 이어 오던 중이었다. 그런데 통권 113호로 폐간이라니!

어디에 대고 하소연할 데도 없었고, 그러고 싶지도 않았다. 안병무는 참혹한 현실을 있는 그대로 받아들임으로써 오히려 새 힘을 비축했다.

신군부는 일사천리로 정치일정을 밀고 나간다. 전두환은 거 칠 게 없었다. 언론은 앞 다투어 그를 칭송했다. 조국을 누란의 위기에서 구해 낸 영웅, 황강(합천)에서 북악(청와대)까지 자기 운명을 개척해 온 멋진 사나이라며 연일 방송 화면과 신문 지 면을 도배한다. 그리고 9월 1일 그는 마침내 대통령에 취임한 다. 제5공화국이 공식적으로 막을 연 셈이고, 해직교수들에게 는 참으로 가혹한 시련이 본격적으로 시작되는 셈이었다. 그들 은 해직교수들에게 1년간 글을 쓰거나 시간강사로 강의를 하 는 것조차 막는다. 말하자면 돈이 될 만한 일을 모두 막아 버린 것이다. 참으로 치사한 짓이지만, 해직교수들은 더 치사한 짓을 해서라도 당장 먹고살 일을 걱정해야 할 판이었다.

당시 해직교수들은 전국적으로 총 86명에 달했다. 그들 중 서울에 있는 사람들은 크게 다산연구회(이우성, 강만길, 정창열, 정윤형, 김진균 등)와 '거시기' 산악회(변형윤, 리영희 등), 그리고 기독교 계통 교수들(안병무, 문동환 등)로 크게 세 개의 동아리로 나눌 수 있었다. 그리고 지방에서는 특히 전남대 쪽 해직교수가 많았다.[6] 어쨌든 그들은 세상과의 끈을 놓치지 않으려고, 또 생계를 해결하려고 이런저런 고민들을 하고 있었다.

안병무가 꾀를 냈다. 그에게는 한국신학대학 대신 한국신학연구소가 있었고, 『현존』 대신 『신학사상』이 있었다. 그는 한국신학연구소 사업의 일환으로 해직교수들에게 연구 프로젝트를 맡기기로 한다. 독일교회에서 그 프로젝트를 후원하자, 해직교수들은 3년에 걸쳐 고정적인 연구비를 지급받을 수 있게 된다. 아울러 『신학사상』에 기획위원으로 위촉하는 등 동료들이 용기를 잃지 않게 하는 데 큰 도움을 준다.

갈릴래아의 예수

몸이 부쩍 나빠졌다. 심장이 제멋대로 그를 옥죄는 것이다. 감옥에서 마가린을 너무 많이 먹어서 악화된 것이라고 생각할 뿐이었다. 1978년 가을 이미 그는 회의 참석과 강연차 독일에 갔다가 심장 발작을 일으킨 적이 있었다. 의욕이 앞서 무리를 했기 때문이었다. 슈투트가르트 개신교 선교국의 동아시아 담당자 글뤼어W. Glüer 등의 염려 속에 병원에 입원하여 정밀진단을 받았다. 튀빙겐 대학병원 의사들은 육체적으로나 심리적으로 긴장할 때 심장벽이 뚫릴 수 있음을 거듭 경고했다. 의사들은 그에게 말했다. 계단을 오를 때 조심하시오. 흥분하지 마시오. 무엇보다 공적인 강연을 더 이상 하지 마시오. 그러나 1980년 가을 글뤼어가 한국을 찾아와 그를 다시 찾아왔을 때, 글뤼어는 안병무가 튀빙겐 의사들의 말을 전혀 듣지 않았다는 사실을 깨닫는다. 안병무의 신경은 지극히 예민했다. 글뤼어도 이미 공항을 빠져나올 때 그의 짐이 어떤 이유에서인지 '보안' 때문에 노작하지 못했다는 사실로 미루어 상황의 심각성을 짐작했다. 안병무는 최소 십분여 아무 말도 하지 못하다가 기어이 이렇게 묻는다.

"밖에서는 어떻게들 생각합니까?"

글뤼어는 그런 안병무를 그대로 인정해 주는 수밖에 없었다. 그 짧은 만남으로도 그는 이미 발제, 강연, 토론 없는 안병무를 생각할 수 없다는 결론을 내리고 있었다.[7]

한 번 통증이 찾아오면 가만히 있어도 저절로 진땀이 흐르고 심할 때는 쓰러지기도 했다. 제자 의사가 진찰을 하고 당장 입원할 것을 권해도 내일 중요한 일이 있다고 하면서 차일피일 미루기 일쑤였다. 약을 늘 지니고 다니지 않으면 안 될 지경까지 이르렀다.

그래도 그는 연구소 일과 집필, 그리고 동지들을 만나는 일을 중단하지 않는다. 설교도 멈추지 않았다. 향린교회는 1974년에 전담 목사를 두고 일반 교회로 전환한다. 물론 안병무는 독일에서 귀국한 뒤 15개월 동안은 평신도로 향린교회에서 설교를 도맡아 했는데, 매번 창의적이어서 사람들의 귀를 모았다. 그는 똑같은 텍스트라도 새로운 컨텍스트에 비추어 늘 새롭게 해석했다. 그런 설교는 다만 머리에서 나오는 게 아니었다. 그는 설교 준비에 열과 성을 다했다. 설교 전날, 그는 구상한 내용을 미리 박영숙에게 말해 주는데, 그건 박영숙이 특히 듣는 귀가 있다고 판단했기 때문이다. 부창부수라고, 박영숙은 그런 남편의 설교 내용을 알고 갔으면서도, 설교 때마다 주체할 수 없이 눈물을 흘리곤 했다. 사실 고루한 신앙을 지니고 있다고 스스로 판단한, 아니 그런 줄도 모르고 그저 교회만 오가던 박영숙에게 안병무는 남편이기에 앞서 늘 신앙의 스승이었다. 결혼 후에는 정말 많은 변화를 가져오게 해 주었다. 무엇보다 박영숙이 신앙인으로서 안병무를 존경했던 것은 그가 자신의 설교(신앙)와 생활을 일치시키고자 부단히 노력했다는 점이다. 만일 조금이라도 잘못했을 때 그는 그걸 합리화하는 대신 자책하고 반성하는 데 주저함이 없었다. 그런 면에서 그는 참으로 일관성이 있었다.

1980년대 들어서 안병무의 성서적 관심은 특히 마르코복음에 맞춰진다. 실제로 80년대 초반 그의 주요 논문들은 마르코복음과 관련한 사색을 반영한 결과였다. '민중신학'이라는 단어도 서서히 등장하기 시작한다. 그것은 물론 당대 민중운동의 전개 과정과 궤를 같이하는 것이었다.

그는 왜 마르코복음에 새삼 주목하기 시작했는가. 그것이 가장 오래된 복음서라는 데에도 이유가 있지만, 그래서 어떤 형태로든 후기 복음서에도 영향을 미치게 되기 때문이기도 하지만, 무엇보다도 기자記者 마르코의 '삶의 자리Sitz im Leben'가 독특하다고 판단했기 때문이다.

물론 서구의 일부 신학자들도 그 점을 인정하지 않는 바는 아니었다. 특히 양식사학파는 전승체, 즉 복음서 편자들의 '삶의 자리'를 개인의 것이 아니라 '공동체'라는 전제에서 사회학적 대상에 도달했다. 그럼에도 불구하고 그들은 공동체의 성격을 결정짓는 정치사회적 여건에는 관심을 기울이지 않고 오직 종교적 이념의 전승 과정만 추구했다.

안병무는 이 점이 놀리있다. 삶을 '정신과 육체' '개인과 사회'로 이분하는 것은 사변의 유희에 불과했다. 그런 식으로는 절대로 삶 자체에 접근할 수 없다. 이런 점에서 마르코 기자의 삶의 자리를 살펴보면 매우 중요한 사실 하나를 발견할 수 있다. 그것은 그 개인이든 공동체든 로마제국에 나라를 빼앗겼을 뿐 아니라, 자기 땅에서 추방되어 고향도 토지도 집도 빼앗기고 미래에 대한 아무 보장도 없는 이방의 땅을 거지떼처럼 방랑하는 현장이었다. 그는 이 점을 온몸으로 절감하고 있었기 때문에 예수가 십자가에 못 박혀 죽은 사건을 그런 삶의 자리에서 파악한다. 이는 결국 예수를 둘러싼 모든 신화를 벗겨 내고, 역사의 예수 그 자체로 다가서려는 시도였다. 홀렌바흐P. Hollenbach도 신약성서 가운데 오직 마르코복음서만이 권력의 표상으로서 신화화된 예수상을 강력하게 비판하고 있다면서, 마르코복음 대 신화화된 그리스도교 사이의 역동적인 관계를 통해 비로소 현대를 이해하는 실마리를 얻을 수 있다고 주장한다.[8] 한 젊은 신학자도 이것이 당대 일반적인 교회론의 성서적 배경이었던 바울 대신 바울신앙의 토대였던 예수에 주목한 안병무의 당연한 선택적 귀결이었다고 판단한다.

안병무 선생이 마르코복음을 중요시한 것은 바울보다는 '예수'를 통해 교회와 신학을 말해야 한다는 주장과 관련됩니다. 이 주장은 실은 교회에 문제를 느끼고 있던 선생이 교회론의 성서적 배후였던 바울 대신에, 바울신앙의 토대였던 이인 예수를 통해 교회를 근원부터 다시 살피겠다는 뜻을 담고 있습니다. 해서 선생은 평생을 '역사의 예수'에 집중했던 것입니다.[9]

어쨌든 안병무에게 긴급한 과제는 이런 것들이었다.

첫째, 유다 전통 전반에 대한 재검토.

둘째, 실향민으로 하루하루를 불안에 떨며 사는 저들에게는 현재의 그리스도, 저들과 함께하는 예수 그리스도가 요청된다. 그렇지 않다면 이들에게 예수의 부활 사건을 어떻게 설명할 수 있는가. 이미 구원받았다는 교리가 설명이 되는가.

셋째, 그런데도 이미 예수는 이념화되고 교리화되어 권위를 요구한다. 그것을 뚫어야만 밑바닥 민중에게 다가갈 수 있지 않은가.

넷째, 저들은 시시각각 죽음의 위협을 받고 있다. 따라서 중요한 것은 십자가 죽음의 사건이 지금 저들의 죽음의 사건과 어떤 관계가 있는가 하는 점이다.

안병무는 마르코복음을 주목할 때 이런 질문을 던짐으로써

새로운 해석의 길을 열기 시작했다.[10] 그것이 곧 '갈릴래아'의
예수였다.

그러면서 그는 스스로 다시 하나의 질문을 던진다.

"한국의 갈릴래아는 어디인가? 내가 사는 여기 서울인가?"

그는 그 질문을 할 때 이미 답을 알고 있었다. 단언컨대, 그
것은 '광주'였다. 비탄의 감탄사 '오!' 없이는 부를 수 없는 이
름, "오, 광주여!"

민중신학

1980년대 한국 사회운동의 가장 큰 발견은 '민중'이었다.

민중은 민족의 실체였고, 역사의 담지자였고, 생산의 주체
였다. 이것은 엄청난 가치관의 혁명을 의미했다. 민중적 가치
관. 그것은 가령 미술의 경우 자로 잰 듯한 선 대신 논두렁 밭
두렁처럼 삐뚤삐뚤한 선의 가치를 재발견하는 것이었고, 연극
의 경우 배우와 관객을 완전히 분리하는 서구적 무대 개념 대
신 배우와 관객이 함께 어우러지는 한판 마당을 의미했으며,
문학의 경우 골방에 틀어박힌 창백한 지식인만이 작가라는 전
통적 개념을 거부하여 마침내 노동자 시인 박노해의 출현을 유
도했다.[11] 박노해는 등장할 때부터 무성한 화제의 중심이었다.
그의 시는 한 편 한 편이 비수였다. 참혹한 노동 현실을 소름이
끼칠 정도로 핍진하게 그려낸 것이다. 나아가 그의 시는 지식
인 시인들이 아무리 애를 써도 닿을 수 없는 지점에 이미 도달
해 있는 듯 보였다. 무엇보다 투철한 계급적 자기인식 때문이

었다. 그는 계급적 증오를 뜨뜻미지근하게 포장하지도 않았다. 그의 시에는 서릿발 같은 증오가 서려 있었다.

> (전략)
> 내 품속의 정형 손은
> 싸늘히 식어 푸르뎅뎅하고
> 우리는 손을 소주에 씻어 들고
> 양지바른 공장 담벼락 밑에 묻는다
> 노동자의 피땀 위에서 번영의 조국을 향락하는 누런 착취의 손
> 들을
> 일 안하고 놀고먹는 하얀 손들을
> 묻는다
> 프레스로 싹둑싹둑 짓짤라
> 원한의 눈물로 묻는다
> 일하는 손들이
> 기쁨의 손짓으로 살아날 때까지
> 묻고 또 묻는다
> (「손무덤」)

그의 등장을 두고 민족문학 진영에서는 문학의 신원(출신) 문제를 둘러싼 논쟁이 벌어졌다. 많은 젊은 이론가들은 박노해를 하나의 예로 들면서 이제 민족문학은 민중문학(또는 민중적 민족문학)으로 중심을 이동해야 하며, 이때 당연히 노동자, 농민 등 민중이 새로운 문학의 주체가 되어야 한다고 주장하기

시작했다. 이에 대해 관변의 학자들은 민중이 '인민대중'에서 나온 말로, '민중을 앞세우는 것은 결국 빨갱이'라는 판에 박힌 도그마를 선전하기에 여념이 없었다.

하지만 역사의 지평에서 대세는 이미 민중의 편이었다. 신학의 경우도 마찬가지여서, 사람들은 어느새 그것을 '민중신학'이라고 부르고 있었다.

예를 들어 서남동이 성서의 민중전통과 한국 역사의 그것을 합류시키려 애쓸 때, 현영학이 한국 가면극에 나타난 민중의 해학을 주목할 때, 문동환이 성서의 재해석을 통해 민중의 의식화 教육을 밀힐 때, 서광선이 민중종교의 사회학적 현상을 분석할 때, 김용복이 민중의 사회적 전기를 채록할 때, 한완상이 즉자적 민중과 대자적 민중의 상호관계성을 추적할 때,[12] 허병섭이 달동네에서 빈민들과 직접 부딪칠 때, 그리고 뒤늦게 민주화운동에 뛰어들어 호조차 '늦봄'인 문익환이 목사들보다는 민주화운동가, 노동자, 농민들을 훨씬 빈번하게 만날 때, 그것은 그들이 직접 그 단어를 쓰든 않든 벌써 '민중신학'의 구체적인 이론 작업이자 동시에 실천 작업이었다.

안병무의 경우, 우리는 그것을 그의 '오클로스'론에서 단초를 발견할 수 있다. 그 후 그는 특히 마르코복음의 전승 과정, 특징 등을 새롭게 분석해 내면서, 자신의 입론立論이 그저 재치 있는 신학적 상상력의 소산은 아니라는 점을 차곡차곡 증명해 갔다.

"신약에서 특히 마르코복음서의 비중을 재확인한 것은 민중신학이 도달한 필연이라고 봅니다. 마르코복음서는 맨 처음 쓰인 '복음서'라는 의미에서도 그 중요성이 있지만 그 성격이 너무도 민중적이라는 데 그 핵심적 의미가 있습니다.”[13]

반면 가령 그는 마태복음의 경우, 유대적 경향이 농후하고 교회의 권위와 질서를 위한 말씀들을 독점하고 있다는 데 큰 특징이 있다[14]고 보았다. 루가의 경우, 예수의 행위나 그의 설교를 통해서 소외자들에 대한 하느님의 사랑을 강조한 것이 현저한 특징[15]이지만, 다가와 겐조도 지적하듯이 그것은 1세기 말에 이미 커다란 세력으로 성장한 교회의 입장과 시선을 크게 반영하고 있었다. 거의 모든 설교가 “만일 회개하지 않으면 누구나 똑같이 파멸된다”며 회개를 권고하는 게 그 때문이다.[16]

이제 그는 성서, 예수, 하느님, 교회, 죄, 성령, 부활 등 기독교의 거의 모든 주제들에 대해서 일관되고 통일적인 시각에서 재해석하는 작업에 돌입한 것이나 마찬가지였다. 이때 그는 물론 성서를 가장 중요한 텍스트로 삼았지만, 그 텍스트와 컨텍스트, 즉 사회역사적 문맥과의 관계를 유기적으로 파악하는 노력을 결코 잊지 않았다.

사람들은 서남동은 “컨텍스트에서 텍스트로” 간 반면, 안병무는 “텍스트에서 컨텍스트로” 갔다고 말하고, 또 민중신학에서 서남동이 ‘민중’신학을 중요시하는 반면, 안병무는 민중‘신학’을 중요시한다고 다소 거칠게 말하기도 했다. 하지만 안병무 당자의 생각은 간단했다. 즉 텍스트와 컨텍스트 둘을 어떻게 갈라놓을 수 있느냐 하는 것. 이는 기본적으로 그가 주객도식 자체를 거부하는 것을 가장 기본으로 간주했기 때문이다. 거듭 말하자면, 안병무는 신학이 전제된 성서 해석을 거부하고 성서 그 자체가 이미 텍스트와 컨텍스트이며, 예수와 민중은 분리되지 않는다고 하는 것이다.

언젠가 스위스의 신학자 부리Buri가 한국에 와서 안병무를 찾았다. 그는 시간이 나면 일본이나 한국을 자주 들르는 신학자였다. 서양에서는 도무지 주객도식을 극복할 길이 없는데, 동양에서는 어떻게 그게 극복 가능한지 알고 싶어서라고 했다. 그 질문에 대해 안병무는 쉽게 대답했다.

"(우리에게) '나'와 '너'는 엄격히 구별되어 있지 않다. '나'와 '너'보다는 '우리'가 더 중요하다. 우리의 가족제도 때문에 그렇게 된 것인지는 모르겠으나 어쨌든 우리에게는 '우리'가 중요하다. 일상 언어에서도 주체나 객체가 중요한 게 아니라 동사가 중요하다. '나는 너를 사랑한다'고 말하지 않고 그저 '사랑해'라고 말한다. 그러면 알아듣는다. '나는 이 집에서 나와서 나의 집으로 간다.' 독일어에서는 이렇게 말하지 않으면 안 되지만 우리는 그저 '갑니다' 하면 된다. 우리는 주어와 목적어를 분명히 밝히지 않아도 문제가 되지 않는다. 그러나 너희들의 영향을 받고부터 문제가 되기 시작했다. 컨텍스트와 텍스트를 둘로 갈라놓고 '어디에서, 어디로'라는 것을 고민하는 것은 서구인의 고민이지 우리의 고민은 아니다."[17]

이 말은 곧 민중신학이 책상에서 한가롭게 그런 것을 따지며 출발한 게 아니라는 말이기도 했다. 이런 점에서 그의 '민중신학'은 어쩌면 오클로스론 훨씬 이전부터 이미 형성되어 있었을지 모른다. 왜냐하면 처음부터 그의 관심은 '신학'이나 '신학 하는 것'이 아니었기 때문이다. 그의 관심은 초지일관, 역사의 예수를 제대로 알아 제대로 살아야겠다는 것뿐이었다. 그런데 그 앞에서 이미 어머니 선천댁이 그렇게 살다 돌아가셨다. 전태일이 그렇게 살다 죽었다. 광주에서 수백 명이 그렇게 살다 죽었던 것이다.

안병무에게 이렇게 또 묻는 이들이 있었다.

"그럼 도대체 당신이 말하는 그 민중이 누구요?"

안병무는 차라리 "모른다"고 대답하고 싶었을지 모른다. 왜냐하면 무어라고 대답하는 순간, 물어 보는 이든 대답하는 자기든 필연적으로 그 개념의 포로가 될 것이기 때문이다. 그래서 그가 할 수 있는 말은 아마 "민중에게 가서 물어 보시라" 하는 것일지 몰랐다.

민중은 노동자, 농민, 도시빈민이었다. 맞는 말이다. 그러나 그런가 하고 물으면 또 빠져나가는 게 반드시 생긴다. 예수는 세리와 창녀, 죄인을 말했다. 그들과 함께했다. 그들이 내미는 손을 뿌리치지 않았다. 그런데 자본주의 사회에서 세리, 창녀, 죄인은 어떤 계급인가. 그런 식으로 빠져나가는 게 무서워서가 아니었다. 그보다 민중은 무엇보다 산 실체이기 때문이다. 그래서 민중은 주체적으로 자기를 규정해 나간다. 민중은 늘 움직이며 살아간다. 따라서 정적으로 파악되지 않는다. 그 세계에 직접 참여함praxis으로써만 인식되는 실체다.

그들이 또 묻는다.

"그럼 예수는 민중인가?"

이에 대해 안병무는 씩씩하게 대답한다.

"그렇다. 세례 요한이 '보라! 세상 죄를 지고 가는 하느님의 어린양이로다!'라고 했을 때, 그 예수가 바로 민중이다."

이에 대해 금방 또 질문이 나온다.

"당신은 예수 사건이 오늘 여기서 재현되는 것이라고 했다. 전태일을 통해서! 광주를 통해서! 그때 그 고통받는 전태일(그 개인이든 청계피복 노동자이든)이 예수란 말인가? 광주에서 죽은 그들이 예수란 말인가?"

"그들이 예수건 아니건 그게 중요하지 않다. 그들이 고통받는 민중으로서 스스로 십자가에 달려 죽음으로써 세상을 구한다는 사실이 중요하다."

"뭐? 민중이 세상을 구원한다고? 예수가 아니고? 놀랍다! 아무리 당신이 익지를 존중한다고 해도, 나는 도저히 이해할 수 없다. 한 가지만 묻자. 그렇다면 그 민중은 누가 구원하는가? 누군가는 구원해 주어야 할 것이 아닌가? 그렇지 않다면, 그 민중은 혹시 구원자를 기다리지 않는다는 말인가?"

마지막 이 질문은 독일의 저명한 진보주의 신학자 몰트만의 그것과 (똑같지는 않겠지만) 비슷하다. 사실 독일 튀빙겐 대학 교수이며 저서 『희망의 신학』으로 세계적인 명성을 떨치고 있던 몰트만은 독일 신학계의 누구보다 한국 민중이 겪는 고통에 대해 진심 어린 연대감을 보낸 사람이기도 했다. 그는 한국에 들러서 한신에서 강연도 했고, 안병무가 독일에 가면 종종 만나곤 했다.

언젠가 그가 한국에 왔을 때, 서광선의 집 지하에서 그는 안병무를 비롯 한국의 대표적인 민중신학자들과 토론을 벌였다. 그때 안병무와 몰트만은 치열한 설전을 벌이기도 했는데, 몰트만이 끝까지 물고 늘어진 것은 바로 그 대목이다.[18] 그때 물론 몰트만의 머릿속에는 나치를 지지한 독일 민중이 거대한 암초처럼 자리를 잡고 있었을 것이다.

안병무는 이렇게 답했다.

"민중은 스스로를 구원한다. 왜냐하면 민중은 자기초월 능력이 있기 때문이다."

자기 책『희망의 신학』에서 "지금까지 기독교 철학은 세상을 어떻게 새롭게 보느냐에 종사해 왔다. 지금부터 일은 세상을 어떻게 만드느냐에 있다"고 주장한 몰트만도 물러서지 않았다.

"그건 당신이 민중을 당신이 가장 경계하는 또 하나의 율법, 즉 또 하나의 도그마로 만드는 일이다."

이에 대해 어떤 설전이 더 오갔을까. (이하, 순전히 추측이다.)

"함부로 말하지 말라! 당신은 한국의 민중들을 알기나 하는가?"

"민중의 구원은 민중의 선택 사항이 아니다. 내 신학자로서의 전 경력을 걸고서 말한다. 민중의 구원은 하느님의 선택사항일 뿐이다!"

만일 이렇다면, 안병무는 구원의 주체로서 하느님을, 예수 그리스도를 놓아 버렸단 말인가. 그렇다면 교회는 또 무어란 말인가. 김명수는 안병무가 구원의 주체로서의 예수 그리스도를 놓아 버렸다고 한 반면, 몰트만은 이를 끝까지 붙들었다고 정리한다.[19]

몰트만은 그 문제에 대해 편지를 두 번이나 보내오기도 했다. 그는 "예수가 민중이다"라는 주장은 받아들일 수 있지만, "민중이 예수다"라는 말은 거부한다고 밝혔다. 안병무는 거기에 답해야 할 의무가 있었다. 그런데 그는 답답하기만 했다. '세상 죄를 지고 가는 하느님의 어린양'이라는 말을 2000년 전 팔레스타인의 예수에게 붙였다면, 오늘 끔직한 고통을 당하는 한국의 민중들에게 그 말을 못 붙일 이유가 어디 있는가.

"이렇게 자명한 것을 보려 하지 않고, 무슨 신학적 관념 따위를 가지고 예수는 특별하고 예외적인 존재라고 생각하고, 민중을 이미 알았다고 생각하고……."[20]

안병무는 예수와 민중을 존재론적으로 보지 않았고 사건으로 이해했다. 예수 사건은 민중과 하나됨에서 일어난다. 따라서 사건으로서의 예수와 민중은 둘이 아니라 하나다. 이로써 안병무의 이른바 '사건의 신학'이 나오고, 그것이 결국 민중신학의 핵심이 되는 것이다.

유언과 비어

해직교수라는 꼬리표가 붙었어도 안병무는 바빴다.

한국신학연구소 일을 챙겨야 했고, 이제 막 활발하게 그 모습을 갖춰 가는 민중신학을 이론적으로 정리하는 작업을 해야 했고, 설교에 강연도 해야 했다. 그런 차에 1983년 8월 18일 해직교수 25명이 모여 해직교수협의회를 만들었다. 안병무는 이 일에도 적극적이었다. 그는 이 협의회가 그저 복직문제를 해결하는 데 초점을 맞추어서는 안 된다고 생각했다. 복직도 중요하지만, 그들이 해직된 근본적인 이유, 즉 야만적 군사독재 정권의 실상을 폭로하고 그것을 민중에게 알리는 작업도 중요했다. 그 결과, 협의회는 일반인을 상대로 이른바 '민중아카데미'21를 만들어 교수 본연의 임무를 해 나갈 것임을 내외에 두루 알리기로 했다. 그러자 정부 쪽에서 여러 가지 통로로 불편한 '심기'를 비쳐 왔다. 그래도 협의회는 1984년 3월 21일 그들의 해직 원인이 된 '광주항쟁'의 성격을 민중적 시각에서 규정하며 비판하는 내용을 포함한 성명서를 발표한다. 그때만 해도 광주는 감히 거론해서는 안 되는 금기어였다. 그런데 이제 해직교수들이 공공연히 그 금기 영역에 발을 들여놓은 것이다. 꼭 그 성명서 때문은 아니지만, 어쨌든 이후 사회 각계에서 제5공화국의 '원죄'인 '광주'를 공식적인 투쟁 영역으로 끌어올리는 운동에 전력을 기울인다.

광주를 떠올릴 때 안병무는 '유언비어'라는 말을 동시에 떠올리곤 했다.

유언비어流言蜚語　　아무 근거 없이 널리 퍼진 소문. 낭설. 뜬소문.

그런가. 사전이 모든 것을 다 말해 주고 있는가.

광주는 5월 18일부터 마지막 도청 함락 때까지 철저히 고립되었다. 계엄군이 외지와 연결되는 모든 도로를 차단했고, 나중에는 전화도 불통되었다. 오직 '공식적'으로 배급되는 공중파 방송만이 외부 세계와 연결되는 유일한 통로였다. 당연히 그것은 일방적인 언로言路였다. 따라서 그곳에 유폐된 사람들에게는 필요하지도 않고 때로는 왜곡된 정보일 수도 있었다.

사람들은 오직 진실이 알고 싶었다.

우리가 지금 눈앞에서 목격한 이것이 과연 사실이란 말인가. 우리만 이런 것인가. 아니면 다른 곳에서도 이런가. 우리가 이토록 고통받고 있는 걸 누군가는 알까. 누군가는 이런 우리를 도우러 올까. 미국은 무엇을 하고 있는가. 대한민국의 군대 국군이 북쪽이 아니라 남쪽을 향해 총부리를 들이대고 탱크의 포신을 겨누는데, 민주주의를 우리에게 가르쳐 준 나라, 우리를 공산지배로부터 구해 준 우방, 미국은 그 막강한 '힘'을 왜 발휘하지 않는가.

딥답하기는 광주 바깥쪽도 마찬가지였다. 믿을 만한 소식은 없다. 거기서 무슨 일이 일어나고 있는지, 얼마나 많은 사람이 죽었는지, 알 도리가 없다. 이따금 유언비어만이 들려온다. 그래도 정부가 공식 언론매체를 통해서 강요하는 '공식적 유언비어'보다는 믿을 게 그것밖에 더 있는가. 적어도 그런 유언비어에는 광주를 자기로 여기고 함께 고통을 나눠 가지려는 마음이 있었다. 나아가 정확히는 알 수 없다고 해도 끔찍한 그 '야만의 시간' 아래 고통받는 이들을 위해 무언가 힘이 되어야 한다는 절박한 의지도 작용한다.

안병무는 저 70년대 악명 높은 유신체제를 관통해 오면서 민중의 유언비어가 나중에 얼마나 진실로 밝혀졌는지 충분히 알고 있었다. 그건 당대의 어떤 공공 언론매체보다 진실을 더 정확하게 전승시켜 주었다. 예를 들어 버스비를 올려놓고 '현실화'한다고 보도했다. 그때 그 '현실화'에서 '현실'은 누구의 현실인가. 그건 고작 권력을 지닌 자의 입장을 대변하는 폭력의 언어, 헤겔식으로 말하면 노예의 언어일 수밖에 없다. 모든 게 그런 식이다.

이미 1970년대 일부 양심적인 언론인들(동아일보 자유언론실천특위)도 이런 '관행'에 대해 스스로 반성한 바 있다.

> 기사나 제목에 금기로 된 용어는 없다. 학생데모를 학원사태로, 인상은 재조정, 현실화로, 대학을 학원으로, 임금동결을 임금안정으로, CIA, 보안사를 모기관으로, 차입을 도입으로, 허가를 양성화로, 특정인에 대한 정부재산의 불하를 민영화로, 세법 개정을 세제개혁으로 등등, 언제부터인지 버릇이 돼 있는 용어의 왜곡을 더 이상 되풀이하지 말자.[22]

안병무는 이런 점에 착안, 자신의 성서연구뿐만 아니라 한국 민중신학의 역사에서도 매우 중요한 의미를 지니게 되는 논문 한 편을 발표하게 된다. 1984년 10월 12일, 한국기독교 백주년 기념 신학자대회에서 발표한 「예수 사건의 전승 모체」가 바로 그것이다.

신약성서의 골격은 사실상 케리그마로 이루어져 있다. 그리고 그것은 신도들에게 한 것이든 비신도들에게 한 것이든 교회라는 공동체에 의해서 형성된 공적인 성격을 띤다. 그것은 교회의 지도이념인 동시에 바깥세상에 대해서는 그리스도교의 교리이다. 하지만 예수 사건을 놓고 볼 때 이것은 이차적이다.

태초에 케리그마가 있었던 게 아니라 예수 사건이 있었다!

안병무는 이런 전제에서 먼저 케리그마의 성격을 밝히려 한다. 그 결과 케리그마는 예수의 죽음과 부활에 초점을 맞추지, 그 이전에 있었던 수난과 부활 사건 자체에 대해서는 거의 말을 하지 않는다는 점을 입증한다. 예를 들어 가장 오래된 케리그마라고 할 수 있는 고린도전서 15장 3~8절을 분석한 뒤, 그것은 결국 예수 사건을 비역사화하고, 사건의 진상 규명보다는 교권 확립의 노력이 두드러지며, 당대의 외적인 조건을 의식해서 쓴 공적 성격이 뚜렷하다고 밝힌다.

그렇다면 그 이유, 즉 예수의 역사적 사건을 서술하는 대신 재빨리 그 의미만을 표시하는 케리그마의 형태로 옮김으로써 사실상 예수 사건을 추상화시킨 이유는 무엇일까. 이에 대해 안병무는 당대 공동체(교회)의 지도층과 민중을 구분하여, 특히 지도층의 필요성과 역할에 주목한다. 무엇보다 여전히 막강한 로마제국과의 충돌을 피하기 위해서였다. 자신들이 행여 로마와 맞서 싸운 젤롯당과 동일시될까 봐 거리를 둔다. 그와 동시에 유대교의 인정을 받고자 했다. 이렇듯 그리스도교 공동체의 보존을 위한 변증적인 노력들이 역사적 사건을 서둘러 추상화하도록 만든 것이다.

문제는 그 추상화가 원했든 원치 않았든 단순히 침묵으로 그친 게 아니라 예수의 역사적 사건에 대해서 왜곡하는 결과를 초래했다는 점이다. 그런데 마르코복음만은 특이하게도 다른 면모를 보인다. 무엇보다 거기에는 수난사가 적나라하게 드러난다. 그것은 왜일까.

안병무는 마르코에 나타난 예수 사건의 전승 모체가 케리그마로 사건을 전승한 부류와 다르다는 것을 입증한다. 즉 그 부

류는 자신들의 처지(정치적 상황, 교회의 위치 등)에 비추어 지도
층과 다르게 자기들 나름대로 사건을 전승했다. 그것은 공적인
루트가 아니며 '유언비어'의 형태를 띨 수밖에 없었다. 안병무
는 이 지점에서 사회과학의 성과를 빌리고, 한 걸음 더 나아가
역사의 구체적인 경험 사실(동학혁명, 관동대지진, 로마 대화재 사
건 등)에 기대어 유언비어가 민중언어로서 지니는 성격을 규명
하고자 했다.

그 결과, 예수 사건의 전승 과정에서 우리가 알 수 있는 것
은 무엇인가.

첫째, 예수 사건의 목격자들은 정치적 압박 밑에 있었다. 이
말은 정치적 박해 속에서는 어떤 심미적인 추구를 할 겨를이
없고, 어떤 사상이나 이데올로기를 반영하기보다는 급한 대로
사건 자체의 서술에 집중하게 된다.

둘째, 예수 사건은 묵살되거나 왜곡되었다. 그래서 목격자
들은 유언비어 형태로나마 진실을 규명하고 전달하는 데 노력
을 기울였다.

셋째, 그들은 예수 사건의 모호성 때문에 고민하는 동료들
에게 진상을 전달해야 했고, 그것은 당연히 유언비어의 형태를
띨 수밖에 없었다.

넷째, 케리그마와 비교할 때, 공관서들은 당대 원시 그리스
도교 공동체의 지도층에 의해 은폐된 예수 사건을 역사적 사실
로 적나라하게 드러낸다.

다섯째, 예수 민중의 수난사 전승에는 바로 그들 자신의 실
존적인 상황이 반영되었다.

이런 논지를 밀고 나간 안병무는 이렇게 결론을 내린다.

"예수 사건의 전승 모체는 어떤 소종파를 이루었거나 또는 예수 케리그마를 보존한 어떤 교회가 아니라, 교회원이라는 의식을 가지기 이전의 예수 사건의 목격자였으나 정치적 여건과 교회의 위치 때문에 그 사실을 공적으로 전승할 수 없었던 민중이었으며, 그들이 유언비어의 형태로 예수 사건을 전승했다."[23]

이것이 왜 중요한가.

그는 안병무의 오클로스를 기본적으로 귀속성 박탈이라는 점에서 본다. 즉 있어야 할 곳에 있지 못하고 해야 할 말을 박탈당한 존재. 그렇지만 그런 그들이 결국 예수와 함께 사건을 일으켰다. 그래서 그들은 치유됐고, 봉쇄된 언어가 회복된다. 자기 언어를 박탈당한 이들이 예수 이야기를 하면서 자신의 잃어 버린 언어도 되찾은 것이다. 예수 이야기, 그들의 예수 기억은 곧 타자화된 민중·오클로스의 자기회복 사건이며, 그런 점에서 민중 구원의 이야기라는 것이다.

김진호는 안병무의 유언비어론이 마르코복음을 통한 역사의 예수 연구의 새로운 가능성을 열어 놓은 혁명적인 성과라고 간주한다. 그는 안병무의 연구 성과를 다음과 같이 도표로 요약해 보여 준다.[24]

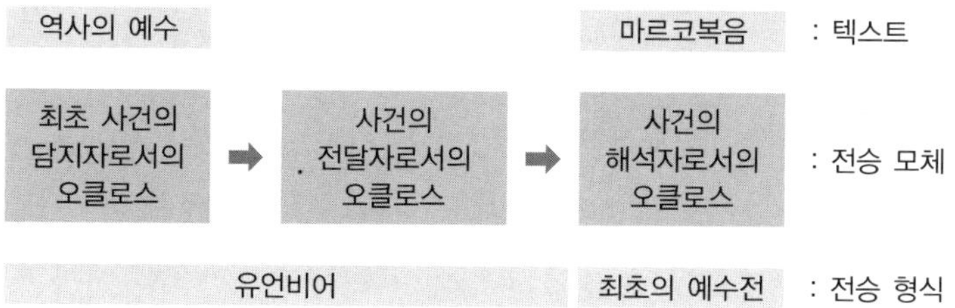

어쨌든 안병무의 유언비어론은 그것 자체로도 의미가 있지만, 민중이 지배층이나 지식인층의 그것과는 차별되는 언어, 즉 '이야기'를 지니고 있다고 확인하는 점에서도 중요하다. 그가 나중에 성서의 비유[25]를 본격적으로 짚어 낸 책(『예수의 이야기-성서의 비유풀이』=『안병무 전집』제6권)을 펴낸다거나, 어머니 선천댁의 이야기를 결국 완성한다거나 하는 것도 바로 그가 민중언어를 얼마나 중요하게 여기는지 증명한다.

그뿐인가. 그는 이 점에서도 거침이 없었다. 몇 가지 흔적만 살펴보자.

"그리스도교의 변증론 그리고 교회의 언어가 당시의 세계제국이었던 로마의 글 라틴어로 번역됨으로써 민중을 배반하고, 마취시키고, 억누르는 것이 되고 말았다."[26]

"예수의 언어, 특히 그의 비유는 참 민중언어의 전형이다."[27]

"민중은 논論하지 않고 이야기한다. …… 예수는 논하지 않았다……. 그는 그때 민중이 모두 아는 이야기만 했다. 일부러 수준을 청중에 맞게 낮추어서 말한 것이 아니다. 그것이 바로 그의 언어였다."[28]

"독재정권하에서 살아가는 민중에게 유언비어라고 하는 것은 그저 만들어 낸 이야기도 아니고 습관도 아닙니다. 그것은 생명을 나누어 가지기 위한 수단인 것입니다. 그것은 민중이 독자적으로 창안해 낸 방법입니다. 이것은 개미가 음식물이 있는 장소를 알릴 때에 자기 동료들에게 입에서 입으로 전달하는 그런 방식과도 같습니다. 그것은 성서가 생겨난 당시뿐만 아니라 바로 지금도 진실을 전달하기 위한 가장 유효한 수단이라는 것을 강조하고 싶습니다."[29]

보라, 이 사람을!

1984년 6월 14일, 정부는 해직교수의 원적 대학 복직을 허용한
다. 자기들에게 불리한 정국 돌파를 위한 유화책이었다. 이에
따라 안병무도 2학기부터 한신으로 돌아갈 수 있었다. 한신은
1980년에 이름을 한신대학으로 바꾸어 종합대학으로 전환했
고, 교사도 경기도 오산에 따로 마련했다. 수유리에는 신학대
학원만이 남았다.

안병무는 첫 강좌를 〈갈릴리의 예수〉로 잡는다.

그는 이제 시간이 많지 않다는 걸 스스로 잘 알고 있었다.
그러기에 자신이 평생의 화두처럼 왜 예수만을 붙잡고 매달렸
는지, 정리해 보고 싶었다. 눈빛 초롱초롱한 학생들과 더불어
그 뜻을 되새겨 보고 싶은 욕심도 있었다. 그렇게 하여 가능하
다면 '예수전'도 완성해 보고 싶었다. 몇 년 전 명동성당 초청
으로 열 번에 걸쳐 강의한 초록도 있고 해서 크게 힘들 것은
없었지만, 매번 그랬듯이 안병무는 강의 준비에 최선을 다했
다. 학생들 역시 격랑의 시대를 거치면서 해직, 구속, 복직, 해
직을 거듭한 노교수에게 큰 기대를 건다. 대형 강의실은 수강
학생들로 금세 차 버렸다. 안병무는 협심증 염려 때문에 의자
에 앉아서 강의를 했다. 그러나 강의를 하다 보면 이미 의사들
의 충고 같은 것은 까마득히 잊고 열정을 발휘하는 자신을 발
견하곤 했다. 그의 강의는 일방적인 칠판 강의나 주입식 강의

가 아니었다. 질문과 답이 수시로 오가는 생동감 있는 강의였
다. 또 평소 성격이나 심성과는 다르게 강의 때만큼은 칭찬보
다 날카로운 비판을 앞세웠다. 때로 문맥을 잘못 짚고 엉뚱한
질문을 하는 경우, 여지없이 호된 비판을 내렸다. 그래도 학생
들은 신이 나서 강의에 참여했다. 무엇보다 서구의 내로라하는
사상가나 신학자들이 마치 장비가 휘두르는 장팔사모 앞의 병
졸들인 양 우르르 쓰러져 나갈 때는 박수까지 칠 정도였다. 비
판을 위한 비판이 아니라, 이름에 주눅 들지 말라는 비판이었
다. 먼저 졸업한 선배들은 그런 재학생들을 부러워했다. 안병
무 하면 문익환 형제와 더불어 누구나 한신을 대표하는 교수로
여기지만, 실제 그로부터 수업을 받은 '행운의 학번'은 그리 많
지 않았다.

어쨌든 그 강의는 나중에 『갈릴래아의 예수』로 정리된다.

> 그때 그 강의를 얼마나 열심히 들었는지, 그 학기가 지나고 나서
> 는 예수의 시대 상황과 예수운동의 맥에 대해서는 마치 자신이
> 일가견을 갖춘 듯한 자신감이 들었다. 그때 배운 것이 지금까지
> 도 연구하거나 강의하거나 설교를 할 때에 밑천이 되고 있음을
> 늘 느낀다.[30]

안병무는 이 무렵 거창한 꿈 하나를 실현시키기 위해 노력
한다. 한국신학연구소와는 별도로 특히 평화신학, 통일신학을
집중적으로 연구하는 연구소를 한신에 세우고자 한 것이다. 그
의 머릿속 모델은 독일 하이델베르크 대학 부설 평화연구소였

다. 이를 위해 그는 독일 개신교 측과 부단한 접촉을 가졌고, 끝내 이를 '평화연구소'라는 이름으로 성사시킨다.[31]

아울러 안병무는 김관석 당시 KNCC 총무와 더불어 1984년 말 해직기자들이 주축이 되어 창간을 준비하던 월간 『말』지를 위해 독일 미세리오 재단과 접촉, 끝내 지원을 받아 내는 데 성공한다. 민주언론운동협의회는 그들이 마련해 준 700만 원으로 창간호를 무난히 꾸려 낼 수 있었는데,[32] 나중에 『말』지가 우리 민주언론운동사에서 차지한 역할을 생각해 보면 안병무의 헌신을 새삼 평가하지 않을 수 없다.

한편, 전두환 정권은 광주 이후 폭압적 통치를 통해 획득한 처음 한두 해의 헤게모니를 서서히 상실해 가고 있었다. 1983년에 민주화운동의 구심체로서 민주화운동청년연합(민청련)이 발족한 데 이어, 각 분야별 지역별로도 다양한 형태의 민주화 혹은 민중운동 단체들이 창립되거나 새로이 힘과 영역을 넓혀 나갔다. 이와 발맞추어 학생들도 학원자율화를 요구하는 등 본격적으로 힘의 반전反轉에 돌입했다. 1984년 5월 18일에는 민주화추진협의회가 발족(공동의장 김영삼, 공동의장 대행 김상현, 고문 김대중)되어 야당 세력이 일거에 힘을 얻는 계기를 마련했다. 그 여세를 몰아 재야는 이듬해 1월 신한민주당을 창당하고, 2월 12일 모처럼의 국회의원 선거에 임했다. 결과는 민주 세력의 압승이었다. 창당한 지 채 한 달도 안 되는 신한민주당이 들러리 정당 민한당을 누르고 제1야당으로 부상한다. 기층 민중운동 또한 활발하게 전개되는데, 지식인들이 노동현장에 대거 위장취업하거나 노동운동을 전개하는 등 전에 없는 분위기를 만들어 냈다. 농민운동 또한 소값 폭락에 항의하는 집회를 중심으로 들불처럼 번져 나갔다.

이때 놀라운 사건이 또 터진다.

1985년 5월 23일 대학생 73명이 서울 미문화원을 점거하여 광주사태에 관한 미국의 사과를 요구한 것이다. 이미 1982년 부산에서 미문화원 방화 사건이 있었지만, 이번에는 서울 한복판이었다. 그것도 철통 같은 경비를 뚫고 엄청난 인원이 들어간 것이니 파장은 엄청날 수밖에 없었다. 사람들은 방송 화면만 보고 처음에는 불안한 마음을 지우지 못했다. 아무리 정권이 밉다고 해서 미국을 비난하고, 그것도 저토록 '폭력적'인 방식으로 비난한다는 건 쉽게 받아들이기 어려웠다. 그게 솔직한 국민감정이었다. 말하자면 미국은 무조건 6·25의 은인이고 민주주의의 종주국이었다. 그러므로 미국을 비난한다는 것은 차라리 전두환을 비난하는 것보다 나쁜 행위였고, 금기 중의 금기였다. 사실 그때까지 전 세계 모든 나라에서 양키고홈이 외쳐져도 우리나라만은 반미의 무풍지대였다. 학생들은 그래서 바로 미국을 목표로 삼은 것이다. 그 미국이, 은인의 나라 미국이, 민주주의의 대부 미국이 어떻게 우리 군부가 국민을 무참히 학살하도록 군대 이동을 승인했는가! 학생들은 당시 주한미군사령관 위컴이 한 말도 처음으로 공개했다.

"한국인들은 들쥐와 같다. 들쥐의 습성은 한 마리가 맨 앞에서 뛰면 덮어놓고 뒤따라가는 것이다."

학생들의 주장은 유언비어로만 나돌던 광주항쟁 당시 미국의 개입 혹은 묵인 사실을 폭로하는 것이었다. 점거농성은 만

사흘 만에 자진해산으로 막을 내린다. 그러나 그 파장은 엄청났다. 우리 사회는 그때부터 '민주주의 국가' 미국의 위상을 전면적으로 재조명하는 거센 돌풍에 휩싸인다.

1986년 4월 28일 김세진, 이재호 두 서울대 학생이 전방입소훈련 거부 시위 중 '반전반핵' '양키고홈'을 외치며 분신자살한다. 안병무는 충격 속에 그 사건 소식을 접한다. 전태일을 막지 못했을 때처럼 뼈저린 회오가 몰아쳤다. 벌써 몇 명인가. 전태일 이후 김상진, 송광영 학생이 그랬고, 김경숙, 김종태, 박영진, 박종만 등 노동자들이 그랬다. 그런데도 모자라 다시 꽃다운 나이의 두 학생이 이렇게 죽디니!

그러나 그것은 결코 자살일 수 없다는 걸, 안병무는 잘 알고 있었다.

경원대생 송광영 열사의 분신자살(1985. 9) 현장을 문익환 목사는 이렇게 시로 증언했다.

이상히여 눈만 감으면 광영이 뛰어다는 게 여기도 저기도 보이니, 저게 다 내 아들이 아닌개비여! 뜨거운 불길이 여기저기 치솟는 것이 보이는구만! 저 아우성이 모두 광영이 아닌개비여!
(중략)
광영이 몸이사 인제 싸늘하게 식었지만 그 맴이사 어디 식었어? 어림 반푼 없는 소리여! 이 에미 가슴 이리도 불붙는디 그 맴이 어찌 식었어? 그 맴이 식는다면 당신네들이 떠들어 쌌는 조국이고 민주주의고 다 거짓말이여, 거짓말! 내 아들이사 대학교 졸업장도 못 받아 보고 장개도 못 가 보고 땅속에 들어가 썩어 버리

겠지만 제 똥 구린 줄이라도 안다무니야 광영인 백 번이라도 제
몸에 불 싸지를 거구면.[33]

안병무는 이 시를 읽고 또 읽어, 마치 자기가 손으로 만져
보는 듯한 부활 경험을 한다. 그는 그 고난의 역사에 동참했던
문익환 목사가 부활 경험을 한 것이라고 말한다. 그런데 그것
을 읽고 안병무가 다시 부활 경험을 하는 것이다. 그는 송광영
열사를 만난 적이 없듯이, 김세진과 이재호를 만난 적도 없다.
그러나 그는 그들이 언제고 다시 부활하여 그 어머니들에게 나
타날 것임을 믿어 의심치 않았다. 그 어머니들은 처음에 당혹
스럽고 하늘이 무너지는 것 같아 당장은 "내 아들!" 하고 외치
며 울부짖겠지만, 이내 그 아들들이 살아나 수천 수만의 김세
진 이재호로 늘어나는 감격을 맛보게 될 터였다.[34]

빌라도는 자기 손에 처형될 예수를 사람들 앞에 끌고 나와
"보라, 이 사람을 ecce Homo!"이라고 했다. 그냥 죽이면 그만이지
굳이 왜 그랬을까. 아무 저항할 능력도 없는 사람을? 안병무는
그가 비록 예수를 죽이기로 결정했지만, 그 자신의 숙명적인
역할을 하소연하기 위해 군중에게 정당한 판단을 요청한 거라
고 해석한다. 사실 빌라도는 예수를 처형함으로써 자신도 죽은
것이다. 그러므로 "보라, 이 사람을"이라는 말은 "보라, 이럴
수밖에 없는 처참한 내 꼴을!"이라는 말이기도 했다.

안병무는 김세진과 이재호를 죽게 한 그들을 향해 꼭 그렇
게 외치고 싶었다.

보라, 이 사람을!

"우리들은 쉬지 말고 '이 사람을 보라'고 반복해야 할 것입니다. 그러므로 그를 죽인 세력들, 그 세력을 조종한 미국의 세력이 내가 세상 죄를 지은 장본인이라고 고백하고 그들 자신이 속죄의 절규처럼 저들을 세상 앞에 내세워 '보라, 이 사람을'이라고 할 때까지."[35]

정의가 강물처럼

「화사」「국화 앞에서」「귀촉도」의 서정주. 그를 분명히 기억해야 한다. 우리 시사詩史에서 너무나 우뚝해 차라리 슬픈 코미디가 되는 그 미당 서정주. 일제 때는 조선 청년들을 사지로 몰아붙이며 누구보다 투철한 귀축영미鬼畜英美주의자였던 그가 1987년 1월 전두환의 56세 생일 축하장에 72세의 노구를 친히 이끌고 나와 청사(?)에 길이 남을 다음과 같은 송시를 읊는다.

> 한강을 넓고 깊고 또 맑게 만드신 이여
> 이 나라 역사의 흐름도 그렇게만 하신 이여
> 이 겨레의 영원한 찬양을 두고두고 받으소서
> 새맑은 나라의 새로운 햇빛처럼
> 님은 온갖 불의와 혼란의 어둠을 씻고
> 참된 자유와 평화의 번영을 마련하셨나니
> 잘 사는 이 나라를 만들기 위해서는
> 모든 물가부터 바로 잡으시어
> 1986년을 흑자원년으로 만드셨나니……

1986년 가을 남북을 두루 살리기 위한

평화의 댐 건설을 발의하시어서는

통일을 염원하는 남북 육천만 동포의 지지를 받고 있나니……

이 겨레의 모든 선현들의 찬양과

시간과 공간의 영원한 찬양과

하늘의 찬양이 두루 님께로 오시나이다.

이 시가 나오기 불과 나흘 전, 서울대생 박종철 군이 남영동 치안본부 대공분실에서 무자비한 고문 끝에 목숨을 잃는다. 그러고도 정권은 계속 악수를 둔다. 고문 치사 사실을 은폐하려다가 "물가를 잡고 흑자원년을 만든" 공로조차 까먹고 만다. 나아가 전두환은 대다수 국민의 여망을 무시한 채 4·13호헌조치를 발표한다. '대통령 직선제'라는 가장 낮은 수준의 민주적 요구마저 원천 봉쇄해 버린 것이다. 해도 해도 너무했다. 이에 길게는 1961년 5·16쿠데타 이후, 짧게는 1980년 5월 광주 이후 지겹도록 오래 지속된 '야만의 구조'에 대한 국민들의 분노가 바야흐로 어떤 절정을 향해 타오르기 시작했다.

우리는 한 장의 사진을 기억해야 한다.

뿌연 최루가스 속에서 마스크를 한 청년이 머리를 떨군 제 동료를 부축하는 사진. 그 한 장의 사진은 그 자체로 역사였다. 6월 9일 시위 도중 최루탄에 맞아 의식을 잃은 그 청년은 연세대생 이한열 군이었다. 그는 비록 병상에 누워 생사를 오가고 있는 몸이었으되, 수천 수만 장 사진으로 복제되어 6월의 거리로 흩어진다. 6월 10일, 전국 22개 도시에서 24만여 명(경찰 발표는 고작 1만 8500명!)이 참여한 가운데 '고문살인 은폐조작 규탄 및 민주헌법 쟁취 범국민대회'가 열린다. 그날, 전두환은 민정당 전당대회에서 육사 11기 동기생 노태우에게 권력을 이양한다. 그러나 대회가 열린 잠실체육관은 이미 철저히 고립된 '그들만의 섬'이었다. 그날 밤, 명동성당은 훗날 '6월항쟁'으로 명명될 거대한 싸움의 첫 봉화를 밝히는 성지가 되었다.

이때부터 각 부문별 지역별 운동단체들이 '호헌 철폐 및 직선제 쟁취'라는 대중적 슬로건 아래 대대적인 항의 시위를 조직했다. 거리는 매일같이 "독재 타도" "호헌 철폐" "이한열을 살려 내라!" "박종철을 살려 내라!"와 같은 구호로 뒤덮였다. 일반 국민들도 소극적 자세를 벗어던지고 반독재 민주화투쟁에 적극 호응하기 시작했다. 명동 일대 시위에는 이른바 '넥타이부대'로 불리는 직장인들도 앞 다투어 참여했다.

대세는 이미 결정된 것이나 마찬가지였다.

안병무도 벅찬 감격으로 6월을 보내고 있었다. 둑이 터졌고, 온 나라 온 거리에 정의가 강물처럼 흘러넘치는 것 같았다. 삼엄한 분위기에서도 민주헌법쟁취 범국민운동본부가 이미 향린교회에서 출범한 뒤였다. 한번은 천주교 정양모 신부와 함께 안암동 로터리에 있는 한국신학연구소 사무실에서 시위 대열을 보게 된다. 그가 떨리는 목소리로 말한다.

"정 신부님, 저것 좀 보세요. 저게 예수 부활 사건입니다."

그는 6월의 거리를 가득 메운 민중의 함성을 예수 부활 사건의 재현이라고 확신했다. 왜냐하면 예수 부활은 일회적 사건이 아니라 어제도 오늘도 내일도 반복되는 연속적 사건이기 때

문이다.[36]

6월 29일, 마침내 정의가 승리했다. 민주정의당 총재 노태우가 직선제 개헌을 골자로 한 이른바 6·29선언을 발표한 것이다. 물론 그것으로 모든 게 끝났다고 생각하는 사람은 없었다. 이제 겨우 거꾸로 흐르던 물길 하나를 바로잡은 것뿐이었다. 5·16쿠데타 이후 30년 가까이 왜곡된 물길들을 모두 바로잡고 민주주의의 둑을 튼튼히 다시 세우려면 아직도 가야 할 길은 멀었다.

7월, 전국 각지에서 노동자들이 골리앗 크레인처럼 거세게 들고 일어섰다. 그들은 전태일 이후 처음으로 입을 모아 외쳤다.

"우리가 역사의 주인이다!"

그 놀라운 함성 속에서, 민중신학의 개척자 안병무 교수는 드디어 정년퇴임을 맞이한다.

공성이불거[1]의 삶

죽임과 살림

1987년 7월 9일, 서울시청 앞에서 열린 이한열 열사의 장례식에는 백만 인파가 모였다. 문익환은 격정에 찬 목소리로 한국 민주주의 운동사에 길이 남을 명연설을 한다. 내용은 단순했다. 그는 오직 죽어 간 사람들의 이름을 떠오르는 대로 불러 나갈 뿐이었다.

"이한열 열사여! 박종철 열사여! 전태일 열사여! 김상진 열사여! 김세진 열사여! 이재호 열사여! 박영진 열사여……."

그뿐이다. 그는 스물여섯 명 열사의 이름을 불렀고, 눈물 그렁그렁한 눈으로 잠시 사람들을 바라본 뒤 단상을 내려갔다. 달리 무엇을 더 말하랴! 그가 더 연설을 했다면 사람들은 더 많은 열사들의 이름을 들었을 것이다. 결국 6월항쟁은 한국현대사에서 죽임을 당한 그 숱한 주검과 죽음의 부활이었다.

6월항쟁과 연이은 7, 8월 노동자대투쟁은 우리 사회의 구조화된 야만에 대한 통렬한 질타였다. 그것들은 어느 정도 가시적 성과를 거두기도 했다.[2] 그러나 야만의 세력들은 여전히 견고한 지배구조를 유지하고 있었다. 지역감정도 그 지배구조를 떠받치는 튼튼한 버팀목 중 하나였다. 여세를 몰아 일반적 민주주의의 완성을 위해 마지막으로 넘어야 할 산이 그것이었다. 그러나 마지막 고비에서 민주화 세력은 쓰라린 패배를 자초한다. 적진 앞에서 두 야당 후보의 분열. 그리고 지역감정을 각기 자신들의 승리의 발판으로 이용하고자 한 자만심 때문이었다. 1987년 12월의 대통령 선거에서 노태우가 대통령에 당선된다. 그로써 민주화에 대한 기대는 차디차게 식고 말았다.

이런 분위기에서 1990년대는 한 거대한 이데올로기의 믿을 수 없을 만큼 급격한 종언으로 막이 올랐다. 1917년 이후 지구의 거의 반 이상을 지배해 온 사회주의가 일단 구멍이 뚫리자 힘 한 번 못 써 본 채 소멸되고 만다.[3] 베를린 장벽이 무너졌다. 천년을 가리라 보였던 레닌의 동상이 밧줄 한 번 당김에 맥없이 고꾸라져 진흙바닥에 나뒹굴었다. 마르크스가 그려진 지폐는 휴지조각이 되어 거리에 날렸고, 엥겔스의 저작은 불쏘시개로 쓰였다. 사회주의 독재자들은 혹은 달아나고 혹은 성난 군중에게 살해당했다.

한국의 경우, 곤혹스러운 풍경이 특히 지식인 사회를 지배한다.

혹은 드러내 놓고 혹은 은밀히, 민주화 운동권 일각에서는 지난 10년간의 지난한 싸움에서 사회주의를 정신적 지주로 상정해 놓고 있었다. 그런데 대통령 선거 패배로 민주주의를 향한 초보적인 단계조차 넘지 못한 판에, 이제 그들은 이념의 푯대마저 잃어 버린 느낌이었다. 그런 가운데 어느덧 주체사상에 마지막 희망을 거는 이들도 기하급수적으로 늘어났다. 정통 사회주의자를 자처하는 이들 사이에서는 죽은 이념을 놓고 끝없는 논투(이론투쟁)가 벌어지기도 했다. 더러는 상대방을 비난하면 할수록, 아니 그렇게 해야만 자신들이 살아남는다는 강박관념에 사로잡힌 것처럼 보이기도 했다. 분파가 유행처럼 난무했고, 스스로 삼낭 못힐 말들이 혹은 전단으로 혹은 뮤거으로 운동판을 도배했다. 함께 '고난의 연대'를 헤쳐 온 동지에 대한 예의 같은 것은 미처 챙길 여유조차 없는 듯 보였다.

"비겁한 자여, 갈 테면 가라!"

물론 대부분은 그렇지 않았지만, 이것이 1990년대 초입에 민주화 세력 일부에서 분명히 내건 구호의 하나였다.

안병무는 어떻게 그 90년대를 맞이하는가.

우리는 그가 이미 1988년 연말 '살림'이라는 제호로 새로운 잡지를 출범시킨 사실을 주목해야 한다. 그것은 그가 자신이 초를 세웠다고 할 수 있는 민중신학을 어디로 끌고 가려는지 분명한 지향점을 말해 주기 때문이다.

왜 갑자기 '살림'인가.

그 용어 자체만 놓고 볼 때, 그것은 그가 분명히 모델을 염두에 두었음을 짐작케 한다. 즉, 시인 김지하.

김지하는 1980년 출옥 이후 '생명'이라는 화두를 던진다. 생명이란 무엇인가. 그는 기존의 과학적 인식, 즉 자기복제 능력이 있는 유기체만 생명으로 간주하는 것을 거부한다. 그는 오히려 '숨겨진 질서'에 눈을 돌리는데, 그것은 생명이 실체가 아니라 생성이기 때문이다. 즉 생명은 한순간도 머무르지 않고 모든 것과의 관계 속에서 변화한다. 김지하에 따르면 물질에도 생명이 있고 생명의 특징은 영성에 있다. 모든 우주 생성의 단계, 물질로부터 영성에 이르는 전 과정을 김지하는 '우주생명'이란 말로 포괄한다. 그는 유기체만이 생명이 아님이 점차 과학으로도 밝혀질 것으로 믿는다. 그런데 생명에는 종자의 중심과 그 둘레의 숱한 여백이 있다. 타생명체는 바로 이 여백에 관여함으로써 먹이를 얻는다. 즉 자연 생태계의 먹이사슬은 이 종자의 중심까지 파괴하는 순환 체계는 아니다. 오직 인간만이 다른 생명체를 멸종시키며 배불리 먹고 나서도 더 많은 여분을 약탈하고 착취한다. 이렇게 생명을 폭넓게 규정하기에 목숨을 파괴하는 것만이 죽임이 아니요, 그것과 함께 온갖 형태의 생명 생성의 영적 질서를 위배하며 거스르는 일체의 역천逆天, 즉 우주생명의 질서와 이치를 거스르는 태도 전체가 바로 '죽임'이다. 이에 반해 살아 생성하는 삶과 세계를 '있는 그대로'가 아니라 '살아 있는 그대로' 인식하고 살아 있는 그대로 그 발견을 적용하여, 산 것을 생명의 '결'에 따라 더욱 살리는 도덕으로서의 과학 본연을 회복하는 것, 이것이 '살림'이다. 다시 말해 생명을 '숨겨진 질서'대로 고이 '모심', 그리고 그 개성적 '결'대로 '기름', 나아가 그 생명을 활짝 꽃피워 실현함, 이것을 우리말로 '살림'이라고 부르는 것이다.[4]

그런데 조정환에 따르면, '우주생명'이란 개인 김지하가 직관적 사유를 통해 생산한 추상물에 불과하다. 감각적이고 자연적인 개인들과 개체들이 생명활동을 하는 것이 아니라 추상적인 생명이 개인들과 개체들을 생성하는 셈이다. 구체적 자연존재로서의 개인들, 개체들의 활동 이전에 이미 질서는 주어져 있다. 그들의 활동은 이미 결정되어 있는 질서를 집행하는 것일 뿐이다. 그리고 이러한 인식은 기본적으로 역사조차 생명의 자유로운 발현을 제약하는 요소로 만들기 위한 전제일 뿐이라고 비판한다.[5]

김지하가 우주적인 차원에서 거대담론으로서의 '살림'을 고안하고 제안하는 데 비해, 안병무의 그것은 다소 단순하다. 안병무도 '살림'은 '죽임'을 전제할 때 존재하는 개념으로, '삶' 즉 '산다는 것'과는 차이가 난다는 점을 먼저 짚는다. '살림'은 그냥 사는 것의 동어반복이 아니라 죽인 것을 살린다는, 또는 죽을 것을 살게 한다는 적극적인 의미를 내포한다. 말하자면 단어의 꼴은 명사이지만 동사라고 봐야 하는 것이다. 그런데 우리 사회에서는 이미 명사로 굳어져, '부엌살림' '살림살이' 할 때처럼 고단하고 일상적이고 그래서 별 의미가 없는 허드렛일을 뜻하는 것인 양 간주되어 왔다. 하지만 본디 농부에게 농사가 천하지대본인 것처럼 주부에게 살림은 삶의 대본大本이었다. 우리에게 가장 중요한 의식주를 책임지기 때문이다. 나아가 살림의 주역인 여자는 거의 전부 생명과 직결되어 있다. 그것은 그들이 자궁을 지녔기 때문이다. 이렇듯 중요한 살림을 허투루 본 게 우리 역사였다. 그리고 그 역사를 끌어 온 것은 남자로서, 결국 그들은 죽임의 역사를 끌고 온 셈이다.

안병무가 다소 새삼스럽다 싶게 '살림'이라는 단어를 화두로 꺼낼 때에는 김지하가 내세운 생명사상도 일정하게 영향을 주었을 것이다. 그러나 따지고 보면 안병무의 사상 역시 조어법이나 표현만 달랐을 뿐 근본적으로 그런 사유에 뿌리를 대고 있었다.

차정식은 특히 생명, 살림, 자연에 대한 안병무의 생각을 읽어 내려는 데 집중적인 관심을 보인다.[6] 그에 따르면, 안병무는 일찍이 역사의 예수에 천착하면서, 무엇보다 예수의 죽음을 둘러싼 당대의 불온한 분위기와 그 죽임의 구조를 일찌감치 낌새 챈 선구적 신학자다. 안병무는 예수의 십자가 사건이 그를 죽인 세력에 대한 폭로이자 고발인 동시에 생명부활의 희망을 예고한 역사적 사건이라고 규정한다. 이런 점에서 그는 안병무의 글 한 편 「살림운동은 죽임의 세력과의 투쟁이다」를 주목하는바, 거기에서 안병무는 유교, 불교, 기독교의 종교적 특징을 각각 주검, 죽음, 죽임의 개념으로 요약한다. 유교는 사체와 무덤, 그것에 연루된 제의 형식에 각별한 배려를 한다. 불교는 생로병사의 인간고人間苦 가운데 궁극의 종착점으로 죽음을 상정하여, 그것으로 '무상의 근원적 상징'을 삼는다. 그 죽음에서 해방된 상태가 곧 해탈이다. 이에 비해 기독교는 예수의 죽임이라는 역사적 사건에서 태동했다. 그 죽임은 결국 생명부활과 이어지니, 기독교는 죽임과 부활, 혹은 죽임과 살림의 의미망을 총체적으로 포섭할 때 그 진정성을 인정받을 것이다.

우리는 물론 이러한 생각을 안병무의 이전 저술 어디에서도 쉽게 찾아볼 수 있다. 따라서 안병무의 '살림' 개념은 갑작스러운 발상이 아니라 그의 사상이 처음부터 당연히 그리로 나아가야 했던 곬이라고 해야 한다.

개인적인 차원에서 안병무는 자신이 '살림'을 중요하게 여기게 된 하나의 배경으로 수술을 든다. 1989년 그는 미국에서 수술을 하지 않으면 심장이 1년을 버티기 어렵다는 진단을 받는다. 그 후 7시간에 걸친 대수술이 진행된다. 갈비 부위인 가슴의 뼈를 절단하여 강제로 넓히고, 그 사이로 심장 전체를 끄집어내어 찬물에 덤가시 수축작용을 멈추게 하고, 호흡기도 정지시켰다. 그러면 그건 죽음이 아닌가. 하지만 생명작용을 기계가 대신 해 준다. 그 동안에도 안병무는 무의식 속에서 살고자 하는 투쟁을 계속한다. 그는 한 마리 정충으로 변해 태평양 바다에서 고독하게 헤엄치는 자신을 본다. 기가 막히고 무엇을 어찌 해볼 도리며 엄두가 나지 않았다. 망망대해. 그는 그래도 필사적으로 헤엄치는데, 기진맥진 거의 체념 상태에 이르렀다. 그때 갑자기 누군가 배를 쓸어 주는 것을 느낀다. 순간 그는 자기가 바다에 갇혀 있는 걸 누군가 알고 있구나 하는 생각이 들었고, 그러자 힘이 나서 다시 기를 쓰고 헤엄을 쳐 그곳을 빠져 나가려고 애를 쓸 수 있었다.[7] 어린 시절 간도에서 눈밭에 빠졌을 때 들었던 어머니의 목소리도 다시 들려왔다고 했다. 이 체험은 그로 하여금 "너희가 내 안에 있으면 영원히 죽지 않는다"는 요한복음의 말뜻을 새삼 깨우치게 해 준다.

이런 개인적 차원을 벗어나면, 급변하는 1990년대 전후 상황이 그로 하여금 특히 '살림'이라는 용어를 하나의 화두로 강력하게 선정하도록 만들었다고 봐야 한다. 물론 우리의 민주화 투쟁 과정이나 사회주의의 몰락은 어떤 식으로든 중요한 배경이다. 나아가 고도 산업화 과정에서 급격한 환경파괴가 노정되었고, 신자유주의적 세계화는 우루과이라운드로 대변되는 농업 절멸 기도를 공인했다. 한 민족의 생존이 걸린 농업조차 다국적기업이 지배하는 시장에 던져진 셈이다.

> 야만적인 독재 체제와 전례 없는 발전이라는 당시의 역사적 체험은 계몽주의적 감각에서 자유롭지 못한 지식인들을 당황스럽게 했다. 그러한 시각에서 볼 때 이 둘은 모순이었다. 이러한 비정상적인 근대화를 교정하는 것, 선생은 이것을 민주화라고 보았고, 민중 죽임의 체제를 지양하는 대안의 길로 이해했다.[8]

이에 대한 안병무의 대응에서 주목할 점이 있다.

그가 그때까지 민중신학의 이름으로 발표한 수많은 글들은 거의 인간에 대한 관심이 초점이었고, 그들을 억누르는 억압적 구조에 대한 비판이 대부분이었다. 그런데 1990년대를 전후해서 그의 글에는 환경문제며 자연에 대한 언급이 전보다 훨씬 중요한 비중으로 자리를 차지한다. 또한 그것을 동양사상의 지평에서 훨씬 집중적으로 파고들었다.

가령 이런 식이다.

"숨이 막힌다. 기가 막힌다. (중략) 국민이 기를 펴고 기지개를 펴려고 하면 사정없이 기를 눌러 버린다. 그러므로 기에 따라서 움직여지는 운동도 모두 숨통부터 막아 버린다. (중략) 그 결과 국민 사이의 균열이 걷잡을 수 없이 심화되고, 이웃과 이웃을 소통하게 하던 모든 작은 길들은 자본가를 위한 고속도로에 의해 차단되듯 인간관계는 날이 갈수록 차단되고 사람의 유일한 젖줄인 대지와 물과 공기가 죽어가고 있다. 그래서 인간과 자연은 원수가 되어 간다.”9

'오늘의 죽임의 현장'이라는 소제목이 붙은 이 부분은 열사들의 자살이 사악한 정권에 의해 저질러진 '죽임'이라는 사실을 밝히고 질타하는 글에 들어 있다. 그런데도 그는 예전과 다르게 대지와 물과 공기를, 즉 자연도 타살(죽임)의 대상으로 분명히 상정하는 것이다. 이로써 우리는 안병무의 '살림'이 갖는 의미를 좀더 확실하게 정리할 수 있게 된다. 인간뿐만 아니라 자연까지 더불어 파괴하고 둘 사이의 조화로운 소통을 차단하는 모든 구조악에 대해서 더 넓고 더 깊게 칼을 벼리기 시작한 것, 이것이 그의 야심찬 새 기획이었다.

사라지는 것에 대한 예의

우리 주변에는 사라지는 것들이 너무나 많다. 물론 사라지는 것은 자연스러운 일이다. 문제는 그 소멸이 강제적으로 또는 구조적 악의 차원에서 너무 빨리 이루어질 때 발생한다. 그때 소멸을 우리는 '죽임'이라 부른다. 나아가 또 한 가지 중요한 사실은 소멸, 죽임에 대한 기억조차 너무나 쉽게 잊는다는 것이다. 특히 권력을 가진 자들이 그렇다. 한마디로 그들은 그렇

게 사라지는 것, 즉 자신들이 사라지게 한 것에 대해 예의가 없
다. 예의가 있다면 소중히 기억했으리라. 사라지는 것의 의미
를. 하지만 그들은 심지어 기억에 대한 예의조차 없어, 기억은
그저 자신들의 전진에 방해가 된다고만 생각한다.

그래서 또 엄청난 사건이 터지고야 만다.

1991년 4월 26일, 박종철과 이한열의 기억이 아직 생생한
데, 국민대생 강경대가 시위 도중 또 경찰의 몽둥이에 맞아 숨
졌다. 이 사건을 계기로 전두환 정권의 계승자인 노태우 정권
에 대한 분노가 전국적으로 들끓었고, 곧바로 학생과 시민, 노
동자의 분신, 투신 자살이 이어진다. 이른바 '분신정국'이다.

박승희(4.29), 천세용(5.3), 김기설(5.8), 윤용하(5.10), 이정순
(5.18), 정상순(5.22), 김철수(6.1).

5월 25일에는 퇴계로에서 시위 도중 성균관대생 김귀정이
사망하는 사건이 벌어진다.

한국 사회는 엄청난 충격에 휩싸인다. 끝도 없이 이어지는
분신 자살의 행렬!

그때 시인 김지하가 충격적인 글을 발표한다. 그것도 『조선
일보』 지면(1991년 5월 5일)에! 제목부터 살벌했다.

'죽음의 굿판을 집어치워라!'

거기에서 그는 자살을 방조하고 나아가 조종하는 세력이 있
음을 내비치고, 이런 분신 사건들이 결국은 운동권이 추구하는
민주주의는커녕 오히려 그들이 저주하는 독재자들이나 군국주
의자들의 행태를 그대로 닮았다고 신랄하게 비판한다.

젊은 벗들! 나는 너스레를 좋아하지 않는다. 잘라 말하겠다. 지금 곧 죽음의 찬미를 중지하라. 그리고 그 굿판을 당장 걷어치워라. 당신들은 잘못 들어서고 있다. 그것도 크게!

(중략) 지금 당신들 주변에는 검은 유령이 배회하고 있다. 그 유령의 이름을 분명히 말한다. 네크로필리아 시체선호증이다. 싹쓸이 충동, 자살특공대, 테러리즘과 파시즘의 시작이다. 이미 당신들의 화염병은 방어용 몰로토프 칵테일 수준을 넘어서고 있었다. 파괴력에서가 아니라 상황과의 관계상실과 거기에 실린 당신들의 거의 장난기에 가까운 생명말살충동에서다. 당신들의 그 숱한 죽음을 찬미하는 국적불명의 괴기한 노래들, 당신들이 즐기는 군화와 군복, 집회와 시위 때마다 노출되는 군사적 편제선호 속에 그 유령이 이미 잠복해 있었던 것이다.

(중략) 자살은 전염한다. 당신들은 지금 전염을 부채질하고 있다. 열사호칭과 대규모 장례식으로 연약한 영혼에 대해 끊임없이 죽음을 유혹하는 암시를 보내고 있다. (중략) 삶의 행진이 아니라 죽음의 행진이 시작되고 있다. 그것이 해방의 몸짓인가? 무엇을 해방할 작정인가? 귀신인가? 절정은 당신들의 그 혼을 분리하는 굿에 있다. 시체가 당신들 것인가? 왜 탈취하려 하는가? 그 시체의 주인공이 조선시대의 사대부집안의 그 가족도 없는 종인가? 왜 가족을 무시하는가?

(중략) 젊은 벗들! 지금 곧 죽음의 찬미를 중지하라. 그리고 그 소름끼치는 의사굿을 당장 걷어 치워라. 영육이 합일된 당신들 자신의 신명, 곧 생명을 공경하며 그 생명의 자연스러운 요구에 따라 끈질기고 슬기로운 창조적인 저항행동을 선택하라. 나는

군말을 좋아하지 않는다. 잘라 말하겠다. 내 말을 듣지 않겠다면 좋다. 할대로 해보라. 당신들 운동은 이제 끝이다! (후략)

민주화운동권은 발칵 뒤집혔다.

이게 사실인가.

이게 김지하, 「황토」 「오적」 「비어」 「금관의 예수」의 그 김지하가 쓴 게 정말 맞는가.

믿기 힘들지만 사실이었다. 오직 정의만을 위해 싸웠던 저 오랜 투쟁이 하루아침에 초토화되는 순간이었다. 김지하는 운동권을 시체선호증 환자에, 싹쓸이 충동, 자살특공대, 테러리즘과 파시즘 집단이라고 몰아붙였다. 그것도 모자라 시체까지 탈취하는 야만 중의 야만으로 단정했다. 집회와 시위 때마다 나오는 민중가요와 민중굿은, 어쩌면 김지하 자신이 기원임에도 불구하고, 이제 군국주의에 군사파시즘이었다. 그러면서도, 그토록 '무지막지하게' 말 폭탄을 쏟아 붓고도, 마지막에는 부디 자중자애하고 절망하지 말라고 덧붙였다. 사람들은 도무지 민주화운동에 대해 그런 상상을 해본 적조차 없었는데, 천하의 김지하가 그렇게 말하자, 그것도 영향력 1위인 『조선일보』에서 그렇게 말하자, 그렇게 믿어 버렸다. 민주화운동 세력이 민주주의라는 탈을 쓴 추악한 늑대라며 따가운 눈총을 보내고 손가락질을 했다. 일단 낙인이 찍히면 원상회복하는 일은 난망이다. 하지만 90년대 초입에서 그런 일이 실제로 일어나고 말았다.

이에 대해 당연히 비판이 쏟아졌다. 무엇보다 김지하가 입으로는 '생명'을 말하면서 실제로는 열사들의 죽음을 모독했다는 것이다.

우리 안의 파시즘

그런데 안병무 역시 김지하와 거의 같은 생각을 피력한 바 있음을 주목하자. 그는 운동권 일각에서 누군가 분신자살 사태(1989년 4월 3일 김윤기/ 4월 7일 남태현/ 5월 4일 김종수/ 5월 29일 박진석, 이상모/ 7월 3일 이종대/ 9월 4일 김종하, 강현중/ 1990년 5월 3일 이영일/ 8월 7일 최등/ 9일 7일 심강보/ 9월 11일 바성호/ 9월 18일 원태조)를 비열하게 해석하고 있다고 판단했다. 즉 그들의 숭고한 죽음을 자신들의 전략적 목표를 달성하는 하나의 도구처럼 간주한다는 것이다. 이때 그는 몹시 격정적이었으리라.

그는 1990년 한 방송에 나가 이렇게 질타한다.

"그동안 아까운 젊음을 불살라 버린 성스러운 희생자들이 꼬리에 꼬리를 물었다. 그런데 그런 분신자살한 생명 자체에 대해 이른바 운동권에 있다는 자가 어떻게 생각하고 있는가? 만일 그들의 희생이 하나의 작전상의 도구 이상의 의미가 없다면 우리는 그런 운동에서 어떤 기대도 할 수 없다. 한걸음 나아가서 99대 1의 사고에서 1에 집착하는 자를 감상주의자로 규정하고, 99를 위해 1 따위는 희생하는 것이 '과학적 행동'이라고 자부한다면 그것은 군사정권과 본질상 다른 것이 없다."[10]

그는 기본적으로 열사들의 분신이, 아무리 물러서서 생각해도, 자살이 아니라 완악한 정부의 폭력이 압축되어 그들을 죽인 타살이라는 점을 거듭해서 밝힌다. 그러나 그 죽음을 놓고 운동권 일각에서 그들을 추모하고 싸움의 의지를 다지는 가운데 "민족의 제단에 불태운 사랑하는 동료에 대한 애틋한 마음은 이미 사라지고" "그의 죽음이 이 투쟁에 어떤 역할을 했나 하는 하나의 기능으로 평가"될 수 있다고 지적한다. 이렇게 되면 결국 운동만 남고 사람은 소외되어 버린다는 비판이다.[11]

이러한 비판은 성서에 나오는 양 이야기, 즉 99마리의 양과 한 마리의 양의 비유에 대한 자신의 해석에 뿌리를 두고 있다. 안병무는 99라는 다수를 위해 1의 소수가 희생당할 수 없다고 주장한다. 예수는 그런 계산을 모른다. 한 마리는 99마리와 평행적으로 비중을 가질 수 없다. 까닭은 그 양에게 '사건'이 일어났기 때문이다. 지금 당장 녀석을 구하지 않으면 죽게 될지도 모른다. 그래서 예수는 사건을 당한 양 한 마리에게 자신을 쏟는다.[12] 이는 분명히 안병무가 몸소 겪어 온 저 박정희 시대의 근대화 논리를 여지없이 통박하는 '정의의 셈법'이라 할 수 있다. 살림이란, 그리고 살림운동이란 안병무에게 결코 계산된 것이어서는 안 된다. 그런데 학생이나 노동자의 죽음을 보면서 그것을 오직 투쟁과 승리의 관점에서만 파악한다면, 그는 그가 아무리 열심히 싸워도, 아니 그러면 그럴수록 더 '자기 홀로'를 위한 야욕자가 되고 만다.

문제가 예민하고 중요한 만큼, 여기서 우리는 질문을 던져야 한다.

안병무는 당시 어떤 정보를 갖고 있었는가. 과연 당시 민주화운동권은 이른바 분신 정국을 운동의 전술적 수단으로 간주하거나 혹은 이용했는가. 아니, 일부에서라도 생명을 담보로 운동의 승리를 꾀한 자가 있기는 있었는가.[13] 만일 있었다면 당연히 그의 비판은 역사적 타당성을 지닐 것이다.

하지만 이 자리에서 우리는 그것까지 밝혀낼 여력도 없고 그럴 필요도 없다. 우리가 주목해야 하는 것은 그의 이런 언급이 당대의 김지하와는 달리 결코 운동권 전체에 대한 매도는 분명 아니라는 사실이다. 물론 안병무는 일부 운동권을 비판하는 그 자리에서 "아마 그런 위험 때문에 예수는 그 당시 조직적으로 벌어진 젤롯당의 구국운동과 뚜렷한 거리를 두었나 보다"라고도 말한다. 그렇다면 안병무도 그때 민주화운동에 염증을 느끼고 일정하게 거리를 두고 싶었단 말인가.

이에 대해서는 쉽게 답할 수 있다.

결코, 아니다!

무엇보다 안병무는 생명사상을 말하되 김지하처럼 역사 현실로부터 멀리 떨어진 거리에서 추상적인 생명을 말한 게 아니었다. 따라서 민주화운동 세력의 힘겹지만 헌신적인 투쟁에 여전히 기대를 걸었다. 그 스스로 민주화운동의 전선에서 한 발짝도 물러서지 않았다는 사실이 이를 충분히 증명하고도 남는다. 그는 '살림'이라는 화두를 내세워 오히려 죽임의 세력에 대한 공격을, 그리고 그들과의 철저한 단斷을 강조한다. 가령 그는 광주항쟁 10주년 때는 이스라엘의 예언자 에제키엘을 예로 들며 오히려 광주가 좀더 철저히 싸우지 못했음을 반성해야 한다고 촉구하며 이렇게 비분에 차서 외친다.

"우리는 잃어 버린 광주의 명예회복을 위해서거나 죽은 넋을 위로하기 위한 정도가 아니라 마른 뼈같이 날로 쇠잔해 가고, 자루에 담긴 모래알같이 이기주의에 의해서 공동체성을 잃어버려 가고, 원수와 불의한 것을 분명히 보면서도 아직 기운을 받지 못해 움직이지 못하는 이 민족에게 너희들 자신이 바로 그 기, 루아하, 그 생명이 되어 이 민족 전체에 기운이 뻗는 부활의 사건을 일으켜 주기를 바라는 것이다.”[14]

5공 청문회에 나선 전두환의 태도와 이후 백담사 행보에 대해서는 “네 손이 너를 범죄하게 하거든 그 손을 찍어 버리라”(마르코 9:42)고 한 말을 인용하며 새 시대를 위해 낡은 범죄와 가차 없는 단절을 촉구하기도 했다.

그러므로 우리는 1987년 이후 안병무가 새삼 들고 나온 것처럼 보이는 ‘살림’의 화두 역시 그의 민중신학적 캐논에 비추어서도 전혀 달라지지 않았음을 장담할 수 있다. 민주화운동 세력에 대한 비판도 우리 스스로에 대한 자기점검 혹은 더 정의로운 싸움을 위한 자기비판으로 해석하면 크게 무리가 없을 것이다. 안병무는 능히 그런 자기비판을 요구할 만한 자격이 있었으며, 만에 하나 그가 잘못된 정보에 의거해 그런 반성을 촉구했다고 하더라도 그게 결코 매도는 아니었으리라. 당시 민주화세력이 싸운 것은 분명 결과(민주주의 승리)를 위해서였다. 그러나 싸움의 내용, 즉 어떻게 싸우는지가 중요했다. 왜냐하면 그것이 곧 그 싸움을 통해 얻어 내는 결과의 내용도 결정해 주는 것이었기 때문이다.

“싸워라, 비타협적으로! 그러나 동시에 민주적으로 싸워라!”

이것이 안병무의 요구였다.

그는 그 기회에 이 점을 강조한 것이다.

프로이트를 가족 범주에서 사회 범주로 끌어내 재해석한 가타리F. Guattari가 말하는바, 횡단적 주체와 횡단적 조직은 주체 혹은 조직 안에 존재하는 다양한 요소들을 하나로 통일시키지 않고 외부의 요소와 접속할 가능성을 항상 열어 놓은 주체 혹은 조직이다. 이것은 실제로 매우 어려운 과제일 수밖에 없다. 거의 도道의 경지에 이르러야 하기 때문이다. 그렇더라도 "내가 나 속에 있는 또 다른 나를 배척하거나 제거하지 않는가" 혹은 "노동해방을 이야기하는 노동조합이 조합 내부에 생산적인 흐름을 막는 그 무엇이 있지는 않은가" 하는 질문을 스스로 던질 줄 안다는 것은 매우 중요한 일임에 틀림없다.[15] 이럴 때 우리는 우리 안에 혹시 존재할지도 모르는 (미시)파시즘을 척결하고 열린 광장으로 나아갈 수 있기 때문이다. 저 68년 혁명 때 열정적으로 활동했던 가타리 역시 거대한 관료조직으로 변해 버린 프랑스 공산당과 노동총동맹에서 미시파시즘의 구조를 간파했는데, 그것은 다름 아닌 엄격하게 정해진 규칙과 관례에서 벗어나는 모든 것을 두려워하고 억압하는 '폐쇄성'이었다.

우리가 당대의 김지하와 구별하여 당대의 안병무를 이해하려는 것은 1970년 이후 그가 보여 준 이력, 그리고 그런 비판 이후에도 그가 보여 준 행보가 충분한 근거로 작용하기 때문이다.[16]

안병무의 '살림'은 이론적으로 보면 퍽 단순하다. 죽임의 문화와 깨끗이 단절하고, 이제부터라도 생명과 생명끼리 서로 돕고 나누면 되는 것뿐이다. 안병무의 민중신학도 일견 복잡해 보여도 실은 그처럼 단순한 핵심을 지니고 있는지 모른다. 안병무는 복잡하고 세련되고 허황된 가치구조가 지배해 온 우리 사회에 대해 오직 그 단순한 진정성으로 무엇인가 반성의 계기를 유도했다. 그걸 '틈' 또는 '사이'라고 해도 좋겠다. 그리하여 차정식이 "안병무의 민중신학은 그 질곡의 구조를 양산해 온 체제의 틀 한가운데 틈/사이를 만들어내기 위해 고투해 온 공로가 있다"[17]고 말할 때, 충분히 수긍이 가는 것이다. 그의 말을 좀더 들어보자.

> 구조의 질곡으로부터 해방된 생명은 필연코 여전히 기세등등한 죽임의 세력과 대항하여 싸우면서 살림의 운동에 힘써야 한다. (중략) 이 살림의 정신, 혹은 개화하지 못한 사상의 맹아로서의 살림의 얼은 안병무의 사유체계를 통과하면서 민중신학의 거시적 해방담론이 일상적 삶의 미시적 세계에서 섬세한 무늬로 조형될 방향을 예비한 것으로 보인다. 이는 그가 성령을 영육 이분법에 기초한 개별체로서의 인격적 존재로 보기보다 하느님으로부터 비롯된 생명의 기운, 즉 기氣로 파악하고 하나의 '사건'으로 해석한 맥락과 무관치 않다. 기는 곧 생명 안에 내재하는 동시에 생명과 생명 사이를 잇는 매개적 에너지로서 온 우주에 충일하기 때문이다. 바로 그 '사이'의 메타포, '틈'의 사유, 그로써 단절된 생명의 관계를 회복시키려는 신학적 기획은 안병무 신학의 마지막 커브에서 살림이라는 화두에 휘모리장단의 목소리를 싣고 있었다.[18]

안병무는 생래적으로 전체주의를 용납하지 못하는 사람이
었다. 그래서 그는 헤겔 대신 키에르케고르를 택했고, 서양의
합리주의 세례를 받았으면서도 동양적 사유의 맥을 놓지 않았
다. 우리 사회에서 그의 그런 선택의 정당성은 그의 말년에야
비로소 논리적 공방을 통해 입증되기 시작했다. 이른바 포스트
모더니즘 혹은 포스트구조주의가 그 무렵 우리 사회에 유행처
럼 소개되기 시작했던 것이다. 헤겔이 쌓아 올린 저 완강한 이
성과 동일성의 성채를 일거에 허물어뜨린 해체론자들의 어쩌
면 얄밉도록 예리한 언어와 과감한 기도에 열광했다. 그때부터
우리 사회도 이제껏 보지 못했던 전혀 새로운 가치들을 적극적
으로 수용하기 시작했다. 즉 소수자, 차이, 틈, 해체, 탈주, 시뮬
라크르, 전복 등. 서구 형이상학은 기본적으로 사유와 존재의
일치를 전제하는데, 데리다J. Derrida는 그것이 배제와 폭력을 정
당화하는 '지배의 형이상학'일 뿐이라고 통박한다. 존재에는
"사유되지 않은 채로 남아 있는 것"이 있다는 이 주장은 "태초
에 차이가 있었다. 존재는 차이다. 대립과 모순은 이로부터 파
생된다"는 들뢰즈G. Deleuze로 이어진다. 이 차이의 방법론은 "페
미니즘 이외에도 인종주의, 서구중심주의와 오리엔탈리즘, 생
태론 등 사회문화적인 문제들을 규명해 들어가는 데에 있어서
도 적절한 방법론"이 된다.[19] 물론 그들에게도 아직 가장 중요
하고 긴급한 자본-노동 관계를 동일성(대립/모순)이 아니라 차
이로써 어떻게 해명가능한지 설명할 의무가 있지만, 어쨌든 그
들의 기본 입지를 수용한다면 그것은 그야말로 서구 철학의 역
사 전체를 해체하는 혁명 중의 혁명이었다. 하지만 우리는 안

병무에게서, 그리고 그가 기대는 동양철학에서 이미 그런 기획의 맹아를 얼마든지 발견할 수 있는 것이다. 이런 점에서는 한시도 마음을 놓을 수 없는 그의 건강이 더더욱 아쉬울 수밖에 없다.

애완동물을 해방시켜라!

안병무는 이미 민중신학의 개척자로 인정받고 있었다. 그런 그를 높이 평가하는 것은 서구를 비롯한 외국의 신학계도 마찬가지였다. 민중신학은 신학사상 가장 혁명적인 업적 중 하나로 간주되기 시작했다. 특히 그가 공부했던 독일의 관심이 지대했다. 몰트만은 안병무를 비롯하여 서남동, 현영학, 김용복 등 한국의 민중신학자들의 글을 모아 『민중, 남한에서의 하나님 백성의 신학』*Minjung, Theologie des Volkes Gottes in Südkorea*을 펴냈는데, 독일어 제목에서도 볼 수 있듯이, ‘민중’은 한국에서 유래한 고유한 신학 용어로 자리가 매겨지고 있었다. 이와 아울러 『성문 밖에서』*Draussen vor dem Tor*를 비롯하여 안병무의 책이 여러 권 번역, 출판되었다. 독일에서는 그런 책들을 바탕으로 민중신학이 신학 박사학위 논문의 관심 있는 주제의 하나로 떠올랐다.

1990년대 중반 이후에는 안병무의 민중신학이 당대 유행하던 탈식민주의론의 관점에서도 매우 중요하게 재해석된다. 가령 스리랑카 신학자 수기르타라자흐 R.S. Sugirtharajah 는 안병무의 논문에 대해, "역사비평학의 도구들이 어떻게 성서 본문을 해방시키는 데 사용될 수 있는지를 보여 주는 한 모범적인 경우"

라고 평가한다.[20]

안병무가 한신에서 정년 퇴직한 후, 독일과 일본, 미국 등지에서는 그를 빈번히 초청했다. 건강 때문에 일일이 응할 수는 없었지만, 가능한 대로 찾아가려고 애썼다. 1988년에는 독일로 건너가 한 교육자 모임에서 민중신학 강연을 가졌고, 1989년에는 미국에서 U.C. 버클리 대 신학대학에 초빙교수로 가서 6개월간 강의를 하기도 한다. 그 해 일본에서도 네 차례에 걸쳐 민중신학을 강연한다.

1991년 10월에는 스위스 개혁교회세계연맹WARC 대회에서 '피난민에 대한 성서적 조명'이라는 제목으로 주제강연을 했는데, 그는 "식민지의 경험을 가진 제3세계에 속한 사람으로서" 자신이 경험한 "개인적이면서도 동시에 집단적인 피난의 삶"을 성서를 전거로 소개했다. 중요한 것은 전 세계적으로 끝없이 발생하는 난민에 대한 실천적 지원인데, 안병무는 강연 말미에서 매우 유쾌하면서도 정말이지 그다운 실천운동을 제안한다.

"나는 (오늘 강연을) 거창하게 출발한 데 비해 아이러니컬하게도 실천 가능성에 대해서는 오늘의 교회나 크리스천의 상태를 보고 크게 양보하여 다음과 같은 초라한 제안을 하려고 한다. 여러분은 애완동물을 해방시켜라! 여러분이 사랑하는 애완동물에게 쓰는 비용은 피난민 여러 사람을 먹여 살릴 수 있다. 나는 구미에서 기르는 고양이가 '6천만'이라는 말을 들었고, 저들을 사육하는 비용이 어린이 하나 키우는 것에 맞먹는다고 들었다. 그러면 개는 얼마나 될까? 동물애호를 제발 휴머니즘에 돌리지 마라. 그들의 성대를 수술하고 발톱을 모두 잘라버리면서 그것을 사랑이라고 하는가? 그것은 결국 인간과의 관계를 차단한 고독의 표현 아닌가! 사람에게 관심을 돌리기 위해서도 이런 이기주의에서 해방되어 민중(피난민)을 살리는 일로 돌아서면 그 일에서 큰 몫을 차지할 수 있을 것이다. 이런 제안이 불가능하게 들리는가! 그러면 우리가 할 수 있는 일은 아무것도 없다."21

이왕 '난민'이 거론되었으니, 한 가지 짚고 넘어가야 한다.

민족을 이야기할 때 안병무가 드는 전거의 상당 부분은 구약이다. 그는 이스라엘의 역사를 샅샅이 꿰고 있다. 그가 물론 이스라엘의 지배층을 비판하고 민중 편에 서기는 하지만, 어쨌든 그의 대이스라엘관은 기본적으로 호의적일 수밖에 없다. 그러다 보니 이스라엘을 둘러싼 다른 민족은 이스라엘 민족사를 위해 '부당하게' 희생되는 경우가 발생한다. 이상하게도 안병무는 그들의 산 목소리에는 거의 귀를 기울이지 않는다. 역사학자가 아닌 이상, 그에게 너무 많은 것을 요구할 수는 없다. 그러나 지나간 역사에 대해서는 그렇다고 쳐도, 당대적 상황에 대해서만큼은 좀더 객관적인 관점에서 바라봤어야 했다는 비판을 아니할 수 없다. 가령 그는 1956년과 1967년의 두 차례 중동전쟁을 지켜본 후 소감을 이렇게 밝힌다.

"전 세계에 흩어져 있던 이스라엘 청년들은 하던 일을 모두 팽개쳐 버리고 자기 나라를 위한 싸움에 참여하려고 비행장에서 장사진을 이루었는데, 아랍 여러 나라의 청년들은 징집을 피해서 도망쳤다는 것이다."

이것은 도무지 우리가 아는 안병무의 목소리 같지가 않다. 마치 박정희 정권이 유신을 위해 제정한 이른바 〈국민교육헌장〉에나 나올 법한 이야기다. 이스라엘 민족의 수난사를 충분히 이해하더라도, 시편을 관통하는 그 절절한 갈구를 이해하더라도, 아랍 민족에 대한 이런 식의 이해는 납득하기 어렵다.[22] 오늘의 시점에서 팔레스타인 사람들은 분명히 바로 그 이스라엘에 의해 점령당하고 쫓겨난 난민이다. 그들이 지금 처해 있는 상황은 매일밤 "내 꿈이 현실보다 추하지 않기를 바랄 뿐"이라는 한 작가의 진술만으로도 충분히 짐작할 수 있다.[23]

이 짐에서 일본의 가야마 히로토香山洋人가 서구사회의 기독교가 제국주의와 결탁하고, '메시아니즘Messianism'이 제국주의적으로 해석되어 전개된 역사를 비판하면서, 가령 메시아사상이나 이스라엘조차도 본래는 민중적이었기 때문에 제국주의나 식민주의와는 관계가 없었다고 주장하는 것은 일종의 변명이며 호교론護教論에 불과하지 않은가 하고 되묻는 데 주목할 필요가 있다.[24] 그의 물음은 당연히 "사실은 민중적이어야만 하는 기독교가 왜 반민중적인 현재의 모습을 생산하는 것일까?" "사실은 해방적인 성서가 왜 이렇게까지 억압적인 세계관을 지원하는 것일까?" 하는 또 다른 질문으로 이어진다. 물론 이 지점에서는 안병무 역시 당연히 그와 같은 질문을 던질 것이지만!

어쨌든 외국의 신학자들이 안병무의 사상, 한국의 민중신학을 전적으로 환영하기만 한 것은 아니었다. 그들 중에는 몰트만처럼 아무리 진보적 관점에서 민중신학을 이해하려고 해도 자신들의 처지 때문에 쉽게 이해하기 어려운 부분이 있어, 거듭해서 질문하여 명백히 수용 가능한 객관적 합리성을 보이라고 요구하는 이들도 있었다. 그들의 질문(혹은 회의, 비판)은 성서 해석의 문제로부터 시작하여, 특히 '민중'의 개념 정의, 역할 등에 이르기까지 다양한 스펙트럼에 고루 걸쳐 있었다. 어떤 경우, 서구적 경험에 비추어 볼 때 민중은 사회변혁이 일어날 경우 오히려 또 다른 고통의 희생자가 된다고 하는 이도 있었다. 안병무가 민중신학 동료들과 협의한 끝에 발표한 「탈서구신학과 민중신학」(『신학사상』 제6집, 1990)은 그런 의문이나 회의, 비판에 대한 체계적인 반박글로서 의미를 지닌다. 여기서는 그 점을 일일이 거론할 수 없다. 다만 마지막 부분에서 안병무가 오히려 그들에게 다음과 같이 되묻는 장면을 인용하는 것만으로도 충분한 답이 되리라 믿는다.

"여러분들은 '한'과 같은 고난을 경험한 적이 없기 때문에 이를 (집단적 고난의 표현으로서) 이해하기 어렵다고 말씀하셨습니다. 우리로서는 두 차례의 대전을 거친 이후에도 여러분들이 어떻게 집단적 고난의 경험을 가진 적이 없다고 말할 수 있는지 참으로 납득하기 어렵습니다. 그 당시 유럽 전체가 참혹한 고통을 당하지 않았습니까? 유태인들은 집단적으로 고난을 당하지 않았습니까? 그것은 집단적인 독일의 이름으로 일어난 것이 아닙니까? 어떻게 이 모든 일이 여러분들의 신학에서 도외시될 수 있습니까?"[25]

안병무를 비롯하여 그 대답에 참여한 모든 신학자들이 전부 미국이나 유럽에서 공부하고 돌아온 신학자들이었다는 점도 의미심장하다.

사실, 아시아 아프리카의 그리스도 신학자들은 거의 대부분 식민종주국 혹은 식민지배의 경험을 지닌 나라에 가서야 체계적으로 신학 공부를 할 기회를 가졌다. 따라서 그들은 귀국 후 자기들이 어떻게 새로운 국가 건설에 기여할 수 있는지 설명할 의무를 자동적으로 부여받게 된다.[26] 이때 프란츠 파농F. Fanon 의 관점은 다시금 중요성을 지닌다. 파농은 자신이 활동하던 1950~60년대 알제리에서 식민종주국의 언어인 프랑스어를 결코 포기한 적이 없었으며, 서구 의학에 대해 극도로 거부감을 보이던 알제리 민중들을 자신이 프랑스에서 배운 의술로써 적극 치료했디. 한마디로 그는 '폐기'보다는 '전유'의 편이었다. 그런데 이 경우 '전유'란 "기존의 언어를 해체하고 근육의 은유들을 바탕으로 재구성"한 언어를 새롭게 만들어 냈다는 뜻으로 읽혀야 할 것이다. 아니, 파농의 그 프랑스어는 '전유'라는 말보다 '탈취'라는 표현이 더 적절할지도 모른다.[27]

이런 점에서는 안병무나 그의 동료들도 마찬가지였다. 그들은 비록 서구에서 공부하고 서구의 방법론(특히 역사비평적 주석)을 채용했지만, 고통스러운 과정을 거쳐 자신들의 신학을 조국의 현실에 슬기롭게 적용하는 데 성공한다. 앞서 언급한 가야마 히로토 역시 안병무의 민중신학이 아시아신학에서 대단히 중요한 역할을 한다고 보면서, 특히 탈식민주의 담론에서 재해석될 때 매우 의미있는 업적이라고 평가한다.

이런 점에서 케제만도 주목할 만하다. 불트만의 수제자이던 그는 불트만을 포함하여 대부분의 독일 학자들과 신학이 중간 계급과 연결된 허구적 관념론에 뿌리를 박고 있으며, 따라서 그것이 "제3제국(나치 국가)이라는 세속화되고 정치화된 사회 유형을 통해 뒤틀려 버린 구원사의 내용에 대해 무감각해지도록 만들었다"고 주장한다. 그는 1977년 자신의 딸이 아르헨티나 군부독재 세력에 의해 살해당한 후 이렇게 말한다.

> 지금 세계적 차원에서 일어나고 있는 계급투쟁에서 그리스도교는 혁명가들의 편에 서야 한다. 그것은 곧 인간 편에 서는 길이기 때문이다. 이성과 감성을 찾기 위해서뿐만 아니라 사랑을 위해서 그렇게 행동해야 하는 것이다.[28]

민중신학은 우리 운동권 (신)학생들에게도 커다란 영향을 미친다. 학생들은 한 걸음 더 나아가 훨씬 급진적인 관점에서 민중신학을 받아들였다. 사실 6월항쟁 이전부터 운동권 학생들 중 상당수는 우리 사회의 모순을 마르크스주의적 관점에서 해석하고, 사회주의 투쟁으로 그것을 해결하려는 움직임에 기꺼이 뛰어들었다. 그런 이론으로 무장한 학생들은 공장으로 거리로 달려가 당장이라도 혁명을 일으킬 듯한 열정에 불타 있었다. 그들은 성서 대신 총을 든 채 민중해방투쟁에 뛰어든 라틴아메리카의 신부나 흑인민권운동에 뛰어들고 반전데모에 앞장선 미국의 어느 개신교 신학자를 머릿속으로 그리고 있었는지도 모른다.

사실 천주교에서 제2차 바티칸 공회가 끝난 1965년 이후, 개신교에서는 그 이듬해 세계교회협의회WCC의 '교회와 사회'라는 주제로 열린 제네바 회의 이후, 미시오 데이Missio Dei, 즉

'하느님의 선교'가 새로운 선교 방향으로 정해졌다. 예수 이후 2000년이 지나 성서를 다시 펴 보니 그동안 교회는 오직 지배계급의 편에 서 왔다는 것. 그리하여 성서를 다시 해석하고 그에 바탕을 두어 눈앞에 벌어지는 현실을 외면하지 말고 적극 개입하여 새로우면서도 진정한 발전의 토대로 삼자는 게 바로 그 미시오 데이였다. 그 후 이것은 해방신학, 혁명신학, 미래신학, 소망신학, 정치신학 등으로 분화, 전 세계적으로 활발하게 실천운동으로서 전개된다.[29]

천주교의 경우, 1974년 지학순 주교가 민청학련 사건과 관련하어 구속된 것을 기화로 정의구현사제단이 조직되어 이후 활발한 사회참여 활동을 주도해 왔다. 이들은 예를 들어 신약 루가복음 10장에 나오는 이른바 '착한 사마리아인 이야기'를 새롭게 해석하는 것에서 자신들의 신학적 정당성을 찾고자 했다. 길거리에 쓰러져 있는 사람을 아무도 거들떠보지 않았는데, 오직 천대받던 사마리아인만이 그를 구해 준다. 이에 대해 기존의 교회는 사마리아인의 선행만을 찬양했을 뿐이라며, 그들은 왜 강도가 활개를 치는가에 대한 분석과 강도를 없애는 사회를 만들지 않고는 문제가 근본적으로 해결되지 않는다고 새롭게 '구조악'에 대해 눈길을 돌리기 시작했던 것이다.[30]

어쨌든 1980년 이후 청년들은 강고하고 지독한 군사독재에 맞서는 무기로서 거의 유행처럼 사회주의를 받아들였고, 나아가 90년대를 전후해서는 주체사상마저 새로운 운동의 캐논으로 받아들이는 분위기였다. 진보적인 신학대학에는 이미 감옥에 가서 짧게는 1, 2년, 길게는 4, 5년 이상 '썩다' 온 학생들이 수두룩했다. 그런 청년들 중에서 마르크스주의를 민중신학적 관점에서 재해석하고 '전유'하려는 움직임이 있었는데, 안병무는 이에 대해 냉정한 검토를 요구했다. 제자 강원돈의 회상에 따르면, "선생님은 라틴아메리카 해방신학에 대해서도 너무 서구적이라고 지적하셨는데, '서구적'이라는 선생님의 비평적 형용사에는 퍽 많은 암시와 함의가 담겨져 있다"고 생각했다는 것.[31] 이는 민중신학이 눈앞의 사회적 실천에 필요하면 어떤 이데올로기도 수용한다는 것과는 분명히 차별되며, 이데올로기가 앞서면 민중은 오히려 희생물이 된다는 것, 나아가 '신학'인 이상 철두철미하게 자기 체계를 지녀야 한다는 것, 그리고 한국적 상황과 대응전략에 대한 더욱 면밀하고 차분한 고려가 있어야 한다는 점 등을 의미할 것이다. 그러나 무엇보다도 중요한 것은, 그리하여 안병무가 그런 학생들에게 꼭 말해 주고 싶었던 것은 민중을 진정으로 사랑하는 마음, 그것이 아니었을까.

통일공화국 헌법을 만들다

이쯤에서 안병무 사상의 진보적인 측면을 특히 통일관을 중심으로 되짚어볼 필요가 있다.

안병무의 어린 시절, 그리고 청년 시절을 돌이켜 보면서 우리는 그가 어쩔 수 없이 사회주의 혹은 공산주의에 대한 원초적 반감을 지닐 수밖에 없었노라 말한 바 있다. 이런 진단은 상당 부분 진실이다. 그러나 사람은 시대 속에서 늘 변화하게 마련이다. 그리고 이 점에서 그는 특히 능동적이고 늘 열린 마음으로 세상을 바라보고자 노력했다. 그 결과 민주화운동에 전념하기 시작하던 시기부터 그는 매우 놀라운, 그러나 어쩌면 매우 당연한 답을 찾아내게 된다. 그것은 사상이나 이념이 아니라 우리 민족이 두 번 다시 전쟁을 되풀이하지 않고 공생하는 일이 무엇보다 중요하다는 점을 새삼 인식하고 실천해야 한다는 것이었다. 그 후 안병무는 정확히 그런 방식으로 살아왔다.

한 가지 예만 살펴보자.

1992년 5월 17일 향린교회 창립 39주년 기념예배에서 안병무는 뜻밖의 제안을 한다.[32]

"내년이면 향린교회 창립 40주년입니다. 향린교회가 이제 무엇을 할 것인가?"

그는 이런 질문을 던지면서 교인들에게 다음과 같이 말을 이었다.

"궁극적으로는 하느님 나라 도래에 참여하는 일이겠지만, 구체적으로 이 민족의 역사에 참여하는 길은 무엇인가? 한국교회가 1995년을 통일의 희년으로 설정했는데, 그냥 기념예배만 보고 지나갈 것인가? 그러지 말고 구체적인 일을 하나 해 봅시다. 제가 제안하는 일은 장차 통일될 조국의 헌법의 기초를 잡아 보자는 것입니다. 곧 통일헌법 초안을 작성해 보자는 일입니다. (중략) 이 민족이 통일되면 어떤 체제로 나갈지 아무도 모릅니다. 정권에 맡겨서는 절대로 안 됩니다. 이 일은 절대적으로 민民에 의해 이루어져야 합니다."

미리 치밀한 준비가 없었으면 도저히 할 수 없는 발언이었다. 안병무는 오래전부터 나름대로 통일방안에 대해서도 구체적으로 생각을 해 오고 있었던 것이다. 사실 그가 한국신학연구소를 설립한 목적에도 '평화적인 민족통일'이 중요하게 자리 잡고 있었으며, 한국기독교교회협의회KNCC가 개신교 100주년 행사를 준비할 때, 안병무는 선교 2세기의 중심이 '평화통일'이어야 한다는 주제로 강연을 하기도 했다. 특히 옥중에서 그는 많은 생각에 생각을 거듭했다. 그 생각을 홍근수 목사에게 전해 기꺼운 동의를 받아 놓은 바 있었다. 그리하여 향린교회에 민을 중심으로 하는 통일된 민족공동체의 청사진을 그려서 민족사회에 제시하자고 제안하게 된 것이다.

〈통일공화국 헌법(초안)〉 작성은 1993년 초에 제직회 산하 부서로 신설된 '통일희년위원회'가 맡아, 많은 논의를 거친 끝에 1993년 5월 드디어 빛을 보게 된다. 그 〈통일공화국 헌법(초안)〉은 다음과 같은 획기적인 특징들을 갖고 있었다:

1. 민民을 시민사회와 국가의 중심으로 보는 헌법 체계이다.

2. 남북한이 발전시켜 온 긍정적인 이념인 민주와 자주, 자유와 평등을 하나의 체제 속에 담으려 했다.

3. 국호는 고유명사를 쓰지 않고 '통일공화국'이라고 했으며, '국민'과 '인민'으로 통칭되는 표현을 모두 '민'으로 통일했다.

아울러 "민에 의한 민주정치의 실현" "경제적 정의와 평등의 구현" "민의 기본권과 사회보장" "민족자주의 실현과 평화 지향" 등을 그 내용으로 담아냈다.

안병무, 그는 간도 시절의 그 끔찍했던 체험에도 불구하고 스스로 그 완고한 이데올로기의 성채를 깨뜨리고 나와, 마침내 우리 민족의 평화로운 앞날까지 이토록 아름답게 제시할 정도로 열린 마음으로 자기 길을 걸어왔던 것이다.

내가 버린 교회

가톨릭 신부 정양모는 1971년 5월 광주 가톨릭대학 주최 성서 심포지엄에서 안병무를 처음 만난다. 그때 안병무는 '역사의 예수와 신앙의 그리스도'라는 제목으로 역사와 신앙, 예수와 그리스도 사이의 연속성과 불연속성에 관한 내용을 강연한다. 정양모는 강연 내용보다도 그의 진솔하고 고매한 인품에 매료되었다. 그때부터 그는 안병무가 1973년 여름에 창간한 『신학사상』에 편집 기획위원으로 참여, 곁에서 가까이 지켜볼 수 있었다.

1987년 박종철 사건 이후 한 번은 서초 성당에서 안병무와 그가 연이어 특강을 하게 된다. 그때 안병무는 예수 이야기만 하고 교회 이야기를 전혀 하지 않았다. 정양모가 그 까닭을 묻자, 안병무는 단호한 표정을 지으며 말한다.

"저는 교회에 대해서 철저히 절망했습니다. 교회에 아무런 기대도 걸지 않은 지 오래입니다."

정양모는 매우 큰 충격을 받는다. 그 후 한동안 안병무를 보거나 생각할 때면 무엇보다 그 말이 먼저 떠올랐다.[33]

교회는 안병무에게 무엇인가.

우리는 이미 청년 안병무가 교회를 버린 사실을 알고 있다. 그 결정적인 동기는 피란 당시 교회가 보여 준 태도 때문이었다. 물론 엄밀히 말하면, 그건 교회가 아니라 교회를 구성하는 사람들에 대한 절망이었다. 특히 교회를 이끈다고 하는 지도층에 대한 배신감! 청년의 투명한 신앙심에 견주어 능히 그렇게 느낄 만도 했다. 하지만 그 후 그는 그때의 절망감을 반전시킬 만한 어떤 계기도 쉽게 발견하지 못한다. 그가 줄기차게 역사의 예수를 추구한 것도 어찌 보면 그런 절망감에서 비롯된 것인지 모른다.

"내가 엄밀한 의미에서 기독교인이 아니라고 했지요. 나는 평생 신학은 안 하겠다던 사람이 신학으로 학위를 받고 평생 목사를 기르는 생활을 한 셈인데, 아이러니컬하게도 내가 교회라는 걸 인정하지 않은 것은 오래된 일이오. 교회를 부정하고 공동체를 구성하려고 애쓴 것은 잘 알 거요. 결과적으로 실패했지만. 내가 목사가 되는 것을 끝끝내 거절한 것은 기독교에 대한 저항을 몸으로 한 것이오. 내가 말하는 기독교란 교회의 교리가 지배하는, 그리스도란 이름을 빌린 종교집단을 말하는 것이오. 나는 그 교회와 교권을 일생동안 거부해 왔소. 그래도 큰 의미에서 그리스도교 안에서 산 것은 기독교가 세상에 나오게 한 장본인인 예수 때문이었소. 기독교회는 예수를 완전히 변질시켰고 마침내 그를 실질적으로 교회에서 추방했소. 아무리 생각해도 기독교회에는 예수가 설 자리가 없어요."(1995년 3월 13일자 편지)

그에게는 교회가 아니라 성서(예수)가 전거였다. 생과 신앙의 전거, 그것도 유일한!

최초의 공관서 마르코복음에는 교회, 즉 에클레시아ecclesia라는 말이 나오지 않는다. 공관서 전체에 그 말은 딱 두 번, 마태복음에만 나온다. 시기적으로 그것들보다 최소한 10~20년, 20~30년 전에 씌어진 바울의 서신에 46회나 사용되는 것에 견주면 놀라운 일이다.

안병무는 그 점에 주목했다.

마르코 시대에는 교회가 엄연히 예수(그리스도)를 향한 신앙 위에 세워졌는데, 왜 언급하지 않았을까.

그는 그것을 이미 제도화되어 가는 교회에 대한 비판세력이 있었다는 증거로 본다. 제도화된다는 말은 '컬트화'라는 말인데, 그때 중요하게 간주되는 것이 바로 세례와 성만찬이다. 안병무는 예수가 본래 세례와 새크러멘트(sacrament: 성찬)화된 만찬을 민중에게 베풀지 않았다고 주장한다. 바울의 서신에는 이미 '사도'가 크게 권위를 잡아가고 있다. 세례와 성만찬도 그만큼 중요한 비중으로 자리잡았다는 뜻이다. 하지만 민중은 그런 행태에 대해 예수와 더불어 살던 현장경험에 의거, 비판을 가한다. 형식에 치우치고 날로 권위를 추구하는 교회가 아니라 예수시대의 원형으로 회귀하자는 움직임도 자연스럽게 예상할 수 있다.

안병무는 민중의 전승이 중추가 된 마르코복음에서 바로 그 사도(권)에 대한 비판이 현저해짐을 주목한다. 거기서 사도들은 전혀 예수의 뜻을 모르는 자들로 묘사된다. 예수는 그런 사도들을 호되게 책망하는데, 수난예고에서는 심지어 '사탄'이라고까지 비난한다. 또한 예수가 추종자들을 모아 어떤 제도적인 인스티튜트institute를 만들려고 했던 흔적도 전혀 없다고 주장한다. 결국 그는 바울에 의해 터를 잡고 발전된 교회론이 민중적 입장에서는 일단 비판의 대상이 된다는 점을 강조하는 것이다.

이런 입장에서 그는 예수와 그의 민중이 만났던 본래 모습으로서의 공동체를 진정한 교회의 원형으로 제시한다. 자료의 한계 때문에 그것을 파악하는 일은 쉽지 않다. 그러나 5000명을 나누어 먹이는 예수 이야기(마르코 6:30 이하) 등을 볼 때 함께 '나누는' 생활 공동체였던 것만은 틀림없다. 그것이 말하자면 '갈릴래아'의 전통이었다. 반면 예루살렘 교회의 전통에서는 예수가 그리스도가 되어, 함께 사는 이에서 숭배와 예배의 대상으로 급속히 변모된다. 1980년대 중반 북아메리카에서 이른바 '예수 세미나'를 주도한 펑크R. Funk도 기독교가 공식적인 종교로 발전하면서 '우상파괴자' 예수를 '우상'으로 만들어 섬기게 되었다고 비판한다. 복음서에서 만날 수 있는 역사적 예수는 스스로 메시아라는 자의식을 가져 본 적이 없는데, 초대 교회가 그를 신앙의 대상인 메시아로 만들어 숭배했다는 것이다.[34] 안병무는 바울에서 역사의 예수에 대한 언급이 없는 것도 그 때문이라고 생각한다.

안병무는 원형으로서의 예수 공동체가 기대는 컨텍스트는 종말론적인 것이 가장 핵심이라고 간주한다. 즉 하느님 나라의 도래가 예수와 민중의 공동체를 가능하게 한다. 그 종말의식이 기존 체제를 자동적으로 폐기하는바, 왜냐하면 하느님 나라가 도래하는 마당에 기존의 모든 체제는 기득권을 인정받을 수 없기 때문이다. 이와 아울러 안병무는 그 공동체의 또 하나 중요한 성격을 지적한다. 그것은 예수가 민중 가운데서도 '제자'라는 그룹을 설정하여 그들에게 특별한 사명을 준다는 사실이다. 그것이 바로 '보낸다(파견한다)'는 것이다. 어디로? 당연히 고통받는 세상 속으로!

이렇게 하여 결국 안병무는 모이고 나누고 보내는 것이야말로 바람직한 예수 공동체의 핵심이라는 결론에 이르는 것이다.

그런데 어떤가. 성전은 점점 화려해지고, 그리스도를 만나는 길은 점점 어렵고 복잡해지고, 나중에는 마치 교황과 소교황(목사)을 통해서만 가능한 것처럼 되어 버리지 않았는가.

우리가 흔히 '지혜로운 통치자'로 여기는 솔로몬은 다윗이 불륜으로 낳은 자식이다. 그는 다윗의 왕위를 계승하자, 이스라엘 신앙의 상징인 법궤를 모시기 위해 거대한 성전을 짓는 데 주력한다. 하지만 왕궁과 비교할 때 그것은 3분의 1 규모에 불과했다. 이는 그가 신앙을 자신의 세속적 지배하에 두고자 했음을 의미한다. 어쨌든 그는 마침내 7년의 역사 끝에 성전을 봉헌하며 스스로 감격하여 이렇게 기도한다.

주님께서는 캄캄한 구름 속에 계시겠다고 말씀하셨습니다. 이제 주님께서 계시기를 바라서, 이 웅장한 집을 지었습니다. 이 집은 주님께서 영원히 계실 곳입니다.(왕상 8:12~13)

이 점에서 안병무는 예수가 마지막으로 예루살렘 성전과 대결한 데 주목하고, 교회를 '성전'으로 간주하는 것은 주일을 '안식일'로 여기는 것과 마찬가지라고 비판한다. 안식일에 예수가 제자들과 함께 밀밭 사이로 지나가는데, 제자들이 배가

고파 밀이삭을 비벼 먹는다. 그러자 바리사이파 사람들이 예수를 공격한다.

"왜 당신의 제자들은 안식일에 해서는 안 되는 일을 하오?"

그러자 예수가 말한다.

"안식일이 사람을 위해 있는 것이지 사람이 안식일을 위해 있는 것이 아니다."(마르코 3:23~28)

안병무가 교회가 '성전' 의식에서 벗어나 거친 광야에서 싸운 '예언자'들의 전통을 이어받아야 한다고 말하는 것도 이 때문이다. 그는 또한 이것을 최초의 위대한 '인권선언'이자 '민주주의의 제1장'으로 간주한다.[35]

이런 생각이 교회를 얼마나 불편하게 만들까.

목사가 근거도 없는 가운을 걸치더니 찬양대가 가운을 걸치고 이제는 헌금을 걷는 이들까지 가운을 입는 교회! 수억 수백억짜리 맘모스 교회로 쉬지 않고 다가와서 신도들을 토해 내는 버스들! 황금색 십자가를 제단 중앙에 세우고 그것을 베일로 가리고 그러고도 모자라 다시 은은히 조명까지 비추는 교회![36]

그는 말한다.

"민중교회는 성서해석권을 민중의 삶 속에 되돌려 주는 데서 출발해야 한다. 교역자나 신학자는 '내가 가르친다' '내가 가르치는 것이 옳다' 하는 데서 후퇴하여 아주 단순한 눈으로 성서를 읽고, 생활(삶) 속에서 형성되는 민중의 느낌과 생각을 신학적 언어화하며, 교회 지도층은 그것을 제도화해야 한다고 봐요."[37]

이 말도 어렵다. 안병무는 아예 이렇게 말한다. 이게 더 안병무답다.

"그런 결과로, 현재까지도 민중이 들어올 수 없는 장애물이 무수히 많아졌어요. 제사를 지내도 안 되고, 술을 마셔도 안 되고, 담배를 피워도 안 된다! 하지 말라는 게 자꾸 많아지니까 점점 못 들어오게 되는 거예요. 민중들의 떼려야 뗄 수 없는 인습, 이를테면 막걸리 정도 먹는 것까지 못하게 하니까요. 그건 교회에 들어오지 말라는 얘기예요. 막걸리가 그리스도교하고 무슨 상관이 있어요? 그런데 그런 것까지 못 마시게 하니 농사나 제대로 짓겠어요? 제사 같은 것도 다 그만둬라, 무당 같은 것도 다 끊이라, 그렇지 않으면 오지 말아라. 그럼 무엇을 해야 합니까?"38

당연히, 그 대답은 "교회가 하라는 것만 해라!"이다. 교회가 하라는 것? 눈에 선하지 않은가. 찬송가를 부르고, 졸린 눈을 부비면서 새벽기도회에 나가고, 밥투정 좀 하고 숙제 안 하고 교통신호 안 지킨 것밖에는 그다지 큰 죄를 지은 것 같지도 않은데 "오, 주여! 우리 죄를 사하여 주시옵소서!" 눈물로 용서를 빌고(정작 큰 죄를 지은 이들은 자기 죄를 대단한 액수의 헌금으로 상쇄 받고),39 목사의 말에 절대 복종하고, 그러다가 점점 '자발적 신심'이 불타올라 지하철을 타고 다니며 피곤해서 꾸벅꾸벅 조는 서민들 귀에 대고 "예수 천당! 불신 지옥!"을 외치며, 이틀에 한 번꼴로 부흥회에 나가고, 순교자적 사명감을 지닌 채 '이교도'들로 들끓는 아랍으로 아프가니스탄으로 '사랑의 복음' 전교 활동을 떠나고,40 공산당은 기독교와 철천지원수 사탄 중의 사탄이니 반공 반북 친미 궐기대회에 꼬박꼬박 나가고,

절에 가서 불상에 붉은 페인트 칠을 하는 것!

"결국 우리에게 어울리지 않는 것만 남았다."

우리가 세상에 뭐 할라고 왔나

이런 안병무에 대해 보수적인 교회 쪽에서의 비판은 당연하다. 그들은 문익환 목사와 마찬가지로 안병무도 학생들을 선동하는 빨갱이라고 간주한다. 나아가 안병무는 교회를 부정하니 제 입으로 기독교인이 아님을 입증하는 거라고 비판했다.

그런 점에서, 즉 진정한 예수의 얼굴과 예수 공동체를 찾는 이를 '빨갱이'라고 모는 이들의 입장에서는 안병무가 그리스도인이 아닐지 모른다. 안병무 역시 어쩌면 필사적으로 그런 그리스도인의 대열에서 벗어나려고 한평생 애써 온 것인지 모른다.

안병무를 가까이 모셨던 송기득도 역설적이지만 그렇게 묻고 또 대답한다.

> 안병무는 그리스도교인이었는가? 아니다. 그는 전통적 의미의 그리스도교인이 아니었다. 그는 그렇게 될 수가 없었다. '안병무의 예수'는 그것을 결코 허용할 수가 없다. 그를 굳이 그리스도교인이라고 하려면 예수를 민중 해방자라고 고백할 때 가능하다. 그러나 그때 안병무는 '그리스도교인'이 아니고 '예수교인'이 될 것이다.[41]

그렇다. 그는 교회를 헌신짝처럼 진작 버렸다!

그런 그가 평생 뜻을 같이하는 믿음의 동지들과 더불어 몇 개의 교회를 세웠다면? 놀라운 일이 아닌가. 그는 일찍이 일신회 동지들과 더불어 향린원이라는 고아원이 있던 자리에 향린교회를 만들었고, 1970년대 중반 유신체제하에서는 민중과 함께하는 실험적 모델로서 갈릴리교회를 동료 민주인사들과 함께 만들었다. 1987년에는 한국신학연구소의 월요신학서당을 모체로 하여 그와 박성준이 공동 발기한 한백교회를 만들었다. 마지막으로 1993년에는 강남향린교회가 탄생하는 데 정신적으로 큰 역할을 했다. 특히 강남향린교회는 향린교회가 자리를 잡아가면서 어느 정도 규모가 커지자 그것을 분가하는 형태로 만든 교회였다. 교회들이 날로 대형화해 가는 한국의 현실에서 분가-선교 방식으로 탈제도화의 한 모델을 만들고자 시도했다는 점으로 큰 의미가 있다.[42] 들뢰즈식으로 표현하면 억압적 제도에 갇힌 한국 교회의 '탈영토화'를 추구한다고나 할까. 물론 기본적으로 해체주의자인 들뢰즈는 부분들 위에 군림하는 어떠한 고정된 전체, 동일성도 거부하는 반면,[43] 안병무는 원칙적으로 해체라기보다 회귀 혹은 복원에 초점을 둔다. 왜냐하면 도그마를 해체한 그에게는 이미 돌아갈 곳, 동일성의 근원, 즉 '진짜 예수의 얼굴'이 있기 때문이다.

1993년 5월 안병무는 강남향린교회 설립 예배를 하는데, 이렇게 허두를 뗀다.

"'우리가 세상에 뭐 할라고 왔나? 얼굴 하나 보러 왔지.' 그게 함석헌 선생의 말입니다. '세상이 무슨 소리 무슨 소리 해도 얼굴 하나 볼라고 왔지. 세상에 나돌아다니는 찌그러진 얼굴, 근심 많은 얼굴, 남을 괴롭히는 얼굴, 별의별 얼굴이 다 있는데, 그 중에 참 평화로운 얼굴을 볼 수가 없구나’ 하고 한탄한 시가 있습니다. ‘세상에 왜 왔나? 얼굴 하나 보려고 왔지.’ 그 말이 제겐 언제든지 마음에 새겨집니다.”

그때 안병무는 건강이 최악의 상태였다. 이미 주치의인 김유호 박사가 그의 심각한 심근경색 질환을 우려하여 집 밖으로 한 발짝도 떼지 말라고 경고했는데도 그는 기어이 발걸음을 한 것이다. 가만히 앉아 있어도 비지땀을 줄줄 흘릴 정도로 상태가 좋지 않았다. 이날 설교에서 그는 스스로 북받쳐 몇 차례나 눈물을 보였고, 나중에는 아예 소리 내어 울기까지 한다.

예수가 세상에 온 다음에 사람들이 각기 예수의 얼굴을 그리기 시작했다. 율법주의에 젖은 사람들은 율법에 맞게 예수의 얼굴을 그렸다. (여기서 그는 해방 직후 중앙신학교 시절, 사람들이 스물다섯밖에 안 먹은 자기를 ‘교수’라고 하는 게 영 어색해서 수염을 길렀더니 서른쯤으로 보이더라는 일화를 들기도 한다.) 맨 처음 예수의 얼굴에는 수염이 없었는데, 그때부터는 예수의 얼굴에 수염이 돋기 시작했다. 그리고 시간이 흐를수록 수염은 점점 더 길어졌다. 수염의 길이는 곧 권위의 길이였다. 안병무는 그 과정을 서방 기독교, 동방 기독교, 성 프란치스코 수도원 등의 사례를 들어 가며 설명했다.

그런 후 다음과 같이 말을 이었다.

“좋게 말해서 우리가 세상에 뭐하러 왔나? 예수의 얼굴을 제대로 그려보자 그거죠. 왜 교회가 여기에 하나 섰나? 많은 교회들이 모두 그리고 있는 예수의 얼굴이 틀렸다. 우리 바른 예수의 얼굴을 그려보자. 그거죠. 김 목사, 안 그렇소? 나도 참 예수의 얼굴을 그려보자. 지금 구십 퍼센트 이상의 한국 교회가 예수의 얼굴은 안중에도 없습니다. 어느 밑에 있는지 알아요? 놀랍게도 이제는 모든 것을 다 거슬러 올라가서 두 가지를 선택했습니다. 율법주의를 그대로 지키고 있고, 그 밑에서 예수를 봅니다. 또 하나는 그레꼬-로마의 밑에서 얻은 그리스도론을 가지고 강제하고 고집합니다. 그것을 떠나면 이단자로 몹니다. 그 외의 것은 아무것도 아닙니다. 역사의 예수는 의미가 없습니다. Christianity without Jesus! 예수 없는 기독교, 그것이 지금까지의 역사입니다. 예수는 배제했습니다. 왜? 예수는 우리에게 거리끼니까. 그대로 수용했다가는 팬티까지도 다 빼앗길 걸? '겉옷을 빼앗으면 속옷까지 벗어줘라.' 더 나가면 팬티까지도 벗어주라는 말이 되니까, 난 그건 죽어도 못한다. 오른뺨을 때리면 왼뺨도 돌려대라. 그건 난 못한다. 그러니 예수를 따를 수는 없다. 그러니까 예수는 좀 배제하자. 그래서 예수는 아니야. Christianity라는 데로 흡수해 버리지. 그게 기독교입니다. 그러므로 이 교회가 설립된 중요한 목적은 예수를 도로 살려 보자는 것입니다. 아니 지금까지 한국 교회는 예수의 얼굴을 그리지도 않았어요. 의미가 없어요. 안 그린 겁니다. 교리를 얘기하고 율법을 얘기합니다. 아직도 토라(Torah: 고대 유대교의 '율법'을 이르는 말. 구약 성서에 나오는 용어)가 절대 권위를 가지고 있습니다. 우리 김 목사는 어떤지 몰라. 우리 예수의 얼굴을 정말 그려보자. 예수의 얼굴은 신비주의의 예수도 아니고, 고

행주의의 예수도 아니고, 개인주의의 예수도 아니고, 한마디로 얘기하면, 이유야 어쨌든 마지막에 십자가에 달려 죽은 예수다. 자기 위해 죽은 것이 아니다. 뭔지 미지수는 많지만 그는 남을 위해서 마지막 피 한 방울까지도 다 쏟은 이다.”

안병무는 정확히 이 부분에서 말을 멈춘 채 한참을 울먹였다. 그리고 얼마간 더 설교를 한 다음 다시 또 울음을 터뜨렸다. 워낙 잘 우는 사람이긴 했다. 어디서든 “예수” “어머니”라는 말만 나오면 기다렸다는 듯 눈물을 흘리곤 했으니까. 그래도 이날은 특별했다. 장내는 숙연해졌고, 여기저기서 나지막이 흐느낌 소리가 흘러나왔다. 모두가 알고 있었다. 안병무가 무슨 이야기를 할 것인지. 교회를 세워서 행복하게 축하해야 할 날, 안병무는 설교 내내 교회를 부정하고 또 부정했다. 교인들은 그래도 전에 들었던 어떤 목사의 설교보다도 감동적이라고 느꼈다.

강남향린교회의 초대 목사 김경호는 누구보다도 마음이 떨렸다. 온몸의 피가 거꾸로 흐르는 듯한 느낌이었다. 그는 설교를 듣는 게 아니었고, 안병무도 설교를 하는 게 아니었다.

“김 목사님, 오늘 너무 한계를 지어놔서 운신의 폭이 좁을 줄은 모르나, 예수의 얼굴을 정말 그리시오. 당신이 망해도 예수는 살아야 하니까. 세례 요한의 말대로, ‘당신은 흥해야겠고, 나는 쇠해야겠다.’ 그 말을 당신 지키시오!”

안병무는 다시 울었다.

“지켜야지. 세상에 한 번밖에 없는 인생인데······.”

그 마지막 말은 마치 혼잣말 같았다. 혼잣말처럼 그렇게 중얼거리다가 안병무는 흐느끼면서 강단을 내려갔다. 김 목사 김 경호에게, 그건 이미 '유언'이었다.

마음의 동산, 디아코니아자매회[44]

너무 숨 가쁘게 달려왔다.

이제 우리는 잠시 심원心園 안병무를 치열한 투쟁의 현장에서 억지로라도 끌고 나와 그야말로 '마음의 동산'으로 데려가야 한다. 그는 이제 늙었고, 무엇보다 건강이 하루 앞도 장담할 수 없을 만큼 불안하기 때문이다. 다행히도 그에게는 그런 때를 대비해 숨겨 둔 마음의 동산이 있었다.

한국 디아코니아자매회.

다소 낯선 외래어의 이 단체는 과감하게 말하자면 안병무가 끌고 온 생의 어떤 귀결 같은 것일 수밖에 없다. 그건 안병무가 청년 시절 그토록 열정적으로 추구하던, 그러나 결국 실패하여 그를 가없는 절망으로 몰아넣었던 신앙 공동체의 현실적 기대치였고, 게다가 성공할 가능성도 많았기 때문이다. 쉽게, 이 단체를 개신교 최초의 수녀원이라고 부르기도 한다. 그들은 스스로 '국내외적으로 공인된 초교파 개신교 독신여성 수도 공동체'라고 부른다. 하지만 안병무가 일신회 동지들과 처음 뜻을 세워 향린원에서 시행에 옮겼을 때처럼 신앙과 (사회)생활을 일치시키려는 데 목적이 있지, 사회로부터 철저히 절연된 자기들만의 봉쇄수도(녀)원을 지향하지 않는다. 미리 밝히건대, 안병무가 이 단체의 설립에 결정적인 역할을 했다. 그런 만큼 봉쇄적인 공동체는 처음부터 이들의 뜻이 아니었다.

한신에서 쫓겨난 뒤 선교교육원 초대 원장으로 임명된 안병무는 1977년 10월 기장 교회 앞으로 서신을 띄워 뜻이 있는 여성 교역자들을 불러 모은다. 그 자리에서 그는 처음으로 자신이 지니고 있던 공동체 구상을 밝히고 그 실현을 위해 애쓸 것임을 다짐한다. 그때는 물론 어떤 뚜렷한 모델을 염두에 둔 것이 아니었다. 그저 '공동체'였다. 그렇지만 그는 이미 자신의 실패한 경험 모델도 있었고, 독일 유학 시절 유럽 여러 나라에서 다양한 형식으로 전개되던 개신교 공동체 운동에 대한 정보도 있었다.[45] 그러나 그것들은 다만 본문 뒤에 붙는 참고 서지 목록일 뿐이었다.

어쨌든 그때부터 관심을 지닌 사람들을 대상으로 선교교육원에서 모색 작업에 들어갔다. 이론을 공부하기도 하고, 직접 유사한 성격의 공동체를 찾아가 몸으로 부딪쳐 보기도 했다. 이미 일찍부터 한국 사회에 뿌리를 내린 가톨릭 수녀원은 물론이고, 노동과 환경의 중요성을 실천하는 풀무원 공동체라든가 나아가 절에 가서 비구니들과 함께 생활해 보기도 했다.

그 결과 안병무가 소개한 독일 디아코니아 운동이 하나의 모델로 집중적인 연구 대상이 되었다. 디아코니아diakonia란 헬라어로 봉사와 섬김을 뜻하는 말이었다. 1836년 독일 플리드너F. Fliedner 목사가 처음 여성 디아코니아 공동체를 설립해 가난한 이와 병든 자들을 돕기 시작했다. 그 후 이 운동은 독일 전역은 물론 유럽 각지로 번져 나갔다. 이는 봉사와 수도를 분리하지 않는다는 점에서 안병무의 구상과 일치한다. 마침 한국에 파견

되어 와 있던 독일 서남선교회의 소혜자(슈바이처)도 독일 공동체에 대한 정보를 자세히, 그리고 실감나게 전달해 준다.

경제적인 문제는 의외로 쉽게 풀린다. 안병무의 오랜 벗인 여성숙[46]이 적극적으로 손을 걷어붙이고 나섰기 때문이다. 여성숙은 병아리 의사 시절 금요예배 모임에서 친구와 함께 안병무에게 소록도로 가서 나환자를 치료하거나 결핵요양원으로 가 볼까 싶다는 뜻을 비친 적이 있다. 그러자 안병무가 화를 내며 크게 야단친다.

"가 볼까? 그런 말이 어디 있어? 5분간의 신앙 간증도 할 수 없는 것들이 어디 가서 무얼 하겠다는 거야, 이 맹꽁이들아. 그 사람들이 얼마나 예리한 사람들인 줄 알어? 주사기나 들고 가서 고칠 수 있는 줄 알어? 그 사람들은 지금 죽음을 놓고 심각한 고민을 하고 있는데 너희는 가서 이 사람들을 시험물로 삼을 작정이야? 장난인 줄 알어? 안 돼, 안 돼! 가지 말어. 거기는 쉼터가 아니야. 거기는 수많은 생명들이 생사를 놓고 싸우는 곳이야."

그게 1951년 4월의 일로, 여성숙으로 하여금 큰 결단을 내리게 하는 계기가 된다. 그녀는 결핵 전문의가 되어 당시만 해도 엄청난 사망률을 기록하던 결핵과 평생 싸우는 외길 인생에 접어 든다. 1962년부터는 목포 인근에 터를 얻어 한산촌이라는 사설 결핵환자 요양원을 운영하고 있었다. 그런 그녀가 안병무의 뜻을 적극 지원하고 나선 것이다. 그리고 이미 문동환과 '새벽의 집' 공동체 생활을 하던 김성재(당시 선교교육원 수석 연구원)가 적극 참여했다.(그는 지금 안병무의 뜻을 이어 한국신학연구소와 한국 디아코니아자매회의 이사장으로 일하고 있다.)

무엇보다 중요한 것은 '사람'이었다. 소유를 버리고, 가족을 버리고, 욕망을 버리고, 일생을 건 '투쟁'에 돌입할 사람이 모이는 게 어디 쉽겠는가. 희망자 본인들도 스스로 확신할 수 없었다. 그런 가운데 꾸준히 공부와 실험이 계속되었는데, 시간이 흐르면서 차차 회의를 느끼는 분위기가 확산되었다. 그때 한 언님('언'은 다석 유영모가 쓴 말로 어진, 착한이란 뜻이며 한자로 인仁에 해당하는 순우리말이다. 그들은 서로를 언님이라 부른다)이 동료들에게 엽서를 보낸다.

"부모와 형제와 집과 모든 것을 버리고 떠나자."

무척 부담스러운 표현이었지만, 이것이 언님들의 결단을 촉구하는 데 중요한 계기가 된다. 1980년 4월 15일 서울을 탈출한 7명의 언님들이 목포 한산촌에 둥지를 틀고 공동체 생활을 시작했다. 그리고 마침내 5월 1일 한국 디아코니아자매회란 이름의 공동체를 세상에 내보일 수 있게 된다. 외래어 이름에 대해서 거부반응이 없지 않았지만, 당시 정치적 상황 때문에 그것이 오히려 하나의 보호장막이 되어 주기도 했다. 설립 당시 내건 신조는 따로 없었다. 그러나 그들은 이미 오랜 학습과 실험을 통해 자신들이 지향하는 바가 "독신 미혼여성의 공동체" "예수 그리스도의 정신으로 일하는 공동체" "함께 일하고 공유하는 생활공동체"라는 점에 의견을 일치시켜 놓고 있었다. 훗날 좌우명으로 "기도하자. 노동하자. 학습하자"가 채택된 것도 이런 뜻이다.

처음에는 남성 공동체도 준비되었으나 곧 흐지부지되어 버리고 말아, 결국 세상과 결별한 게 아니라 세상과 구별된 공동체로서 한국 디아코니아 공동체는 여성만으로 출발한다.

안병무는 이 공동체의 이론적 토대를 제공했을 뿐만 아니라 자신의 경험을 토대로 세세한 부분까지 신경을 써 주고, 나아가 여성숙을 통해 경제적 기반을 갖추게 하고, 더 나아가 독일 쪽과 긴밀히 연락하여 경제적·정신적 유대를 갖도록 발판을 마련해 준다.

이렇게 출발한 한국 디아코니아자매회는 1983년 세계연맹에 65번째 회원국으로 가입하고, 1985년에는 여성숙이 기증한 재산을 토대로 사회복지법인을 설립, 여러 가지 사회봉사 활동을 시작한다.[47]

안병무는 일찍부터 한산촌을 종종 찾았다. 심신이 지치거나 특별히 집중적인 생각과 집필 등으로 시간이 필요할 때 목포 외곽(현재 무안군)의 야산에 자리잡은 한산촌은 더 없이 훌륭한 장소였다. 손수 노동을 해서 거처들을 지은 송기득이 그곳에 있어 더욱 좋았다. 『역사와 증언』을 비롯해 많은 저서와 논문들이 그곳의 산물이다. 하지만 여러 가지 사정으로, 특히 디아코니아 설립 이후, 안병무의 발길이 점점 뜸해졌다. 그 때문에 디아코니아 식구들은 솔직히 약간은 섭섭함과 불안함을 느끼기도 했다. 그만큼 그의 애정과 동시에 카리스마가 컸기 때문이리라. 그도 그 점을 잘 알고 있어, 이렇게 변명을 하는 수밖에 없었다.

"너희들이 홀로 섰다고 생각해라. 내버려 두고 왔다는 생각에 나도 마음이 아프다. 하지만 어떤 경우에도 디아코니아만큼

은 없어져서는 안 돼. 다른 것은 조직이고 활동이지만, 이곳은
사람이 있는 곳이니까."

공성이불거功成而不居

마침내 한 인간, 생명을 지닌 한 인간이 어찌해 볼 수 없는 단
계가 다가온다. 그게 '자연自然', 즉 '스스로 그리됨'이다. 그는
이미 여러 차례 삶과 죽음의 경계를 오갔다. 쓰러져서 구급차
에 실리고, 아무런 보장도 없이 수술대에 눕고, 심장을 떼어내
고, 산소호흡기로 숨을 이어가……. 그래도 평소 그는 죽음
에 대해 관심이 없다고 말했다. "자신이 아무리 애를 써도 내
힘이 미치지 못하는 것에는 정력을 빼앗기지 않겠다는 의지를
기른 탓"[48]이라고 했다. 그러나 어디 '죽음'이 그런가.

계절은 바뀐다. 영원히 푸를 것 같은 신록이 지고, 떨어지는
잎새 하나로 가을이 오는 것이다. 참으로 오랜 동안 그의 안거
였던 수유리를 떠나 우면동으로 집을 옮긴 뒤, 안병무는 부쩍
계절에 민감해진다. 아니, 자연에 민감해진 것이라고 해야 한
다. 그는 독설가였다. 후회할 말을 많이 써 났다. 일찍이 자연
에도 별 관심이 없노라 했다.

"나는 자연 자체에 대해서는 관심이 없어요. 자연에서 신을
경험한 체험이 없어요. 소설 하나를 읽어도 자연묘사에 대해서
는 관심이 안 가고 인간묘사에 집중하게 돼요. 이를테면 톨스
토이하고 도스또예프스키를 읽으면, 톨스토이보다는 도스또예
프스키에게 끌려요. 톨스토이에게는 자연서술이 많아요. 나는

예수에게서 도스또예프스키 같은 면을 봐요. 밤낮 자연 속에 살면서도 거기에서 출발하지 않고 사람을 보고 있어요. 자연을 통해서 하느님을 경험하거나 또 다른 어떤 것을 통해서 신비의 경지를 경험할 수도 있겠지만 일단 나는 그런 것에는 관심이 없어요."[49]

죽음도 자연도 관심 밖이었다는 그의 진술을 당대적 맥락에서 이해하려고 해도 액면 그대로 받아들이기는 힘들다. 죽음 없이 어찌 생명을 말할 수 있으며, 자연 없이 어찌 인간을 말할 수 있겠는가. 그는 다만 당대가 요구하는 중심적 화두에 자신의 거의 전부를 철저히 내바쳤을 뿐이다. 그리하여 우리는 그가 전쟁이 휩쓸고 간 폐허에서는 실존의 탐색으로 불면의 밤을 지샜고, 야만이 짓쳐들어오던 들판에서는 민중과 더불어 기꺼이 다른 모든 가치를 희생할 듯 애썼던 그의 '공식적인' 얼굴만 보게 된 것이다.

우리는 그의 다른 얼굴도 기억해야 한다.

"자연계를 관찰하면 할수록 살려는 의지가 충일한 것을 느낄 수 있다. 더욱이 봄이 되면 얼어붙은 대지 위에 모든 것이 다 죽은 듯하나, 그것이 꿈틀거리면서 대지 밑에 파묻혀 있다가 헤치고 나오는 것은 동물만이 아니라 식물의 경우도 같다. 자연은 '살림' 운동의 현장이다. 그런데 그것을 가만히 생각해보면 홀로 하는 것이 아니고 더불어 하는 것이다."[50]

안병무는 이제 자신의 입으로 자연을 말한다. 태양이 있어 씨앗이 움트는 것을 말한다. 인간은 자연과 분리되지 않는다고 말한다. 그 사이에 충만한 기氣!, 그것을 구약은 '루아흐'라고 불렀고, 신약은 '프뉴마'로 불렀다고 한다. 어쩌면 어쩌랴. 그는 이제 "태초에 말씀이 있었다"에서 "태초에 사건이 있었다"로, 다시 "태초에 기가 있었다"로 옮겨 가는 것이다. 그 뜻 또한 단순하다. 사유를 통해서 만물의 질서를 궁구하려던 게 서구라면, 동양은 사유의 언어가 멈춘 그 자리에 진리의 세계가 펼쳐진다고 믿고 또 가르친다.[51]

"기독교는 말의 종교이다. 그 종교는 오늘의 종말 현상에 책임이 있다. 말은 말을 낳는다. 말을 바로 잡기 위해 말을 쓰면 말만 는다. 지금 수많은 교회에서 쏟아지는 말을 생각해 보라. 소음 외에 남는 게 무엇인가. 서구적 기독교는 말 못하는 것은 모두 정복의 대상으로 삼았다. 기독교는 신도 말의 영역으로 끌어들였다. 그러기 위해서 신과 자연을 분리시켰다. 그때 신은 말하는 실재, 자연은 말없는 현실이다. 그러나 말의 영역은 너무도 좁다. 조그마한 사랑을 고백하면서도 '말로는 표현할 수 없어', '표현할 적당한 말이 없어' 하는 판에 그래도 하느님이라고 하면서 말의 영역에 가두어 두고 독점할 수 있다고 생각하는가. 아니다. 말을 하면 그만큼 현실이 줄어들고 먹물을 먹고, 먹말(글)을 쓰면 그 대상의 기를 뺀다. 신학자란 신을 가장 잘 축소하는 기술을 가진 자다."[52]

신학자의 입에서 신을 축소한다는 말이 나오다니!

신에 대해 확신이 없어질수록 말이 많아진다는 것 아닌가. 신에 관해 난무하는 너무 많은 술어述語들이 오히려 주어主語를 빈곤하게 만든다는 것 아닌가.

그렇다면 어쩌자는 것인가, 그 신학자는?

이제 우리는 입을 닫기로 결심하는 한 신학자를 볼 수밖에 없다. 그는 꼭 사반세기 전에 이렇게 제 속을 드러낸 적이 있다.

"나는 왜 이 글을 쓰나? 왜 말이 이렇게 많은가? 왜 지저분하게 잡지까지 내면서 소음을 더하게 하는가? 결국 얼굴과 얼굴이 마주칠 때를 위해서지! 그때는 말이 필요 없을 테니까!"[53]

그때가 온 것일까.

어쨌든 사유의 언어는 끝났다. 그는 언어의 지평 저 너머를 무심히 바라본다. 거기 물이 흐른다. 『도덕경』에서 상선약수上善若水라 하지 않았던가. 물은 자기 자신을 낮추면서도 늘 거기 있다. 세상 속 어디에나.

노장과 예수가 하나되는 것도 순식간이다.

실제 말년의 그는 노장에 심취했고, 주변에서는 그런 그를 우려스러운 눈으로 지켜보기도 했다. 아들 재권은 그것에 대해 평생 도그마와 맞서 싸워 온 아버지가 마지막으로 자신마저 그 도그마의 대열에 올려놓고 한판 싸움을 한 치열함으로 이해한다.[54] 제자이면서 안병무에 대한 최초의 평전을 쓴 신학자 김명수는 자칫 성서 바깥으로 빠져나가려 애쓰는 것처럼 보이기도 할 이 아슬아슬한 말년의 모험을 이렇게 정리한다.

안병무의 신학사상에서 이런 서로 다른 성향들을 명확하게 구분할 수는 없다. 그의 실존주의 신학 속에는 이미 민중신학적인 요소가 들어 있으며, 그의 민중신학 속에서도 여러 성향들이 중층적으로 녹아 있기 때문이다. 안병무의 신학적 시선은 결코 한 곳에 머무르지 않고 실존, 이웃, 민중, 세계, 자연, 우주로 끊임없이 확장되었다. 한 곳에 머물지 않는 공성이불거功成而不居의 자세가 바로 안병무의 삶과 신학의 특징이다.[55]

맞는 말이다. 그는 물처럼 끝없이 흘러왔다. 그러나 이 말은 조심스럽게 이해되어야 한다. 왜냐하면 안병무는 전태일의 분신에서 십자가를 본 그 순간부터 이제 우면동 집 이층 창가에서 단풍이 빨갛게 물드는 나무를 하염없이 바라보는 이 순간까지 어떤 의미에서는 하나도 변하지 않았기 때문이다. 예를 들어 그가 노장을 다시 파헤쳐서 새삼 '기'를 말한 게 아니다. 그는 일찍부터 그리스도가 공空임을 말했다. 그리고 그때 그 공이야말로 비어서 그것으로 끝나는 게 아니라 모든 것을 거침없이 채우게 될 존재의 터라는 것도 알고 있었다. 마르코 기자가 언어로 개념화하는 대신 오직 '빈 무덤'만 보여 줌으로써 오히려 예수 부활의 참의미를 깨닫게 해 주는 것처럼![56]

"이른바 구원의 교리가 정교하면 정교한 만큼, 신의 속성을 표현하는 것이 짙으면 짙은 만큼 불신의 노출이 아닙니까? 이에 대해서 무無, 빔[虛]을 내세우고 어떤 상像도 개념으로 표상하려고 하지 않고 그 이름조차 떠올리지 않고 또 자신을 비우되 무의식에로까지 추방하려는 자세가 오히려 철저한 신뢰, 내 맡김의 자세가 아닙니까?"[57]

이렇게 말한 게 이미 40년 전(1968. 2. 11)이었다.

어쨌거나 안병무는 이제 자신이 할 말은 다했다고 생각했다. 작은 이파리 하나가 가지에서 떨어져 포르르 바람에 날렸다. 그의 입가에 문득 미소가 번진 것도 같았다.

품에서 품으로

실존에서 역사와 민중으로 나아간, 그리하여 민중신학이라는 신학적 영토를 새로 개척한 안병무의 사상적 궤적은 1990년대 이후 생명, 죽임/살림, 단斷 등 김지하가 1980년대 이후 거의 독단적으로 펼쳐 온 이른바 생명사상과도 접목되며 기氣, 상常, 무無, 빔[空, 虛], 숨 등으로 훨씬 그 철학적 깊이를 더해 갔다. 그것은, 김지하의 개벽사상에 기대어 말하면, 결국 남성적 지배의 역사에 대한 철저한 반성이 새로운 세상, 후천개벽後天開闢을 일구어 낸다는 믿음이기도 하다. 실제 안병무도 일찍부터 속도와 물질과 폭력과 양量이 지배하는 남성적 가치관의 일대 전환 없이는 하느님 나라에 들어갈 수 없음을 누누이 강조해 왔다.

이미 우리는 안병무가 할 말을 충분히 했다고 말했다.[58]

> 영원한 것은 조용하다
> 지나갈 것은 소란스럽다
> 하나님의 뜻은 이루어진다
> 침묵 속에서
>
> Das Ewige ist stillde
> Laut die Vergänglichkeit
> Schweigend geht Gottes Wille
> Über den Erdenstreit[59]

그러나 그에게는 아직 할 말이 꼭 하나 더 남았다. 그것은 바로 그의 출발이자 기원에 대한 말이었다. 그렇다. 그는 이제 때가 가까웠음을 누구보다 잘 알고 있었다. 우면동 창밖으로 가을이 깊어 갈수록 사무치도록 어머니의 품이 그리웠다.

품!

그것이 안병무의 마지막 화두가 된다. 어쩌면 당연한 귀결이리라. 그 '품'이야말로 안병무의 신학적 기획이 애초부터 가 닿을 목표였는지 모른다.

'품'이란 신체상으로 겨드랑이에서 배꼽 사이의 부분, 즉 가슴 주변을 말한다. 여자에게는 생명을 기르고 가장 감수성이 예민한 유방이 거기 있다. 안병무는 이 품으로써 엄마 젖을 빨며 편안히 잠드는 아기를 먼저 떠올린다. 그것은 곧 생의 고향이다. 낙원, 조국, 가정도 이 품의 다른 이름이다. 서구문명이 진작 잃어버린 가치. 그리고 우리 역시 근대화 과정에서 스스로 배제시키고 있는 가치. 그는 물론 이 가치가 농경적 경제 기반 위에 성립된 것임을 잘 안다. 그렇다고 해서 만일 이 품을 완전히 무시한다면 인간이 참으로 삭막해질 것은 뻔하지 않은가.

안병무는 품이 상실된 원인을 남성이 이끌어 온 역사 그 자체에서 찾는다. 예수 시대에도 여성은 노예와 지위가 다를 바 없었다. '부인' 즉, 약혼자를 '취득'하는 것은 '돈이나 증서나 동침'에 의해서 가능했고, 이방인 노예는 '돈이나 증서나 점취'에 의해서 가능했다. 그래서 "도대체 부인을 얻는 것과 여자 노예를 얻는 것이 어떤 차이가 있는가"라는 물음이 던져지기도 했다.[60] 그 잔인한 성차별의 역사는 훗날 정조대의 역사로 이어졌다.[61] 성지 회복을 명분으로 일으켰던 십자군전쟁 당시 자기 아내에게 채우고 떠났던 정조대. 유학 시절, 안병무는 유럽에서 그것을 보고 큰 충격을 받는다. 그때까지 그는 스스로 말하듯 병적일 정도로 순결을 추구한 '정조론자'였다. 자기가 누구를 사랑한다면 그 여자는 과거(의 마음)도 완벽해야 했다. 그런데 정조대를 보고 나서 이 생각이 얼마나 폭력적이고 유치한지 깨달을 수 있었다. 정조대는 자기 아내를 인간으로 보는 게 아니라 소유로 보는 것인데, 동시에 자신들 스스로 기껏 아내의 육체밖에 점유하지 못했음을 입증하는 상징이다. 얼마나 자신이 없었을까. 그리고 그런 정조관에서 그들은 예외였으니 참으로 폭력적이고 일방적이었다. 여자의 입장에서 보면 어땠을까. 이런 사유에 이르게 된 안병무는 성폭력 희생자들에게 각별한 애정을 쏟는다. 어떤 경우든(보복 살인을 한 경우조차!) 그들은 남성 지배 사회의 희생자였기에.

안병무가 '품'을 강조하는 것도 이 때문이다. 물론 그는 이로써 '대지'로서의 여성, '자궁'으로서의 여성, '생명'으로서의 여성을 최상의 가치로 상정하는 것은 사실이지만, 동시에 그것으로 페미니스트들이 우려하듯 여성에게 또 다른 희생을 감내하라거나 강요하지는 않는다. 예를 들어 그가 현대 여성에게 가정의 '품'을 지키며 집에만 있으라고 하겠는가. 그가 말하는 바는 간단하다. 여성이 주체로 서되, 서구적 의미의 주체가 아니라 넉넉한 품을 지닌 주체로 다시 서라는 뜻이다.

"여자여! 당신은 끝내 여자로 남아 있어야 한다. 이 말은 홀로 희생하라는 뜻이 아니다. '품'이 있는 인간세계를 창조하는 주역이 되라는 것이다. 그래서 폭력적 남성에 의해 날로 비인간화되는 이 세상을 남성에게서 빼앗아 역사를 주도하라!”

이때 어떻게 그 탈취가 가능한지에 대해서 안병무가 제시할 수 있는 대안 또한 ‘품’ 이외에는 없다. 그것이 안병무의 한계이지만 어떤 면에서는 최선이리라.

우리는 이제 그 품으로 다시 돌아가는 안병무를 본다. 그는 ‘결국’ 선천댁의 품을 택할 수밖에 달리 도리가 없었을 것이다.

이를 위해 그는 몇 가지 정지작업을 했다.

우선 아들 재권. 그는 아들에게 독일어와 영어 공부를 혹독하게 시켰다. 그래야 제 힘으로 먹고살 수 있을 테니까. 나중에 그 아들은 번역가로 자리를 잡는다.

아내 박영숙. 그는 박영숙이 정치에 입문하는 것을 막지는 않았다. 그러나 그게 그녀의 소명이라고는 꿈에도 생각하지 않았다. 그는 박영숙의 국회의원 임기가 거의 끝나갈 무렵, 충전의 시간을 갖고 나머지 생을 살아가는 데 필요한 새로운 힘을 기르도록 영국 유학을 권했다. 박영숙은 완강히 거부한다. 안병무가 꾸짖듯 말했다.

“안 가겠다면? 여기서 나 죽기만 기다릴 거야? 당신 여기 있으면 정치판에 휩쓸리기만 할 거야.”

결국 박영숙은 국회의원직을 내놓은 직후, 떠밀리듯 막바로 영국행 비행기에 올라야 했다. 안병무가 이미 유학 준비를 해 놓았을 뿐만 아니라, 비행기표까지 마련해 두었던 것이다. 박영숙은 영국 케임브리지 대학으로 유학을 갔고, 훗날 여성운동과 환경운동에 전념할 때 힘이 되는 바탕을 쌓았다.

다음으로 김정임. 우리는 그녀를 거의 모른다. 하지만 안병무의 말년 저작은 그녀 없이는 도무지 불가능했다. 그녀는 박영숙 언니의 딸로, 안병무에게는 처조카가 된다. 그녀는 안병무가 거동이 불편해지면서 아예 팔을 걷어붙이고 안병무의 곁에 머무른다. 그때부터 안병무는 구술을 통해 자신의 집필 작업을 계속한다. 안병무는 그녀에게 미안했다. 온갖 궂은일을 다 하면서도 무엇 하나 받은 것 없는 조카. 그래서 그는 그녀가 대학원에 가서 자립할 기반을 닦도록 강력히 권고한다. 그렇게 해서 그녀는 뒤늦게 '팔자에도 없는 공부'를 하지만, 그게 나중에 더없이 귀중한 선물이었음을 깨닫는다.

이제 안병무는 미루고 미루어 왔던 작업에 돌입한다. 그가 천천히 그때를 회상하여 이야기를 하면 김정임이 곁에서 받아 적었다. 때로 생각이 잘 나지 않으면 김정임이 분위기를 살려 주었고, 그러면 다시 이야기를 이어 나갈 수 있었다. 그렇게 조금씩 작업이 이루어졌다.

마침내 그는 그 일, 도저히 엄두가 나지 않았던 그 일을 마무리짓는 데 성공한다. 다만 하나, 많은 사람들이 기다리던 신약성서 번역을 골로새서 2장 23절에서 멈추고 말아, 결과적으로 약속을 지키지 못하게 된 게 아쉬울 따름이었다. 사실, 성서 번역에 대한 그의 애정과 노력은 각별한 바 있었다. 워낙 건강이 안 좋을 때라 한 장을 끝내는 게 그야말로 악전고투였다. 곁에서 지켜봐야 하는 이들이 차라리 외면하고 싶을 정도였다. 한 장을 끝낼 때마다 박영숙과 김정임은 거동이 불편한 안병무를 데리고 가까운 들녘을 찾아나서야 했다. 그게 그가 원한 '상'이었다. 언젠가 그는 한 손으로 차를 짚고 서서, 누렇게 익어 가는 들녘을 한없이 바라보았다. 아무 말도 하지 않았다. 어디선가 바람이 살랑 불어오면 그의 눈에 황금 이삭이 출렁거렸다. 따가운 햇살이 목덜미를 쪼았지만, 그는 피하지 않았다. 생이 그처럼 아름다울 수 있다는 사실에 만족했을까. 그의 입가에 새털 같은 미소가 묻어나곤 했다.

『선천댁』 원고를 보내기 전, 그는 이렇게 쓴다.

"결국 나는 선천댁에 대해서 쓰기로 마음을 먹었다."

이게 책 맨 앞에 들어가는 「들어가는 말」의 첫 줄이 된다.

일찍이 파스칼이 『팡세』에서 말하지 않았던가.

> 하나의 작품을 쓸 때 최후에 발견하는 것은 최초에 무엇을 놓았어야 했는가이다.(단장 19)

1996년 1월, 어머니 선천댁은 그렇게 다시 세상에 나왔다.

하느님 앞에서 너는 가능성이다

안병무는 홀가분했다. 건강은 하루이틀 앞을 장담하기도 힘들 만큼 불안했지만, 전에 없이 마음은 편안했다. 당연히 주변에서는 한사코 반대했다. 말리고 말리는 박영숙에게는 어떤 대가를 치르더라도 고향에 가고 싶다고 힘주어 말했다.

"난 죽는 한이 있어도, '품'을 확인하고 싶은 거야."

안병무는 치명적 위험을 무릅쓰고 품을 향해 떠난다. 그는 동생 안병택과 사촌동생 안병훈, 처조카 김정임을 앞세워 비행기 트랩에 올랐다. 7년 전 수술을 받은 뒤 그의 심장은 20퍼센트, 콩팥은 16퍼센트의 기능만 하고 있었으니 제 생각에도 터무니없는 욕심이었으리라. 남들을 걱정시키면서 왜 기어이 그러는지, 그도 잘 몰랐다. 그러나 사람에게는 누구나 '지성소'가 있다. 그곳은 누구도 함부로 건드리지 못한다. 왜? 그 '왜'라는 질문조차 금지된 영역이다. 설명될 수 없다. 그것이 그에게는 초월적인 것이다.[1] 그곳, 아니 어떤 구체적인 영토가 아니라 그 곳에 가야만 한다는 당위가 어쩌면 그때 안병무에게는 지성소 였는지 모른다. 그렇게 갔고, 여름 어느 날, 중국 땅을 밟았다. 어렵사리 그들이 찾아간 곳은 연변, 즉 들미동 마을이었다. 가 는 길에 그들은 꽈배기를 파는 노점상을 보았다. 안병무가 약 간 들뜬 목소리로 말했다.

"저거야, 저거. 용정 시절에 중국인 꽈배기 장사가 들고 다 니던 거. 한쪽에는 밀가루로 만든 맨 꽈배기, 다른 쪽엔 뜨거운 콩. 그래, 그땐 그게 너무너무 먹고 싶었는데……."

택시는 마을 입구에 그들을 내려 주었다. 더 이상 들어갈 수 없을 만큼 길이 험했다. 마을에서 달구지를 불러왔다. 거의 걷 지 못하는 안병무는 그 달구지에 올라타고 드디어 들미동 마을 에 도착했다. 오십 년 세월에도 하나 달라지지 않았다. 안병무 는 할 말을 잊었다. 그저 감격 어린 눈으로 기억을 더듬을 따름 이었다.

그때였다. 소식을 듣고 누군가 꼬부랑 할머니가 달려 나왔다.

"안 전도사님!"

안병무는 쉽게 그녀를 기억하지 못했다. 그러나 그녀가 추 억의 빗장을 열고 이런저런 이야기를 들려주자 그는 아주 행복 하게 그 시절로 되돌아갈 수 있었다.

귀국 후 두어 달이 지난 1996년 10월 19일, 안병무는 고향 을 방문해서 되새기게 된 그 기억의 끈마저 훌훌 풀어 버렸다. 임종 전에 그는 오랜 지기 홍창의에게 명을 오래 끌기 위해서 억지로 치료를 하지 말도록 부탁했고, 홍창의는 그 부탁을 받아들인다.

홍창의가 오십 년 지기를 위해 마지막 배려를 한다. 주치의인 김유호도 특별히 배려한다. 지인들의 중환자실 출입을 허용한 것. 사람들이 기다렸다는 듯 몰려들었다. 한 백 명쯤 될까. 안병무는 침대에 누운 채 그들과 일일이 인사를 나누었다. 박영숙이 그의 귀에 대고 지인의 방문을 알려 주면, 그가 발끝을 살짝 움직이거나 하는 방식이었다. 때로는 그가 입가에 희미하지만 행복한 미소를 띨 때도 있었다.

뒷날 사람들은 나중에 서로 만나서는 이렇게 말했다.

"허 참, 배신감마저 이는구먼. 난 안 박사님이 날 제일 사랑하시는 줄 알았단 말이야."

"누가 할 소리! 나야말로 꼭 그런 줄 알았다니까."

사람에 관한 한, 안병무의 애정은 꼭 그러했다. 한번 맺은 좋은 인연에 대해서 지극정성으로 섬기는 사랑! 그렇더라도 사람들은 이제 그토록 아름다운 한 인간을 떠나보낼 시간이 다가왔음을 알고 있었다. 마침내…… 그의 눈이 감겼다.

가이사의 것은 가이사에게, 하느님의 것은 하느님에게! 누구는 저절로 그리되는 거〔自然〕라 했고, 누구는 소천김天이라 했다.

장례식 때, 입관을 담당한 직원이 물었다.

"이 분이 교회에서 무얼 하신 분입니까? 목사입니까? 장로, 집사입니까?"

"신학 교수였습니다."

"안수를 받으셨나요?"

"안 받았습니다."

"그럼 평신도네요?"

그렇게 해서 관을 덮는 붉은 명전에는 그저 '성도 안병무'라고만 적히게 되었다.

달리 무슨 관冠이 필요하랴. 어쩌면 그렇게 하지 않았을 때, 남은 사람들은 두고두고 욕깨나 먹었을지 모르는 일이다. '성도' 안병무는 그렇게 우리 곁을 떠났다. 그래도 남은 사람들은 알았다. 그는 이미 완성된 무엇이 아니라 여전히 어떤 '가능성'이다. 하느님 앞에서![2]

주

소년 시절: 어머니, 간도, 그리고 교회

1 안병무, 『선천댁』(범우사, 1996), 19쪽.

2 김윤식, 「한국 근대문학의 시선에서 본 만주국 글쓰기론」, 『문학사의 새 영역』(강, 2007), 126쪽.

3 안병무, 『너는 가능성이다』(사계절, 1996), 272쪽.

4 안병무, 「삶, 무덤, 부활」, 『현존』 제3호(1969년 9월호), 45쪽.

5 권보드래, 「1920년대 초반의 사회와 연애」, 윤해동 외 편, 『근대를 다시 읽는다 2』(역사비평사, 2006), 123쪽.

6 안병무, 『안병무 전집』 제6권(한길사, 1993), 53쪽.

7 전송림, 『연변경제지리』(연변인민출판사, 1990), 98쪽.

8 중국조선족청년학회 수집 정리, 『중국조선족 이민실록』(연변인민출판사, 1992).

9 호리우치 미노루堀內稔, 「조선공산당 재건운동」과 가나모리 쇼사쿠金森襄作, 「만주에서의 조선 중국 공산당 합동과 간도 5·30봉기에 대하여」. 나미키 마사히토並木眞人 외 저·편집부 역, 『1930년대 민족해방운동』(거름, 1984) 참고.

10 김형수, 『문익환 평전』(실천문학사, 2004), 142쪽. 용정 일대의 공산당에 대해 말할 때, 김형수는 "아직 민족문제에 대한 가치관이 확고하지 않은 그들은"이라고 전제한다.

11 가나모리 쇼사쿠, 앞의 글, 나미키 마사히토 외 저·편집부 역, 『1930년대 민족해방운동』, 322쪽.

12 김형수, 『문익환 평전』, 143쪽.

13 안수길, 『북간도(하)』(삼중당, 1991), 332쪽.

14 안병무, 『안병무 전집』 제6권(한길사, 1993), 361쪽.

15 안병무 외, 『날자, 깃을 펴지 못한 새들이여』(사계절, 1989), 180~181쪽.

16 박종성, 『탈식민주의에 대한 성찰』(살림, 2006), 47쪽에서 재인용.

17 원래는 안토니오 그람시Antonio Gramsci의 용어로 이탈리아 남부의 조직되

지 않은 농민을 가리켰다. 그러나 스피박 등 탈식민주의 이론가들이 새로운 개념으로 정립시켰다. "존재하면서도 부재한 자, 타자의 언어로 자신의 존재를 해석해야 하는 자, 이러한 존재를 최근 포스트식민주의 연구자들은 '하위주체'(서발턴, subaltern)라고 불렀다. 그리고 안병무 선생에게서는 오클로스가 바로 그런 이들이다." 김진호, 「안병무 해석학 시론」(2006년 11월 종교문화학회 발제 논문) 참고. '오클로스'에 대해서는 5장 참고.

18 안병무 외, 『날자, 깃을 펴지 못한 새들이여』, 185쪽.

19 이를 알튀세의 용어로 말하면, 하나의 개별적 주체가 하나의 이데올로기 구조 안에서 자신의 자리를 취할 때 거치는 과정, 즉 '호명'이 될 터이다. 사라 케이 저·정현숙 역, 『슬라보예 지젝』(경성대학교출판부, 2006), 159~160쪽.

20 졸저, 『통일 할아버지 문익환』(사계절, 2002).

21 박상기, 「탈식민주의의 양가성과 혼종성」, 『탈식민주의: 이론과 쟁점』(문학과지성사, 2003) 참고.

22 송우혜, 『윤동주 평전』(열음사, 1989), 145쪽.

23 김형수, 『문익환 평전』, 186~187쪽.

24 송우혜, 앞의 책, 109쪽.

25 안병무, 『안병무 전집』 제2권(한길사, 1993), 19쪽.

26 같은 책, 187쪽.

27 서굉일, 「일제하 북간도 기독교인들의 역사적 상황과 민족이념의 실천」, 문동환 박사 고희기념논문집 편집위원회 편, 『문동환 박사 고희 기념논문집: 평화교육과 민중교육』(1990, 풀빛), 441쪽.

28 민경배, 『한국의 기독교회사』(대한기독교서회, 1978), 84쪽.

29 이숙진, 「죄인정체성 형성과 한국 개신교 여성의 주체 형성」, 『시대와 민중신학』 제8호(다산글방, 2004), 298쪽.

30 심원 안병무 선생 기념사업위원회 편, 『갈릴래아의 예수와 안병무』(한국신학연구소, 1998), 141~148쪽.

31 김형수, 『문익환 평전』, 94~95쪽.

청년 시절: 해방, 전쟁, 그리고 청년 구도자

1 중국조선족청년학회 수집 정리, 『중국조선족 이민실록』, 350~351쪽.

2 이광수, 『나; 나의 고백』(우신사, 1985), 243쪽.

3 정판룡, 「고향을 떠나서」, 『중국조선족 이민실록』. 연변대학 총장을 지낸다.

4 같은 글, 269쪽.

5 안병무, 「비인간화와 싸워야 할 운동권」, 『살림』 제22호(1990년 9월호), 5쪽.

6 안병무, 「주어진 해방과 쟁취해야 할 자주」, 『광야의 소리』(향린교회, 2003), 44~45쪽.

7 이하 해방공간의 서울대 기독학생회, 일신회, 야성, 평신도 공동체 등에 관해서는 특히 홍창의의 증언과 〈향린교회 40년사〉(향린교회 홈페이지 http://www.hyanglin.org 수록)를 주로 참고. 일일이 주를 달지 않는다.

8 〈향린교회 40년사〉에는 "향린교회 창립자들을 포함한 대부분의 기독학생들은 좌우 어디에도 가담하지 않거나 좌익에 반대하는 입장을 취하고 있었다"고 적고 있다. 한편, 1949년 미국이 이른바 애치슨 라인(한반도를 태평양 방위전선에서 제외한다는 것)을 발표하자, 북의 남침을 우려하던 일부 기독교인들을 중심으로 미군 철수 반대 시위가 일어나고 급기야 지하조직의 결성으로 이어진다. 그것이 바로 전택부, 문익환, 문동환, 지동식, 김철선 등이 주축이 되어 결성한 '임마누엘단'이다. 장하구도 여기에 가담한 것으로 되어 있다. 문익환, 「상고이유서」, 『문익환 전집』 제5권, 85쪽 참고.

9 1938년 장로교 제27회 평양 총회는 신사 참배가 기독교 신앙에 배치되지 않는다고 결정한다. 민경배, 앞의 책, 103쪽.

10 예를 들어 신사 참배 문제로 구속되었던 최계만, 차일훈 등은 기독교황도 선양연맹을 결성하고, 윤치호, 양주삼, 정인과, 채필근 목사 등은 조선임전보국단에 가입한다. 민경배, 앞의 책, 104쪽.

11 안병무, 『선천댁』, 134~135쪽.

12 심원 안병무 선생 기념사업위원회 편, 『갈릴래아의 예수와 안병무』, 29쪽.

13 최영실, 「안병무의 '여성' 이해」, 심원 안병무 선생 기념사업위원회 편, 『안병무 신학사상의 맥 2』(한국신학연구소, 2006), 71쪽.

14 안병무, 『안병무 전집』 제2권, 34쪽.

15 안병무, 『선천댁』, 142쪽.

16 이용기, 「마을에서의 한국전쟁 경험과 그 기억」, 『근대를 다시 읽는다 2』, 451쪽.

17 안병무, 『선천댁』, 150쪽.

18 이용기, 앞의 글, 『근대를 다시 읽는다 2』, 481쪽.

19 여성숙, 『꿈의 주머니를 별에다 매어달고』(한산촌, 2000), 90~91쪽.

20 같은 책, 93쪽.

21 심원 안병무 선생 기념사업위원회 편, 『갈릴래아의 예수와 안병무』, 79쪽.

22 김진호, 「안병무 해석학 시론」 참고.

23 같은 글 참고.

24 안병무, 『선천댁』, 161~162쪽.

25 1952년 9월 10일자 여성숙의 일기에서.

26 안병무, 『선천댁』, 162쪽.

27 안병무, 「자다가 깰 때」, 『야성』 1956년 1월호.

28 민경배는 안병무가 전쟁 이후 서울에서 유영모, 함석헌 등 이른바 '신령주의계' 인물들과 친숙했고, 중앙신학교는 설립자가 "1930년대 한국 교회 안에서 일대 풍운을 몰고 왔던 신령 신비주의 경건류의 예수교회를 창설했던" 이호빈이라는 인물이라는 점을 들어 안병무에게서도 약간의 '실천적 신비주의의 경건한 국면'이 있다고 보고 있다. 민경배, 「안병무 시대」, 심원 안병무 선생 기념사업위원회 편, 『갈릴래아의 예수와 안병무』, 150~151쪽.

29 안병무, 「고난의 의의」, 『야성』 1951년 11월호.

30 심원 안병무 선생 기념사업위원회 편, 『갈릴래아의 예수와 안병무』, 239쪽.

31 1956년 8월 20일자 편지. 독일에서 쓴 편지이나 편의상 여기서 미리 인용한다.

독일 유학 시절: 역사의 예수를 찾아서

1 안병무, 『너는 가능성이다』, 121쪽.

2 같은 책, 120쪽.

3 그가 『죽음에 이르는 병』을 제대로 읽은 것은 1969년 말 숭실대 철학회 주최의 한 강좌 때문이다. 그때 그는 주최 측이 '불안과 신앙'이라고 제목을 정해 놓아 할 수 없이 독일에서 사 온 히르슈Hirsch 역본을 들춰 읽는다. 『현존』(제6호 1969년 12월호), 44쪽.

4 안병무, 「불안과 신앙」, 『현존』 제7호(1970년 1월호).

5 1957년 1월 10일자 편지. 독일에서 쓴 편지이지만, 편의상 여기서 인용한다.

6 안병무, 「시간과 영원」, 『야성』 1952년 12월호.

7 폴커 퀴스터Volker Küster, 「마가복음의 예수와 민중」, 김명수 역, 심원 안병무 선생 10주기 추모 국제학술심포지엄 자료집, 2006년 10월 16일.

8 이하, 연도와 날짜는 불분명하나 모두 60년대 초반에 쓴 것임은 확실하다.

9 『현존』 제6호(1969년 12월호), 45쪽.

10 디트리히 본회퍼, 『그리스도론』(대한기독교서회, 1979), 29쪽.

11 김명수, 「동양사상의 지평에서 본 안병무의 생애와 신학」, 심원 안병무 선생 기념사업위원회 편, 『안병무 신학사상의 맥 1』(한국신학연구소, 2003),

17~18쪽.

12 「구약 해석과 역사적 현실」. 이 글은 일본의 구약학자인 기다 겐이치木田献一 교수의 정년을 기념하여 기고한 것이며, 1995년 10월 14일경에 작성되었다. 『살림』1997년 12월~1998년 1월호에 수록.

13 김명수, 앞의 글, 심원 안병무 선생 기념사업위원회 편, 『안병무 신학사상의 맥 1』, 19쪽.

14 같은 글, 18쪽.

15 N.T. 라이트, 「역사의 예수 연구사」, 김진호 편, 『예수 르네상스』(한국신학연구소, 1996), 25~26쪽.

16 안병무, 『안병무 전집』 제3권(한길사, 1993), 9쪽.

17 루드비히 포이에르바하 저·박순경 역, 『기독교의 본질』(종로서적, 1982), 141쪽.

18 같은 책, 46쪽.

19 「무신론과 기독교 신앙」, 『현존』 제10호(1970년 4월호), 9쪽.

20 황성규, 「안병무 선생의 예수 이해」, 심원 안병무 선생 기념사업위원회 편, 『안병무 신학사상의 맥 1』, 71쪽.

21 안병무, 『안병무 전집』 제3권, 21쪽.

22 연도 날짜 미상 편지.

23 안병무, 『안병무 전집』 제2권, 28쪽.

24 오창은, 「한국문학과 국제적 연대」, 『실천문학』 2007년 여름호, 268쪽.

25 1960년 날짜 미상 편지.

26 손규태는 안병무가 기본적으로 기성 교회제도에 대해 비판적 거리를 두거나 심지어 적대적인 이유를 그가 일찍 일본의 무교회주의 사상가 우치무라 간조內村鑑三에게 영향을 받아서라고 분석한다. 그 결과 해방 직후부터는 제도권 그리스도인들과 거리를 둔 함석헌이나 유영모 같은 사람들하고 깊은 인간관계를 맺게 되었다고도 한다. 손규태, 「심원 안병무의 교회이해」, 『안병무 신학사상의 맥 1』, 102쪽.

27 김성수, 「함석헌의 생애와 사상에 관한 연구」, 사단법인 함석헌 기념사업회 홈페이지(http://ssialsori.net).

28 『함석헌 전집』 제18권(한길사, 1985), 73쪽.

29 안병무, 『불티』(한국신학연구소, 1998), 376~378쪽.

30 안병무, 『안병무 전집』 제2권, 75쪽.

31 심원 안병무 선생 기념사업위원회 편, 『갈릴래아의 예수와 안병무』, 155~157쪽.

32 김명수, 『안병무: 시대와 민중의 증언자』(살림출판사, 2006), 36쪽.

33 유학 기간 동안 안병무는 그 아버지를 거의 떠올린 적이 없었노라 훗날 밝힌 바 있다. 그리고 그 아버지가 사망했다는 사실을 그는 편지를 통해 전해 들었을 뿐이다. 『선천댁』, 167쪽.

34 안병무, 「서양사람 한국사람」, 『사상계』 1959년 7월호; 『한국민족운동과 통일』(한국신학연구소, 2001)에서 재인용.

35 안병무, 「구라파에서 본 조국」, 『사상계』 1959년 1월호; 『한국민족운동과 통일』에서 재인용.

36 안병무, 『안병무 전집』 제6권, 77쪽.

37 『현존』 창간호(1969년 7월호), 47쪽.

신학적 전환기: 이 땅에서 부활한 예수

1 안병무, 『안병무 전집』 제2권, 51쪽.

2 안병무, 『불티』, 185쪽.

3 안병무, 『사랑에는 연습이 없다』(베틀, 1993), 226쪽.

4 한국역사연구회 현대사연구반 편, 『한국현대사 3』(풀빛, 1991) 중 「1960년대 근대화노선의 도입과 확산」.

5 2006년 1월 26일 국정원 과거사건 진실규명을 통한 발전위원회 1967년 동백림 사건 조사결과 발표문.

6 오창은, 「한국문학과 국제적 연대」, 『실천문학』 2007년 여름호, 254~255쪽 참고.

7 안병무, 『사랑에는 연습이 없다』, 129쪽.

8 최영실, 앞의 글, 심원 안병무 선생 기념사업위원회 편, 『안병무 신학사상의 맥 2』, 50쪽.

9 심원 안병무 선생 기념사업위원회 편, 『갈릴래아의 예수와 안병무』, 206쪽.

10 같은 책, 19쪽.

11 1967년 8월 날짜 미상 편지.

12 안병무, 『안병무 전집』 제3권, 239~244쪽.

13 최영실, 앞의 글, 심원 안병무 선생 기념사업위원회 편, 『안병무 신학사상의 맥 2』, 64쪽.

14 아들 재권은 그의 부모가 일견 '사제관계'처럼 보인다고 말하는 세인의 평을 받아들인다. 동시에 아들은 간지럼을 태우고 톡톡 때리는 '개구쟁이 남매' 같은 부모를 기억한다. 『갈릴래아의 예수와 안병무』, 421쪽.

15 안병무, 『너는 가능성이다』, 258~259쪽.

16 김형수, 「변두리가 중심을 구원할 것이다」, 『아시아』 제3호(2006년 겨울호).

17 심원 안병무 선생 기념사업위원회 편, 『갈릴래아의 예수와 안병무』, 395쪽.

18 하이데거적 용어 Dasein은 일반적으로 '현존재'로 번역되는데, 이것을 안병무가 『현존』을 내면서 '현존'이라 해 표지에서도 명기하고 있다. 이에 대해 송기득은 『현존』에 투고하여 이의 불명확성을 비판한다. 송기득, 「철학적 실존과 성서적 현존」, 『현존』 제10호(1970년 4월호). 안병무는 이런 지적에 대해 "지금 여기 살고 있는 존재로서 무엇인가 계속 추구하고 묻고 싶다는 단순한 뜻밖에 없다"고 답한다. 「대화」, 『현존』 제12호(1970년 7월호), 44쪽.

19 안병무, 「바울의 현존 이해」, 『현존』 창간호(1969년 7월호), 8쪽.

20 안병무, 『불티』, 340쪽.

21 김명수, 『안병무: 시대와 민중의 증언자』, 47쪽.

22 김진호, 「안병무 해석학 시론」 참고.

23 조지 카치아피카스 저, 이재원·이종태 공역, 『신좌파의 상상력』(이후, 1999) 참고.

24 그이 부임 때 목사 안수기 문제되기도 했는데, 안병무는 그때뿐 아니라 죽을 때까지 목사 안수를 거부한다. 교회에서 직무를 부여받기 위한 안수(按手, ordo)나 서품敍品이 평신도와 성직자를 가르는 요건으로 이해되는 현실을 그는 처음부터 끝까지 인정하지 않았던 것이다.

25 「대담: 새 인류공동체를 일구는 하나님의 사랑」, 『문동환 박사 고희기념 논문집 평화교육과 민중교육』(풀빛, 1990), 514~515쪽.

26 김명수, 「동양사상의 지평에서 본 안병무의 생애와 신학」, 심원 안병무 선생 기념사업위원회 편, 『안병무 신학사상의 맥 1』 참고.

27 송효순, 『서울로 가는 길』(형성사, 1982), 38쪽.

28 같은 책, 76쪽.

29 석정남, 『공장의 불빛』(일월서각, 1977), 16쪽.

30 같은 책, 「책을 엮으면서」.

31 유동우, 『어느 돌멩이의 외침』(청년사, 1983), 49~50쪽.

32 안병무, 『안병무 전집』 제6권, 254쪽.

33 다가와 겐조田川建三 저·김명식 역, 『예수라는 사나이』(한울림, 1983), 16쪽.

34 아기 예수가 마구간에서 태어났다는 이야기는 오직 루가복음에만 나온다.

35 시몬느 베이유 저·이재형 역, 『노동일기』(이삭, 1983), 138쪽.

36 영화와 관련, 안병무의 말을 거의 그대로 옮긴다. 출처-연대 미상 그의 메모.

37 대한기독교서회 발행. 이 책은 수십 판을 거듭할 만큼 베스트셀러가 되었다. 나중에 안병무 『안병무 전집』 제1권으로 재간행되는데, 그때 제목은

‘역사와 해석’이다. 안병무는 1981년에 쓴 개정판(제목『역사와 해석』) 머리말에서 “최신까지의 성서연구의 결과를 저자의 지식이 미치는 한” 반영했다고 밝힌다. 나아가 1992년에 쓴 증보판 서문에서는 ‘성서의 특징’을 가필했고, 예수 이후의 민중사를 첨가하는 등 약간의 보완이 있었음을 밝힌다. 여기서는 달리 기회가 없을 것 같아(특히 성서에 대한 그의 기본 입장 부분!)『안병무 전집』제1권, 즉『역사와 해석』을 대본으로 이야기를 풀어나간다.

38 안병무,『안병무 전집』제4권(한길사, 1993), 323쪽.

39 심원 안병무 선생 기념사업위원회 편,『갈릴래아의 예수와 안병무』, 172쪽.

40 「성서」,『현존』1973년 7월호.

41 이 부분은 김명수의『안병무: 시대와 민중의 증언자』와 손규태의 글「안병무: 역사의 한가운데서 산 구도자」(『갈릴래아의 예수와 안병무』), 그리고 도로테아 슈바이처의 글「한국신학연구소와 안병무 교수」(안병무 서거 10주기 기념 강연문)와 그녀의 증언에 크게 기댄다. 일일이 주석을 달지 않는다.

42 홍근수,「평화와 통일에 이르는 길」, 심원 안병무 선생 기념사업위원회 편,『안병무 신학사상의 맥 2』, 181쪽.

43 빌 애쉬크로프트 외 저·이석호 역,『포스트 콜로니얼 문학이론』(민음사, 1996), 23쪽.

44 한국명은 소혜자. 2006년 5월 10일 천안 아우내 재단에서 인터뷰. 그녀는 1985년까지 10년간 1차 체류하고, 이어 1989년~1991년에 2차로 체류한다. 2차 체류 시에는 주로 한국기독교장로회 사무실에서 근무한다.

민주화 투쟁기: 광야에서—해직과 투옥

1 한국역사연구회 현대사연구반 편,『한국현대사 3』(풀빛, 1991), 99쪽.

2 심원 안병무 선생 기념사업위원회 편,『갈릴래아의 예수와 안병무』, 398쪽.

3 같은 책, 254~255쪽.

4 김명수,『안병무: 시대와 민중의 증언자』와 황성규의 글「나의 스승…」(『갈릴래아의 예수와 안병무』) 참고.

5 심원 안병무 선생 기념사업위원회 편,『갈릴래아의 예수와 안병무』, 55쪽.

6 같은 책, 327쪽.

7 이정희,「예수/그리고/민중, 안병무의 전쟁-기계들」, 김진호 외 저,『죽은 민중의 시대-안병무를 다시 본다』(삼인, 2006), 232쪽.

8 김지하의 희곡「구리 이순신」(1971)을 상기할 것.

9 이하「금관의 예수」인용문은『안병무 전집』제6권 중「예수와 민중」에

안병무가 인용한 것을 그대로 재인용.

10 심원 안병무 선생 기념사업위원회 편, 『갈릴래아의 예수와 안병무』, 71쪽.

11 안병무는 『안병무 전집』 제6권 머리말에서 그 강연문이 "우리 역사와 민중운동 사이에 힘줄이 생기고 혈맥이 통하더니 마침내 시체가 거대한 실체로 살아나는 경험을 말한, 민중신학을 공개한 첫 강연"이라고 말한다.

12 〈민족, 민중, 교회〉는 당시 상황의 제약으로 '오클로스'를 소개하는 차원으로 머물고 만다. 여기서는 이해를 돕기 위해 훗날 그가 쓴 대표적인 오클로스 관련 논문 「예수와 민중」(1979년 발표, 『안병무 전집』 제6권 수록)을 주로 참고하여 설명한다.

13 김진호는 안병무가 오클로스를 체계적인 신학 '논문'으로 처음 제출하는 것은 바로 「예수와 민중」이라고 밝힌다. 하지만 그는 안병무의 오클로스론은 1984년 발표하는 논문 「예수 사건의 전승 모체」에서 비로소 완성된다고 주장한다. 김진호 외 저, 『죽은 민중의 시대―안병무를 다시 본다』(삼인, 2006), 104~105쪽.

14 베르톨트 브레히트 서·심광수 역, 『살아남은 자의 슬픔』(한마당, 1985), 139쪽.

15 심원 안병무 선생 기념사업위원회 편, 『갈릴래아의 예수와 안병무』, 293~294쪽.

16 산헤드린sanhedrin: 히브리어로 고대 유대의 최고 의결 기관. 종교 사법상의 재판권을 가지며 71명의 의원으로 구성되었다. 다가와에 따르면 제의로서의 종교의 최고권위였을 뿐만 아니라 유대 사마리아 지방의 정치적 사회적인 지배의 정점이기도 했다. 다가와 겐조 저·김명식 역, 『예수라는 사나이』, 148쪽.

17 안병무, 『안병무 전집』 제5권(한길사, 1993), 51쪽 이하.

18 아라이 사사구荒井獻는 요한복음서에는 이런 사실이 기재되어 있지 않다는 점을 들어, 예수의 공생애 출발 시점에서 요한이 이미 체포되었는지 역사적으로 정확히 판단을 내릴 수 없다고 말한다. 아라이 사사구 저·서남동 역, 『예수의 행태』(대한기독교서회, 1969), 68쪽.

19 홍근수, 「평화와 통일에 이르는 길」, 심원 안병무 선생 기념사업위원회 편, 『안병무 신학사상의 맥 2』, 181~184쪽.

20 안병무, 『안병무 전집』 제5권, 84쪽.

21 안병무, 「3·1민주구국선언 사건과 나」, 『새롭게 타오르는 3·1민주구국선언』(사계절, 1998), 129쪽.

22 안병무, 「민중신학의 새 지평」 참고. 1994년 11월 10일 강남대학교 강연(『살림』 1997년 9월호에 수록.)

23 안병무, 「사건화하는 손」, 『현존』 1977년 2월호.

24 심원 안병무 선생 기념사업위원회 편, 『갈릴래아의 예수와 안병무』, 58~
61쪽.

25 같은 책, 77쪽.

26 잉게 숄 저·박종서 역, 『아무도 미워하지 않는 자의 죽음』(청사, 1979). 책
뒤표지에 실린 시.

27 아라이 사사구 역시 예수가 말 이전에 스스로의 행태를 통해서 우리에게
근원적인 질문, 즉 "당신이라면 여기에 어떻게 대답하겠느냐"는 질문을
던진다고 말한다. 아라이 사사구 저·서남동 역, 『예수의 행태』, 123쪽.

28 안병무, 『안병무 전집』 제2권, 42쪽.

29 안병무, 『사랑에는 연습이 없다』, 188쪽.

민중신학 정립기: 성문 밖에서 신학의 역사를 새로 쓰다

1 졸고, 「서울의 봄, 그리고 〈벽시〉의 시대(1)」, 『문화일보』 2003년 3월 14
일자.

2 7장에서 자세히 다룬다.

3 베르톨트 브레히트, 「살아남은 자의 슬픔」, 김광규 역, 『살아남은 자의 슬
픔』(한마당, 1985).

4 안병무, 『안병무 전집』 제2권, 123쪽.

5 심원 안병무 선생 기념사업위원회 편, 『갈릴래아의 예수와 안병무』, 400쪽.

6 김진균 외, 『발자욱』(녹두, 1990), 109쪽.

7 심원 안병무 선생 기념사업위원회 편, 『갈릴래아의 예수와 안병무』, 111~
112쪽.

8 P. 홀렌바하, 「오늘날 북아메리카에서의 역사의 예수 문제」, 김진호 편, 『예
수 르네상스』, 177쪽.

9 김진호, 「낯선 바울에게 예수운동에 대해 묻다」, 『시대와 민중신학』 제9
집(다산글방, 2006), 41쪽.

10 이 점과 관련하여 1981년 그는 주목할 만한 논문 「마르코복음에서 본 역
사의 주체」(KNCC 편, 『민중과 한국신학』 1981년 9월호)와 「민중신학의 성
서적 근거─마르코복음을 중심으로」를 잇달아 발표한다(『교회와 세계』 9·
10월 통합호).

11 그는 본명이 박기평으로 향린교회 출신이다. 그는 1977년부터 대학생부
에 출석하였는데, 당시는 대학생이 아니더라도 가입할 수 있었다. 그는
약 3년간 대학생부에 거의 개근하다시피 했는데, 사람들은 그를 조용하

고 감정이 풍부하며 신앙이 돈독했던 청년으로 기억하고 있다(향린교회 홈페이지 참조).

12 김명수, 『안병무: 시대와 민중의 증언자』, 129쪽 각주 참고.

13 안병무, 『안병무 전집』 제2권, 94쪽.

14 안병무 외, 『신약성서개론』(대한기독교서회, 1999년 제2판), 66~67쪽. 이 부분은 안병무가 집필했다.

15 같은 책, 81쪽.

16 다가와 겐조 저·김명식 역, 『예수라는 사나이』, 93쪽.

17 안병무, 『안병무 전집』 제2권, 82쪽.

18 J. 몰트만, 「민중의 투쟁 속에 있는 희망」, 심원 안병무 선생 기념사업위원회 편, 『갈릴래아의 예수와 안병무』 참고.

19 김명수, 『안병무: 시대와 민중의 증언자』, 60쪽.

20 안병무, 『안병무 전집』 제2권, 41쪽.

21 가톨릭과 기독교계의 호응이 커서 '민중대학' 또는 '해직교수아카데미'라는 이름으로 실행에 옮겨 큰 반향을 불러일으켰다.

22 한승헌 외, 『유신체제와 민주화운동』(춘추사, 1984), 154쪽.

23 안병무, 『안병무 전집』 제5권, 121쪽.

24 김진호, 「안병무 해석학 시론」 참고.

25 아라이 사사구나 린네만은 성서의 비유가 남에게 개방된 사상의 표현이라고 주장한다. 지식인의 언어가 청자에게 자신의 사상을 일방적으로 전달하는 점을 비교하면, 개방성이야말로 민중성(혹은 민중적 재창조성)의 또 다른 한 특징이리라. 아라이 사사구 저·서남동 역, 『예수의 행태』, 128쪽.

26 안병무, 『안병무 전집』 제6권, 57쪽.

27 같은 책, 65쪽.

28 안병무, 『안병무 전집』 제4권, 4쪽.

29 안병무, 『안병무 전집』 제2권, 315~316쪽.

30 심원 안병무 선생 기념사업위원회 편, 『갈릴래아의 예수와 안병무』, 305쪽.

31 박종화, 「지구화시대의 민중과 평화」, 심원 안병무 선생 10주기 추모 국제학술심포지엄 자료집, 2006년 10월 16일.

32 『크리스천투데이』 2007년 5월 7일.

33 안병무, 『안병무 전집』 제6권, 207~208쪽. 원래 문익환의 시로, 여기서는 인용자가 임의로 행갈이를 함. 시 중의 작은따옴표는 이것이 송광영 열사의 어머니가 한 말임을 나타낸다.

34 『안병무 전집』 제6권 속 「민중 사건 속의 그리스도」와 「세상 죄를 지고 가는 하느님의 어린양」 참고.

35 『안병무 전집』 제6권, 224쪽. 이 글이 실린 「세상 죄를 지고 가는 하느님의 어린양」은 1987년 김세진 사후 1주기를 기념하기 위한 강연 원고인데, 안병무는 당국의 방해로 집회 자체가 봉쇄되어 그 당시에는 발표하지 못했다.

36 심원 안병무 선생 기념사업위원회 편, 『갈릴래아의 예수와 안병무』, 235~236쪽.

마지막 모색기: 공성이불거의 삶

1 노자의 『도덕경』에 나오는 말. 공을 세웠으면 거기 머물지 않는다〔功成而不居〕는 뜻. 안병무, 「공성이불거」(『불티』 수록) 참고.

2 지금은 6월항쟁이 우리 사회의 구조적 전환점을 이루었다고 보는 관점이 지배적이다. 이는 1987년을 전환점으로 권위주의적 정치체제가 해체되고 형식적 민주주의가 제도화되었으며, 경제적으로는 박정희식 발전국가 체제에서 벗어났다는 의미이다. 김종엽, 「87년체제의 궤적과 진보논쟁」, 『창작과비평』 2007년 여름호, 361쪽.

3 네그리A. Negri는 소비에트 체제가 훈육적 통치모델을 넘어설 수 없는 자신의 구조적 무능력 때문에 위기를 맞았는데, 글라스노스트와 페레스트로이카를 실시했을 때는 이미 시기가 늦었다고 진단한다. 특히 지적, 비물질적 노동부문의 체제에 대한 동의 철회는 소비에트 체제로는 더 이상 탈근대적 이행이 불가능하다는 사형선고였다. 네그리 외 저·윤수종 역, 『제국』(이학사, 2001), 366~369쪽.

4 김지하, 『생명과 자치: 생명사상·생명운동이란 무엇인가』(솔, 1996); 김지하, 『틈』(솔, 1995) 참고. 아울러 이기상 교수의 새몸닷컴(http://heidegger.x-y.net) 중 김지하 관련 논문 참고.

5 조정환, 「김지하의 탈역사적 생명론과 민중」, 월간 『말』 2001년 7월호.

6 『죽은 민중의 시대―안병무를 다시 본다』(삼인, 2006)에 실린 차정식의 다섯 편의 글 참고.

7 안병무, 『안병무 전집』 제6권, 399쪽.

8 김진호, 「안병무 해석학 시론」 참고.

9 안병무, 『그래도 다시 낙원에로 환원시키지 않았다』(한국신학연구소, 1995), 264쪽.

10 안병무, 『너는 가능성이다』, 148쪽.

11 안병무, 「비인간화와 싸워야 할 운동권」, 『살림』 1990년 9월호.

12 안병무, 『너는 가능성이다』, 146쪽.

13 천주교 정의구현사제단이 발표한 성명(1994년 7월 21일자 「박홍 신부의
   '무지의 폭력'에 대한 천주교정의구현전국사제단의 견해」)에 따르면, 박홍
   신부는 1991년 6월 당시 민주화를 염원하는 순수한 열정을 지닌 채 죽음
   을 당하거나 분신으로 죽어 간 청년학생들에 대해 "그 배후에 죽음을 조
   장하는 어두움의 세력이 있고, 자살특공대가 있다. 나는 그 근거를 가지
   고 있다"는 발언으로 사회적으로 커다란 물의를 빚은 적이 있다. 이 무책
   임한 발언으로 소위 유서대필조작 사건의 강기훈 청년이 감옥에서 무죄
   한 옥살이를 했다. 당시 박홍 신부는 결국 어떠한 근거도 대지 않았으며
   그러한 발언은 거짓이었음이 판명되었는데, 그럼에도 자신의 발언으로
   생긴 문제에 대하여 아무런 책임도 지지 않았다.

14 안병무, 『그래도 다시 낙원에로 환원시키지 않았다』, 128쪽.

15 서울사회과학연구소 저, 『맑스, 프로이트, 니체를 넘어서』, 157~159쪽.

16 어쨌든 당대적 맥락에서 최소한 김지하는 그런 비판을 특히 『조선일보』
   에 했다는 사실로 민주화운동권으로부터 엄청난 비난을 받는다. 그가 선
   각자요 예언자로 시대를 너무 앞서 갔다는 느낌이 들기도 하며, 반대로
   당대적 현장에서 함께 싸우지 않고 멀리 떨어진 곳에서 운동을 관찰한 결
   과라는 느낌도 든다. 게다가 김지하는 그런 자기 진단을 너무나 폭력적인
   언어로 표현했다. 죽음의 굿판이라니! 그가 느낀 절박함을 인정하더라도,
   그런 언어는 그의 사상적 문맥에도 맞지 않는 게 아닌가!―이 모든 심란한
   사정에도 불구하고, 지금 우리는 김지하의 참뜻을 소중히 새겨 이해하는
   게 올바른 태도라고 본다. 마찬가지로 당대에 목숨을 내걸고 싸웠던 모든
   이들에게도 예의를 갖춰야 한다.

17 차정식, 「생명구원으로서의 해방과 살림」, 김진호 외 저, 『죽은 민중의 시
   대―안병무를 다시 본다』, 66쪽.

18 같은 글, 72쪽.

19 이성백, 「동일성 비판을 통해서 본 포스트구조주의의 사회 비판」, 이성백
   외 저, 『포스트구조주의의 헤겔 비판과 반비판』(이학사, 2006) 참고.

20 폴커 퀴스터, 앞의 글, 이영재 역, 심원 안병무 선생 10주기 추모 국제학
   술심포지엄 자료집, 2006년 10월 16일.

21 안병무, 『안병무 전집』 제5권, 295쪽.

22 안병무, 「옳은 백성 옳은 민족」, 『안병무 전집』 제6권, 283~284쪽. 특히
   1948년 이스라엘 국가 수립 이후 팔레스타인 사람들이 흘린 눈물에 대해
   서 그가 어떻게 생각하는지 궁금했지만, 과문한 탓인지, 안병무가 이 글
   을 쓴 이후 팔레스타인이나 아랍에 대해서 한 발언을 찾지 못했다.

23 아다니아 쉬블리, 「희미한 고요의 흔적들, 2002년 3월 27일 일기」, 『아시

아문화네트워크 주최 〈아시아문학포럼〉(2005. 12.) 자료집」, 88쪽.

24 가야마 히로토, 「민중신학, 지구화, 일본」, 이영재 역, 심원 안병무 선생 10주기 추모 국제학술심포지엄 자료집, 2006년 10월 16일. 그는 물론 안병무가 그렇다고 하는 것은 아니다. 그는 안병무의 그 글을 보지 못했을 것이다.

25 안병무, 『안병무 전집』 제6권, 418쪽.

26 폴커 퀴스터, 앞의 글, 심원 안병무 선생 10주기 추모 국제학술심포지엄 자료집, 2006년 10월 16일.

27 졸고, 「진정한 주체로 서는 일―알렉스 세르키, 프란츠 파농 서평」, 『실천문학』 66호(2002년 여름호).

28 P. 홀렌바하, 앞의 글, 김진호 편, 『예수 르네상스』, 178~179쪽.

29 김영일, 「한국기독교의 사회참여」, 한승헌 외 저, 『유신체제와 민주화운동』(춘추사, 1984), 82쪽.

30 윤일웅, 「유신정권과 정의구현사제단」, 한승헌 외 저, 『유신체제와 민주화운동』, 103~104쪽.

31 심원 안병무 선생 기념사업위원회 편, 『갈릴래아의 예수와 안병무』, 249쪽.

32 〈향린교회 40년사〉.

33 심원 안병무 선생 기념사업위원회 편, 『갈릴래아의 예수와 안병무』, 236쪽.

34 김명수, 『역사적 예수의 생애』(한국신학연구소, 2004), 59쪽. '예수 세미나'는 펑크R. Funk에 의해 1985년 창설되어 예수전승에서 진정으로 예수가 말한 내용을 가려내는 작업을 시도했다. 그 결과 복음서에서 예수의 이름으로 전해진 말씀 중 단지 18퍼센트만이 예수에게 소급시킬 수 있다고 결론 내린다.

35 안병무, 『불티』, 236쪽.

36 같은 책, 16, 46쪽.

37 안병무, 『안병무 전집』 제2권, 207쪽.

38 같은 책, 211쪽.

39 김지하의 「금관의 예수」에서 예수가 준 금관을 누가 거지의 손에서 빼앗아 도로 씌우는가.

40 한국은 2000년 통계로도 전 세계 162개국에 8000여 명의 선교사를 파견, 세계 제3위의 선교국이라 한다. 그 과정에서 이른바 '문명선교'라는 이름으로 제국주의적 선교가 자행되고 있다. 강남순, 「변화된 사회에 대한 신학적 성찰과 기독교 사회운동의 정체성 모색」, 『시대와 민중신학』 제8호(다산글방, 2004) 참고.

41 심원 안병무 선생 기념사업위원회 편, 『갈릴래아의 예수와 안병무』, 131쪽.

42 물론 정작 강남향린교회는 분가-선교의 모델을 직접 따르지 못했지만, 이후 강남향린교회에서 들꽃향린교회를 분가-선교 방식으로 만들어 낸다.

43 이지훈, 「미학의 관점에서 본 헤겔 철학의 비판과 반비판—얼굴의 의미에 관하여」, 이성백 외 저, 『포스트구조주의의 헤겔 비판과 반비판』, 199쪽. 이 글은 베이컨의 예수상 그림을 놓고 헤겔과 들뢰즈가 어떻게 다른 결론을 이끌어 내는지를 흥미롭게 보여 주고 있다.

44 이 부분은 한국 디아코니아자매회 언님들과의 대화, 그리고 2005년 창립 25주년 기념으로 발간한 자료집 『한국 디아코니아자매회 25년 자료집: 역사와 섬김의 삶』(한국신학연구소, 2005)을 바탕으로 썼다.

45 손규태는 동료 문동환이 주관한 '새벽의 집' 운동도 하나의 귀중한 정보였을 것이라고 판단한다. 실제로 안병무는 거기에 '친척' 자격으로 참가한다. 손규태, 「심원 안병무의 교회이해」, 심원 안병무 선생 기념사업위원회 편, 『안병무 신학사상의 맥 1』, 103쪽. '새벽의 집'에 대해서는 문영미의 『새벽의 집』(보리, 1996) 참고.

46 여성숙은 1919년 황해도 출생으로 경성여의전을 나와 의사 생활을 시작했다. 1962년 국가가 아직 결핵요양원을 마련하지 못한 시절부터 사재를 털어 한산촌을 운영하는 등 음지에서 사회봉사 활동을 많이 하여, 제1회 인도주의실천의사상, 복십자상, 제1회 누가상 등을 받았다. 그녀에 대해서는 소책자로 된 회고록 『꿈의 주머니를 별에다 매어달고』(비매품)를 참고.

47 안병무 사후인 1998년, 안병무가 설립하고 이사장으로 있던 종교재단 아우내에 소속. 현재는 모원을 천안에 두고 있다.

48 안병무, 『그래도 다시 낙원에로 환원시키지 않았다』, 259쪽.

49 안병무, 『안병무 전집』 제2권, 183쪽.

50 안병무, 『너는 가능성이다』, 142쪽.

51 김명수, 『안병무: 시대와 민중의 증언자』, 167쪽.

52 안병무, 「민중신학의 새 지평」, 1994년 11월 10일 강남대학교 강연(『살림』 1997년 9월호에 수록).

53 안병무, 『현존』 1969년 9월호, 51쪽.

54 심원 안병무 선생 기념사업위원회 편, 『갈릴래아의 예수와 안병무』, 421쪽.

55 김명수, 『안병무: 시대와 민중의 증언자』, 머리말.

56 안병무, 「동양의 한 시각에서 본 서구 신학 비판」, 『기독교의 개혁을 위한 신학』(한국신학연구소, 1999) 참고.

57 안병무, 『불티』, 136쪽.

58 『심원 안병무 선생 논저 총목록집』(동문, 2006)을 분석해 보면, 논문·에세이·대담·머리글·서평·칼럼·편집후기 등을 포함한 글의 총 편수가 918

편(중복게재를 제외)이고, 단행본 한글판 저서가 28권, 공저 형식의 책이 6
권이다. 사후에도 강연록 등이 계속 녹취, 발표되고 있다(김진호, 「안병무
해석학 시론」 참고). 그가 가장 많은 원고를 발표한 시대는 1970년대로 약
470여 편이 발표되는바, 이는 그가 생전에 발표한 원고의 절반을 상회하
는 양이다.

59 라아베W.Raabe의 시 일부, 『불티』, 147쪽.
60 요아힘 예레미아스 저·한국신학연구소번역실 역, 『예수시대의 예루살렘』
    (한국신학연구소, 1988), 459~460쪽.
61 안병무, 『사랑에는 연습이 없다』, 100~101쪽.

에필로그

1 안병무, 『너는 가능성이다』, 90쪽.
2 "하느님 앞에서 너는 가능성이다" Vor Gott du darfst, du kannst. 독일의 신학자
   브라운H. Braun이 불트만학회에서 한 말. 『안병무 전집』 제2권, 62쪽.

참고자료

안병무 주요 저작

『그래도 다시 낙원에로 환원시키지 않았다』(한국신학연구소, 1995)
『너는 가능성이다』(사계절, 1996)
『불티』(한국신학연구소, 1998)
『사랑에는 연습이 없다』(베틀, 1993)
『선천댁』(범우사, 1996)
『안병무 전집』(한길사, 1993) 전6권
－제1권 역사와 해석
－제2권 민중신학을 말한다
－제3권 갈릴래아의 예수
－제4권 예수의 이야기
－제5권 민중과 성서
－제6권 역사와 민중
『해방자 예수』(현대사상사, 1975)
심원 안병무 선생 기념사업위원회 편, 『안병무 저작선집』(동문, 2006)
－제1권 성서의 법정신
－제2권 그리스도와 국가권력
－제3권 민중신학에 이르기까지
안병무 외, 『광야의 소리』(향린교회, 2003)
_______ 외, 『날자, 깃을 펴지 못한 새들이여』(사계절, 1989)
_______ 외, 『새롭게 타오르는 3·1민주구국선언』(사계절, 1998)
_______ 외, 『신약성서개론』(대한기독교서회, 1999 제2판)

주요 참고자료

게르트 타이쎈 저·차봉희 역, 『갈릴래아 사람의 그림자』(한국신학연구소, 1988)
곽안전, 『팔레스틴의 지리』(대한기독교서회, 1969)

김명수, 『안병무: 시대와 민중의 증언자』(살림출판사, 2006)

──────, 『역사적 예수의 생애』(한국신학연구소, 2004)

김지하, 『김지하 전집』(실천문학사, 2002)

──────, 『생명과 자치』(솔, 1996)

──────, 『타는 목마름에서 생명의 바다로』(동광출판사, 1991)

김진호 외, 『죽은 민중의 시대 안병무를 다시 본다』(삼인, 2006)

────── 편, 『예수 르네상스』(한국신학연구소, 1996)

김형수, 『문익환 평전』(실천문학사, 2004)

다가와 겐조田川建三 저·김명식 역, 『예수라는 사나이』(한울림, 1983)

디트리히 본회퍼 저, 『그리스도론』(대한기독교서회, 1979)

루드비히 포이에르바하 저·박순경 역, 『기독교의 본질』(종로서적, 1982)

민경배, 『한국기독교회사』(대한기독교서회, 1972)

──────, 『한국의 기독교회사』(대한기독교서회, 1978)

송우혜, 『윤동주 평전』(열음사, 1989)

서굉일·김재홍 공저, 『규암 김약연선생』(고려글방, 1997)

심원 안병무 선생 기념사업위원회 편, 『갈릴래아의 예수와 안병무』(한국신학
연구소, 1998)

────── 편, 『안병무 신학사상의 맥 1』(한국신학연구소, 2003)

────── 편, 『안병무 신학사상의 맥 2』(한국신학연구소, 2006)

────── 편, 『심원 안병무선생 논저 총목록집』(동문, 2006)

────── 편, 심원 안병무 선생 10주기 기념 영상자료집 〈기억 속의 안병무를 다
시 만나다〉(DVD 1,2)

심원 안병무 선생 10주기 추모 국제학술심포지엄 자료집 『지구화시대 예수
민중 평화』(2006.10.16)

아라이 사사구荒井獻 저·서남동 역, 『예수의 행태』(대한기독교서회, 1969)

안토니우스 H. J. 군네벡 저·문희석 역, 『이스라엘 역사』(한국신학연구소, 1975)

여성숙, 『꿈의 주머니를 별에다 매어달고』(한산촌, 2000), 비매품

요아힘 예레미아스 저·한국신학연구소번역실 역, 『예수시대의 예루살렘』(한
국신학연구소, 1988)

한국 디아코니아자매회, 『한국 디아코니아자매회 25년 자료집: 역사와 섬김
의 삶』(한국신학연구소, 2005)

함석헌, 『함석헌 전집 18: 진실을 찾는 벗들에게』(한길사, 1986)

홍창의, 『낙엽』(고려의학, 1994), 비매품

──────, 『석천수상』(서울대 소아과교실 동문회, 1988), 비매품

주요 참고 웹페이지

민중신학연구소 http://minjungtheology.org
사단법인 함석헌기념사업회 http://www.ssialsori.net
아우내재단(한국신학연구소) http://www.ktsi.or.kr
한국 디아코니아자매회 http://www.kordiakonia.or.kr
한백교회 http://www.hanbaik.or.kr
향린교회 http://www.hyanglin.org

연보 ( ) 안은 나이

1922(1) • 6월 23일(음 윤5월 23일) 평남 안주군 신안주면 운송리에서 출생. 부친 안봉식, 모친 정원숙의 장남. 임술생 개띠.

1923(2) • 만주 간도 명동에서 한 20리 떨어진 달라즈大拉子에서 5리쯤 떨어진 들미동으로 이주. 부친, 한의원 개원.

1929(8) • 소학교 입학.

1932(11) • 소학교 4학년. 한국인 교장의 비리를 21개조로 비판하다가 퇴학당함.
• 투두거우頭道溝로 가서 이후 나머지 학년을 마침.

1937(16) • 간도 용정 은진중학교 입학.

1940(19) • 12월 15일 은진중학교 졸업.

1941(20) • 도일. 동경 다이쇼大正 대학 문학부 예과 입학.

1943(22) • 8월 10일 일본 다이쇼 대학 문학부 예과 3년 수료.
• 와세다早稻田 대학으로 전학. 사회학과 철학 공부.
• 강제 징집령을 피해 곧 간도로 귀환. 처음에는 북만으로 피신.

1945(24) • 1월경 용정과 연길 사이 모아산으로 피신. 개척교회에서 전도사로 목회 활동.
• 간도에서 해방을 맞이함.

1946(25) • 소련군의 체포령을 피해 월남.
• 서울대 사회학과 입학. 부전공으로 종교학 선택.

1947(26) • 서울대 기독학생 연합회 설립, 초대 회장.
• 일신교회에서 설교.
• 김포 농업학교에 교사로 취직. 1년간 지내다.

1948(27) • 학업문제로 다시 상경. 경신고등학교로 전근.

1950(29) • 5월 서울대 졸업.
• 6월 23일부터 자하문 밖 승가사 근처 수도원에서 일신회 기도회 중 전쟁 발발 소식 듣다.
• 서울에서 순교할 각오로 피란 가지 않음.

1951(30)
- 뒤늦게 충청도로 피란을 갔다가 서울 수복 후 상경.
- 1·4후퇴 직후 국민방위군 간부훈련생으로 소집. 일주일 훈련을 받고 간부로 임명.
- 5월 12일 국민방위군이 해체되면서 소집 해제.
- 11월 전주에서 일신회 동지들 네 가구로 신앙공동체 생활 시작.
- 11월 12일 잡지 『야성』 발행. 편집인 겸 발행인.

1953(32)
- 2월 서울 상경. 남산 향린원이라는 고아원이 있던 자리의 적산가옥을 구입, 평신도 신앙 공동체 시작.
- 2월 향린교회에 중앙신학교 서울분교를 설립.
- 5월 17일 향린교회 창립 예배.

1956(35)
- 독일 유학. 하이델베르크 대학 입학.

1963(42)
- 여름 함석헌과 함께 북구 여행.

1965(44)
- 7월 5일 서독 하이델베르크 대학 졸업(신학박사) 후 귀국.
- 9월 대전 감리교 신학대학(현 목원대) 강사(1966년 3월까지).
- 9월 중앙신학교 교장(1969년 2월까지).

1966(45)
- 9월 연세대 연합신학대학원 강사(1969년 9월까지).

1967(46)
- 7월 동백림 사건에 연루되어 중정에 끌려가 취조를 받다.
- 12월 29일 서울 YWCA 강당에서 박영숙과 결혼. 김재준 목사 주례.

1968(47)
- 9월 한국신학대학 및 대학원 강사(1970년 4월까지).
- 아들 재권 출생.

1969(48)
- 1월 5일 모친 사망.
- 3월 숭실대학교 강사(1971년 3월까지).
- 7월 월간 신학잡지 『현존』 창간.

1970(49)
- 5월 한국신학대학 학장 김정준의 권유로 신약학 교수로 부임 (1975년 6월까지).

1972(51)
- 11월 독일 바일슈타인 '한독기독자의 만남'에 참가.
- 한신대 교무과장으로 함석헌 선생을 초청, 〈동양고전특강〉 수업 강행.
- 『역사와 증언』(대한기독교서회) 펴냄.

1973(52)
- 5월 한국신학연구소 설립.
- 계간 『신학사상』 창간.

1974(53)
- 역서 『무신론자가 본 예수』(M. 마코비취 저, 한국신학연구소) 펴냄.

1975(54)
- 2월 17일 민청학련 사건 석방인사 환영모임에서 민중신학 첫

강연 〈민족, 민중, 교회〉.

- 6월 제1차 교수직 강제 해직.
- 『해방자 예수』(현대사상사) 펴냄.

1976(55)
- 2월 선교교육원 원장(1978년까지).
- 3월 〈3·1민주구국선언〉 관련으로 투옥.
- 일본어판 『解放者 イエス』(新敎出版社) 펴냄.
- 12월 29일 집행유예로 풀려남.

1977(56)
- 『성서적 실존』(한국신학연구소) 펴냄.

1978(57)
- 『시대와 증언』(한길사) 펴냄.
- 가을, 독일 슈투트가르트 개신교 선교국 초청으로 독일 방문. '거룩한 병원' 교회에서 예배 및 카이저스베르크에서 열린 제3차 한독교회협의회 참석.
- 명동성당 초청으로 '예수'에 관해 10회에 걸쳐 강연.

1979(58)
- 4월 독일 방문. 입원.

1980(59)
- 2월 한신 1차 복직.
- 5월 1일 개신교 수녀회 한국 디아코니아자매회 설립.
- 7월 『현존』, 신군부에 의해 113호로 강제 폐간.
- 8월 한신 제2차 교수직 강제 해직.
- 일본어판 『現存 の 神』(新敎出版社) 펴냄.

1982(61)
- 『신약성서개론』(공저, 대한기독교출판사) 펴냄.
- 『역사와 해석』(대한기독교서회), 『진실 때문에』(샘터사), 『옳은 민족 옳은 역사』(한길사) 펴냄.

1983(62)
- 6월 기독교장로회 총회에서 주제강연 〈민중적 신앙고백〉.
- 8월 18일 서울 서소문동 음식점 남강에서 해직교수들 모임 창립.
- 『역사의 예수』(전망사) 펴냄.

1984(63)
- 2월 한신대학교 대학원장(1987년까지).
- 7월 한신 2차 복직. 〈갈릴리의 예수〉 강좌 개설 수업.
- 10월 12일 전국신학대학협의회 주최 '한국기독교 백주년 기념 신학자대회' 발제 「예수 사건의 전승 모체」.

1985(64)
- 기독교장로회 총회에서 〈민중 사건과 언어 사건〉 강연.
- 10월 한신대학교 평화연구소 설립, 초대 소장.

1986(65)
- 『역사 앞에 민중과 더불어』(한길사) 펴냄.
- 10월 KSCF에서 〈민중사와 교회사〉 강연(『안병무 전집』 제6권).
- 일본 삿포로에서 재일아세아인센터 주최로 강연(『안병무 전

집」 제2권, 「민중에 의한 전승」 이하).

- 독일어판 *Draussen vor dem Tür, Kirche und Minjung in Korea*(Göttingen) 펴냄.

1987(66) • 5월 NCC 인권위원회 주최 모임 주제강연 〈이스라엘 민중사〉.

- 한신대 정년 퇴임, 한신대 명예교수.

- 『민중신학 이야기』(한국신학연구소) 펴냄.

1988(67) • 12월 월간 『살림』 창간, 발행인.

- 독일 교육자 모임에서 민중신학 강연(『안병무 전집』 제6권, 91쪽 이하).

1989(68) • 『민중 사건 속의 그리스도』(한국신학연구소) 펴냄.

- 버클리 대 신학대학원 초빙교수로 6개월 강의.

- 미국에서 수술.

- 일본에서 네 차례에 걸쳐 민중신학 강연.

1990(69) • 『갈릴래아의 예수』(한국신학연구소) 펴냄.

- 한국기독교장로회 통일연구위원회 위원상.

1991(70) • 10월 8일 스위스 WARC 대회 주제강연 〈피난민에 대한 성서적 조명〉.

1993(72) • 『사랑에는 연습이 없다』(베틀) 펴냄.

- 『안병무 전집』(전6권, 한길사) 펴냄.

1994(73) • 6월 재단법인 '천원'(현 재단법인 '아우내') 이사장 취임.

1995(74) • 『그래도 다시 낙원에로 환원시키지 않았다』(한국신학연구소) 펴냄.

1996(75) • 여름 고향인 간도 들미동 방문.

- 10월 19일 향년 75세로 서울에서 별세.

- 『선천댁』(범우사), 『너는 가능성이다』(사계절), 『공관복음서의 주제』(한국신학연구소) 펴냄.

저서 및 논문집

저서

『신약성서개론』, 대한기독교출판사(공저, 1971)

『역사와 증언』, 대한기독교서회(1972)

『해방자 예수』, 현대사상사(1975)

『성서적 실존』, 한국신학연구소(1977)

『시대와 증언』, 한길사(1978)

『역사와 해석』, 대한기독교서회(1982)

『진실 때문에』, 샘터사(1982)

『옳은 민족 옳은 역사』, 한길사(1982)

『역사의 예수』, 전망사(1983)

『사회학적 성서 해석』(편저), 한국신학연구소(1983)

『역사 앞에 민중과 더불어』, 한길사(1986)

『민중신학이야기』, 한국신학연구소(1987)

『민중 사건 속의 그리스도』, 한국신학연구소(1989)

『갈릴래아의 예수』, 한국신학연구소(1990)

『사랑에는 연습이 없다』, 베틀(1993)

『안병무 전집』(전6권), 한길사(1993)

『그래도 다시 낙원에로 환원시키지 않았다』, 한국신학연구소(1995)

『선천댁』, 범우사(1996)

『공관복음서의 주제』, 한국신학연구소(1996)

『너는 가능성이다』, 사계절(1996)

『구원에 이르는 길』, 한국신학연구소(1997)

『우리와 함께하는 예수』, 한국신학연구소(1997)

『생명을 살리는 신앙』, 한국신학연구소(1997)

『구걸하는 초월자』, 한국신학연구소(1998)

『불티』, 한국신학연구소(1998)

『역사와 해석』, 한국신학연구소(1998)

『기독교의 개혁을 위한 신학』, 한국신학연구소(1999)
『한국 민족 운동과 통일』, 한국신학연구소(2001)
『안병무 저작선집』(전 3권, 비매품), 동문(2006)

일본어판

『解放者 イェス』, 新教出版社(1976)
『現存 の 神』, 新教出版社(1980)

독일어판

Das Verständnis der Liebe bei Kung-Tse und bei Jesus, Heidelberg University
    Dissertation, 1965.
Draussen vor dem Tür, Kirche und Minjung in Korea, Göttingen, 1986.

영어판

Jesus of Galillee, Christian Conference of Asia(2004).

역서

M. 마코비취, 『무신론자가 본 예수』, 한국신학연구소(1974)
H. 콘첼만, 『신약성서 신학』, 한국신학연구소(공역, 1982)

기념 논문집

『역사와 현존』(회갑 기념 논문집), 대한기독교서회(1982)
『예수 · 민중 · 민족』(고희 기념 논문집), 한국신학연구소(1992)
『갈릴래아의 예수와 안병무』(추모 문집), 한국신학연구소(1998)

무지를 위한 변명

1 한 인디언 추장이 미국 대통령에게 편지[1]를 보냈다.

"어떻게 당신은 하늘을, 땅의 체온을 사고 팔 수 있습니까. 그러한 생각은 우리에게는 매우 생소합니다. 더욱이 우리는 신선한 공기나 반짝이는 물을 소유하고 있지도 않습니다. 그런데 어떻게 당신이 그것들을 우리한테서 살 수 있겠습니까. 이 땅의 구석구석은 우리 백성들에게는 신성합니다. 저 빛나는 솔잎들이며 해변의 모래톱이며 어두침침한 숲 속의 안개며 노래하는 온갖 벌레들은 우리 백성들의 추억과 경험 속에서 성스러운 것들입니다."

서부 개척 시대는 이미 끝나 가고 있었다. 인디언 추장은 피를 흘리지 않고 사태를 수습하고 싶다는 백인 추장의 말에 동의했다. 그러나 그것이 땅을 팔라는 제의였음을 알게 되었을 때,

그는 당황했다. 왜냐하면 땅은 누군가가 소유해서 쓰고 싶을 때 얼마든지 꺼내 쓰고 용도가 다했다 싶으면 언제든지 버릴 수 있는 물건이 아니기 때문이었다. 왜냐하면 땅은, 땅의 체온은, 아득한 시간의 흔적이요 앞으로도 영원히 지속되어야 할, 아직 오지 않은 추억이기 때문이다. 그리고 그 시간의 흔적과 아직 오지 않은 추억 속에서 살아가는 것은 인간만이 아니었다.

"짐승들이 없다면 인간은 무엇입니까. 만일 짐승들이 사라져버린다면 인간은 커다란 영혼의 고독 때문에 죽게 될 것입니다."

수와미 족의 추장은 수많은 종種의 폐허 위에 황홀한 신세계를 건설하려는 열망의 현실적 힘을 알고 있었다. 그는 결국 신생 미국의 피어스 대통령에게 땅을 건네준다. 대가로 요구한 것은 당연히 돈이 아니었다. 그는 다만 '기억'해 줄 것을 요구했다.

"지상에서 마지막 인디언들이 사라지고 오직 광야를 가로질러 흘러가는 구름의 그림자만이 남더라도 이 해변들과 숲들은 여전히 우리 백성들의 영혼을 간직하고 있을 것입니다."

평전이라는 이름을 붙였지만, 이 책의 목적은 무엇보다 기억에 있다. 한 사람에 대한 기억. 그리고 그 기억이 불러내 올 더 많은 것들에 대한 기억. 그리고 그 기억과 기억하는 행위의 목적은 단순하다. (내가 그리고 우리가) 기억한다면, 꿈도 있으리라. 하지만 현실은 이렇다.

"제발, 오늘 밤 내가 꾸는 꿈이 현실보다 추하지 않기를!"

내 말이 아니다. 자기 땅에서 유배된, 그리하여 성서의 영토에서 하루하루 모멸 속에 살아가는, 팔레스타인의 작가 아다니아Adania Shibli가 한 말이다.

기억이란 흘러가 버린 과거의 재현이나 회상인 것만은 아니다. 현재 우리의 의무이며 다가올 미래의 기획이기도 하다.

② 당연히 거절하거나, 당연히 포기했어야 했다. 그게 그에 대한 예의이자, 그가 몸소 일으켜 세운 민중신학에 대한 예의였다. 그럼에도 여기까지 오게 된 건 순전히 무지 때문이었다. 종교, 하느님(하나님), 주, 예수, 그리스도, 교회, 성경(성서), 그리고 안병무라는 한 사람에 대한 거의 완벽한 무지! 아울러 내 능력에 대한 무지!

그러나 이 책을 쓰면서 나는 무척 행복했다. 무엇보다 그는 처음 내 예상처럼 근엄하기만 한 신학자가 아니었다. 나는 그에게서 고집은 세지만 솔직하고 다정하며, 또한 나약하면서도 끝없이 싸워 나가는 인간의 초상을 보았다. 그런 그가 내게 용기를 주었다. 처음에는 케리그마니 영지주의니 공관복음서니 해서 겁을 잔뜩 먹었지만, 천만에, 그는 마치 나와 같은 종교 맹탕들을 위해 작정한 듯 편하고 또 쉽게 이야기를 해 주었다. 성서와 성경이 어떻게 다른지, 그리스도가 무슨 뜻인지, 예수의 부활이 무슨 의미인지, 오늘의 교회가 어째서 답답한지 등등. 그러다 보니 나는 어느새 내가 이해를 못한다면 민중신학이라는 것도 벽 속에 유폐된 또 하나의 도그마일 뿐이라고, 오만하게 생각하기도 했다. 이 허황한 자신감은 그에게 깊이 들어갈수록 무너지게 마련이었지만, 어쨌든 그는 처음부터 끝까지 최대한 자기 몸을 수그린 채 나와 같은 맹탕들의 눈높이에서 이야기하는 놀라운 인내력을 보여 주었다. 아울러 그가 산 시대의 일부를 내가 살았고 내가 산 시대를 그가 같이 살았다는 동세대적 친밀감, 그 속에서 어쨌든 우리는 '같은 목표'를 향해 뛰었구나 하는 동지적 유대감이 용기를 잃지 않게 했다. 물론 지금 나는 그와 나의 생의 목표가 감히 같노라 말하지는 못한다. 그러나 다음과 같은 점, 내가 파악한 그의 장점들은 앞으로 내 생의 귀감이라고 믿는다.

그는 급진적이다. 이때 급진적이라 함은 (그가 그토록 싫어하던) 헤겔의 어법이다. '급진적'이란 말은 '근본적'이라는 뜻인데, 왜냐하면 그것은 사물의 핵심을 파고든다는 말이기 때문이다 (『법철학』). 그는 갈 데까지 자신을 몰아붙이는 사람이다. 바닥까지 가야 진리를 발견할 수 있다고 믿었던 사람이다.

그러면서도 그는 도그마를 철저히 배격한 합리적인 인간이다. 그는 바닥까지 가려고 애쓴다는 점에서 우리 같은 '문학판 글쟁이들'하고 매우 흡사한데, 그러나 그는 끝까지 합리적 이성의 한계를 벗어나지 않는다는 점에서 우리하고 다르다. 이런 점에서 그가 바닥까지 내려가지 않았다고 우기는 것은 야만이거나 주접스럽다.

합리적인 인간이 흔히 보여 주는 엄숙주의가 그에게도 분명히 존재한다. 그럼에도 그는 기본적으로 유연함/ 틈/ 사이/ 차이를 결코 소홀히 여기지 않는 사람이다. 이는 그의 학문이 남을 누르는 데 목적이 있는 게 아니라, 더불어 잘 살아가는 데 목적이 있기 때문이다.

그는 약하다. 육체노동을 하지 않았기 때문이며, 실제 건강도 무척 나빴다. 그는 그 약한 몸으로 싸움을 멈추지 않았다. 역사의 예수를 찾아 나선 그의 생 전체가 전장戰場이었다. 비록 절망도 하고 쓰러지기도 했지만, 그는 늘 다시 일어섰다.

그는 동과 서, 남과 북, 민중과 지식인, 이성과 감정의 조화와 균제를 아는 사람이다. 가령 그는 서구신학에 대해 지독할 정도로 비판을 가하는데, 그 비판의 합리성은 그가 서구에서 배운 것이다. 90년대 초 민중운동권에 대한 비판도 이런 점에서 음미해야 한다. 그의 이런 균형 감각은 그를 빨갱이 비기독교인이라고 매도하는 극우 매파들은 도무지 갖추지 못할 미덕이다. 물론 그의 균형 감각은 중도통합을 지향하지 않는다. 그는 스스로 말하듯 편파적인 사람인데, 그것을 처음부터 시인하고 출발한다는 점에서 역시 균형 잡힌 근대인이다.

그는 늘 자기 자신을 열어 놓는 사람이다. 불리할 때 서둘러 자기방어 기제를 발동한다든지, 유리할 때 자기만족의 옹성 안에 안주한다든지 하지 않는다. 그런 점에서 그는 물처럼 늘 흘러간 사람이다. 공성이불거功成而不居, 말 그대로였다. 이 점이 가장 놀라운 그의 장점인데, 마지막 순간까지 그는 진리를 추구한 보기 드문 '철학자'였다.

그는 결국 존재 자체로 우리에게 하나의 사건이었고 여전히 사건인 사람이다.

③ 디아스포라와 전쟁의 폐허 위에서 실존적으로 고민하다가 역사의 예수를 찾아 나선 그의 발걸음이 성문 밖에서 민중을 발견하고, 마침내 민중신학이라는 전인미답의 영토에까지

이르렀지만, 그는 거기서 멈추지 않았다. 죽임/살림, 기氣, 단斷, 숨, 무無, 빔〔虛, 空〕, 상常, 품 등으로 그의 신학적 상상력은 쉼이 없었다. 그 과정에서 그는 참으로 많은 말을 했다. 이제 그는 "영원한 것은 침묵하며, 지나가는 것은 소란스럽다"는 그가 좋아한 시구詩句대로 영원의 침묵 속에 잠들어 있다. 그새 민중신학에 대한 관심이 시들해졌다고 한다. 그가 내세운 주장에 대한 비판도 조목조목 많다고 한다. 아쉽지만 그럴 수 있고, 어떤 면에서는 그래야 한다. 특히 비판에 대해서라면, 평생 도그마와 싸운 그도 그걸 바라고 있으리라. 그러나 그가 당대의 민중과 더불어 세운 민중신학을 두고 행여 시대적 한계에 갇혀 버린, 말하자면 또 하나의 지적 유행가였을 뿐이라고 쉽게 무시한다면, 그것은 그 사람 안병무를 제대로 알지 못해서라고 감히 말해 주고 싶다. 그는, 그리고 그의 신학이든 무엇이든, 그가 늘 그래 왔듯이, 지금 우리 앞에 있는 것보다는 늘 더 많은 '가능성'으로 열려 있기 때문이다.

가령, 이런 말에 귀 기울여 보자.

"2006년을 맞아 안병무 선생님이 살아계신다면, 리차드 호슬리Richard Horsley의 『예수와 제국』이라는 책을 읽고 계실 것이다. 그리고 선생님은 진보신학의 최근 동향에 새로운 사유의 그물을 던지고 계실 것이다. 안병무 선생님이 살아계신다면, 세계화에 희생당하고 있는 지구촌 곳곳의 희생자들 가운데서 예수를 찾고 있는 전 세계의 해방신학자의 대열에 힘차게 합류하시려 했을 것이다."[2]

그가 살아계시다면? 나로서는 그와 함께 이스라엘의 점령으로 여전히 고통받는 팔레스타인을 위해 이스라엘 대사관 앞에서 항의 시위를 하리라, 꿈을 꾸어 본다. 누구보다 '이스라엘'을 진짜 사랑하신 그의 절규를 어느 이스라엘인이 쉽게 외면하랴!

4 처음에는 자신이 없어서 '전기'를 완성하마고 시작했지만, 기어이 '평전'이라고 이름을 붙이게 되었다. 이렇다고 해서 내게 그를 평가할 지식이며 안목 같은 게 있을 리 없다. 많은 사람들에게 널리 그를 알리는 게 임무라는 말에 떠밀리듯 나섰을 뿐이다. 그러다 보니 여러 학자들의 관련 연구업적에 거의 모든 것을 기댈 수밖에 없었다. 그것들마저 제대로 읽어 낸 것인지 자신이 없다. 나름대로 성실하게 읽어 보려고 애썼을 뿐이다. 혹시 잘못된 부분이나 엉뚱한 부분이 있으면, 이 평전이 '답을 해서 마침표를 찍는 평전'이 아니라 '공부하며 함께 또 다른 질문을 생각하는 평전'을 목표로 했으니 그렇겠구나, 너그럽게 이해해 주시기 바란다.

거듭 말하지만, 참 행복한 시간이었다. 모르는 것을 하나하나 알아간 것도 그렇거니와, 내가 그토록 무지하다는 사실을 새삼 깨닫게 되었다는 점에서 더더욱 그러했다. 짐작했겠지만, 나는 무신론자다. 왜 무신론자인지도 모르면서. 그가 말했듯, 사람에게는 누구나 다 저만의 '지성소(至聖所 혹은 至誠所)'가 있어 사람이지 않겠는가. 왜라는 질문조차 금지된 영역! 지금 내 생의 화두가 그처럼 '예수'는 아니지만, 언제고 힘들 때, 그 지성소에서 깊은 생각을 할 계기 하나 마련된 것으로도 그가 새삼 고맙다.

마무리를 하는 동안, 아프가니스탄에서 끔찍한 인질 사태가 벌어졌다. 그 사건은 나와 같은 무신론자들에게도 큰 충격인 동시에 '교회'에 대해 다시금 생각하게 하는 계기가 되었다. 당연히, 안병무 선생의 '부재'를 참으로 크게 실감한 계기이기도 했다. 주제넘지만, 모두가 넉넉한 '품'으로 세상을 바라본다면 얼마나 좋을까 하는 생각을 했다.

박영숙 선생님을 비롯하여 여성숙, 홍창의, 황성규, 손규태 선생님과 초고를 읽고 많은 질정을 해 준 김성재, 김진호 선생님에게 감사를 드린다. 최초의 안병무 평전인 김명수 교수의 『안병무』(살림, 2006)는 이 책의 기본 틀을 잡는 데 매우 유용했다. 그러나 이 책은 김정임 선생님의 헌신적인 지원과 사계절출판사의 든든한 후원이 없었다면 아예 불가능했으리라. 이 모든 일을 기획하신 심원 안병무 선생 기념사업회 선생님들께도 두루 감사드린다.

2007년 가을, 강원도 홍천에서

1 「신세계에 보내는 메시지」, 월간 『대화』 1977년 10월호.
2 폴커 퀴스터Volker Küster, 「예수와 민중을 다시 생각해 보기」, 심원 안병무 선생 10주기 추모 국제학술심포지엄 자료집, 2006년 10월 16일.

지은이_ 김 남 일

1957년 경기도 수원에서 태어났다. 1983년 『우리 세대의 문학』에 단편 「배리」를 발표하며 작품 활동을 시작했다. 민족문학작가회의 사무국장, 계간 『실천문학』의 주간으로 일했으며, 제1회 전태일문학상(보고문학 부문), 제2회 아름다운 작가상을 수상했다. 2007년 현재 '베트남을 이해하려는 젊은 작가들의 모임' '팔레스타인을 잇는 다리' 회원으로 활동하고 있다.

지은 책으로 장편소설 『청년일기』, 『국경』, 소설집 『일과 밥과 자유』, 『천하무적』, 『세상의 어떤 아침』, 『산을 내려가는 법』, 장편동화 『떠돌이 꽃의 여행』, 소년소설 『모래도시의 비밀』, 청소년 인물이야기 『통일할아버지 문익환』, 『늘푸른 역사가 신채호』, 산문집 『책』 등이 있다.

민중신학자 안병무 평전

성문 밖에서 예수를 말하다

2007년 10월 19일 1판 1쇄

지은이 | 김남일

편집 | 강창훈·조건형
표지 디자인 | 백창훈
본문 디자인 | 조진일
제작 | 박홍기
마케팅 | 이병규·최창호
홈페이지 관리 | 최창호

출력 | 한국커뮤니케이션
인쇄 | POD 코리아
제책 | 명지문화

펴낸이 | 강맑실
펴낸곳 | (주)사계절출판사
주소 | (413-756)경기도 파주시 교하읍 문발리 파주출판도시 513-3
등록 | 제 406-2003-034호
전화 | 031)955-8588, 8558
전송 | 마케팅부 031)955-8595 편집부 031)955-8596
홈페이지 | www.sakyejul.co.kr   전자우편 | skj@sakyejul.co.kr

ⓒ 김남일, 2007

값은 뒤표지에 적혀 있습니다.
잘못 만든 책은 구입하신 서점에서 바꾸어 드립니다.

사계절출판사는 성장의 의미를 생각합니다.
사계절출판사는 독자 여러분의 의견에 늘 귀기울이고 있습니다.

ISBN 978-89-5828-249-5 03990

이 도서의 국립중앙도서관 출판시도서목록(CIP)은
e-CIP홈페이지(http://www.nl.go.kr/cip.php)에서 이용하실 수 있습니다.
(CIP제어번호 : CIP2007003025)